本书由南京信息工程大学江苏省中国特色社会主义理论体系研究基地资助

城乡义务教育生态化均衡研究

施　威　耿华萍　著

科　学　出　版　社

北　京

内 容 简 介

本书以政府供给为视角系统探讨城乡义务教育均衡化问题,试图以规范和实证研究方法,分析与阐释在全面建成小康社会背景下如何实现"城乡义务教育均衡化"的相关理论与实践问题。在"生态化均衡"这一理论研究框架中,围绕城乡义务教育政府供给制度的历时性变迁,从理论、历史和现实等多个维度探讨政府的义务教育供给责任和机制演进,并给出具体解释;以南京市为样本进行个案分析,系统梳理城乡义务教育均衡化的一般路径、经验及其特征,通过理论演绎、计量分析和模型构造,总结"南京模式"的推广价值;针对城乡义务教育均衡化供给制度改革问题,在理论评判的基础上引入"生态化均衡"理念,构建均衡化义务教育生态化均衡的理论体系,并分析该理论体系的实践意义;最后结合现实需求,为城乡义务教育均衡化的制度创新和政府行为修正提供有益的政策建议和具体策略。

本书适合教育学相关的高校教师学生、教育管理人员和中小学教师等义务教育从业人员阅读参考。

图书在版编目(CIP)数据

城乡义务教育生态化均衡研究/施威,耿华萍著. —北京:科学出版社,2017.12

ISBN 978-7-03-055748-3

Ⅰ. ①城… Ⅱ. ①施… Ⅲ. ①城乡义务-城乡-体化-发展-研究-中国 Ⅳ. ①G522.3

中国版本图书馆 CIP 数据核字(2017)第 293380 号

责任编辑:王腾飞/责任校对:彭 涛
责任印制:张 伟/封面设计:许 瑞

科学出版社 出版
北京东黄城根北街16号
邮政编码:100717
http://www.sciencep.com

北京中石油彩色印刷有限责任公司 印刷
科学出版社发行 各地新华书店经销

*

2017 年 12 月第 一 版 开本:720×1000 1/16
2017 年 12 月第一次印刷 印张:15 1/2
字数:313 000

定价:**99.00** 元

(如有印装质量问题,我社负责调换)

目　录

绪论 ·· 1

一、选题背景 ······························· 1

二、本书研究视角 ·························· 2

三、本书研究意义 ·························· 4

第一章　政府供给与城乡义务教育均衡发展的理论阐释 ······· 7

第一节　义务教育及其均衡化诉求 ··················· 7

一、义务教育均衡化的内涵与外延 ··············· 7

二、义务教育均衡化的理论依据与实践价值 ········ 11

三、义务教育均衡化的实现路径：生态化均衡 ······ 16

第二节　义务教育均衡化的政府责任 ··············· 18

一、义务教育的公共产品属性 ················· 19

二、政府承担义务教育供给责任的依据 ·········· 22

三、城乡义务教育均衡化供给的政府责任 ········ 24

第三节　义务教育均衡化的政府供给方式 ··········· 28

一、义务教育有效供给机制 ··················· 28

二、义务教育均衡化供给机制 ················· 30

三、义务教育均衡化供给模式 ················· 32

第四节　国外政府供给与义务教育均衡化 ··········· 34

本章小结 ································· 37

第二章　中国城乡义务教育政府供给制度演变及其内在逻辑 ······· 38

第一节　城乡义务教育供给制度演进 ··············· 38

一、农村基础教育供给"以乡（镇）为主"阶段（1986～2000 年）·38

二、农村基础教育供给"以县为主"阶段（2001～2005 年）········ 42

三、农村基础教育供给"以省为主"阶段（2006 年至今）········ 43

第二节　城乡义务教育供给制度变迁的特征及其评判 ········· 44

一、我国城乡义务教育供给制度的演进特征 ······················ 45

二、城乡义务教育政府供给的行为逻辑剖析 ···················· 48

三、城乡义务教育非均衡供给制度的经济学阐释 ················ 52

四、城乡义务教育非均衡供给制度的社会学解读 ················ 54

第三节 城乡义务教育非均衡发展的历史缘由 ···················· 60

一、清末至民国时期义务教育供给制度的形成与演变 ·········· 61

二、乡村义务教育自我供给的法理传统 ························ 63

三、乡村义务教育自我供给的制度渊源 ························ 64

四、城乡义务教育非均衡发展的文化根源 ······················ 66

第四节 城乡义务教育非均衡发展的现实归因 ···················· 68

一、教育理念偏差和政策价值取向错位 ························ 69

二、强制性制度变革、政策意图偏离与制度外供给 ············ 72

三、城乡二元结构与"城市偏向"政策 ························ 75

四、非制度因素与"精英教育"取向 ·························· 81

本章小结 ·· 82

第三章　政府供给与南京城乡义务教育均衡化的实证考察 ············ 84

第一节 南京市基础教育发展历程及其特征 ······················ 84

一、基础教育起源与初步发展 ································ 84

二、"有学上"问题的基本解决 ······························ 90

三、初等义务教育基本普及 ·································· 93

四、城乡义务教育全面发展 ·································· 97

第二节 南京市城乡义务教育均衡化演进路径（1984～2015年）······ 99

一、"以乡为主"机制与城乡差距形成（1984～1995年）········ 99

二、"县乡自给"机制与城乡差距扩大（1996～2008年）········ 104

三、"一体化"战略与城乡基本均衡（2009～2015年）·········· 110

第三节 南京城乡义务教育均衡发展的实证检验 ·················· 121

一、南京与同类别城市的对比检验 ···························· 121

二、问卷调查与多元回归模型验证 ···························· 126

第四节 "南京模式"的经验总结 ································ 136

一、"南京模式"的价值取向：基于城乡一体化的优质均衡 ········ 136

二、"南京模式"的过程保障：制度完善与要素供给 ············ 141

三、"南京模式"的实践价值：一体化与城乡融合 ·············· 147

本章小结 ·· 149

第四章　城乡义务教育政府供给制度的演进路向：基于城乡一体化的"生态化均衡" ·· 150

第一节　确立义务教育"生态化均衡"发展机制的背景和依据 ········· 150

一、农村义务教育供给"新机制"的设计缺陷及其表现 ········· 150

二、城乡义务教育供给机制改进的必然路向：生态化均衡 ······· 152

三、确立城乡义务教育"生态化均衡"发展机制的依据 ········· 154

第二节　义务教育生态化均衡的内涵、价值取向和具体内容 ········· 157

一、义务教育系统的生态特征 ································· 157

二、城乡义务教育生态化均衡的内涵解析 ····················· 160

三、义务教育生态化均衡的价值取向 ························· 163

四、城乡义务教育生态化均衡的具体内容 ····················· 165

第三节　城乡义务教育生态化均衡的内在机理和运行机制 ··········· 169

一、城乡义务教育生态系统结构与功能 ······················· 169

二、城乡义务教育生态化均衡的内在机理 ····················· 172

三、城乡义务教育生态化均衡的实现机制 ····················· 176

第四节　城乡义务教育生态化均衡的模式构建 ····················· 181

一、城乡义务教育生态化均衡的理念重塑 ····················· 181

二、城乡义务教育生态化均衡的模式构建 ····················· 184

三、城乡义务教育生态化均衡的实现方式 ····················· 187

本章小结 ·· 191

第五章　城乡义务教育政府供给制度创新的政策建议：基于"生态化均衡"理念 ·· 192

第一节　生态化均衡目标下政府职能定位、责任范围与决策机制 ····· 192

一、明晰政府在义务教育均衡发展中的职能定位 ··············· 192

二、科学界定政府在义务教育均衡发展中的责任范围 ··········· 196

三、健全城乡义务教育均衡化政府供给的决策机制 ············· 200

第二节　构建城乡义务教育生态化均衡评价机制 ··················· 205

一、义务教育均衡发展评价的基本内容 ······················· 206

二、义务教育均衡发展评价的基本原则 ······················· 207

三、义务教育均衡发展评价的复杂性 ························· 208

四、构建城乡义务教育生态化均衡评价机制 ··················· 211

第三节 城乡义务教育均衡化之政府供给的实施路径 ……………215

　　一、构建城乡义务教育生态化均衡的补偿机制 …………………215

　　二、形成城乡义务教育均衡发展共同体 …………………………220

　　三、构建基于生态系统的城乡教育资源公共服务体系 …………223

本章小结 …………………………………………………………………226

第六章 结论 ……………………………………………………………228

参考文献 …………………………………………………………………230

绪 论

一、选题背景

在中国共产党第十六届中央委员会第六次全体会议提出"构建社会主义和谐社会"重要战略思想的基础上，中国共产党第十七届中央委员会第三次全体会议确定了促进城乡一体化发展的总体战略，并提出"到2020年城乡经济社会发展一体化体制、机制基本建立"。实现城乡一体化发展的基础和关键是推动城乡公共服务一体化，而义务教育更是"重中之重"。作为社会系统的重要组成部分，义务教育在经济社会发展中起着基础性、全局性、先导性的作用，一方面为城乡统筹发展提供符合时代要求的人力资源和智力支持，另一方面能够为人口、资源、环境等诸多要素相互协调与统筹提供软性保障。因此，城乡义务教育生态化均衡是构建和谐社会、统筹城乡发展的核心要义以及亟待解决的一个重要问题。

为缩小区域、城乡和学校间差距，均衡配置公共教育资源，最大限度实现教育公平，21世纪初我国就提出了义务教育均衡发展的战略思想。《国家中长期教育改革和发展规划纲要（2010－2020年）》进一步提出："建立城乡一体化义务教育发展机制，在财政拨款、学校建设、教师配置等方面向农村倾斜。率先在县（区）域内实现城乡均衡发展，逐步在更大范围内推进。"然而，当前我国城乡间教育质量和办学水平仍存在明显差距，义务教育非均衡发展局面未能根本改变。究其缘由，城乡义务教育资源配置和发展能力差异是不可否认的客观事实，但非均衡发展的历史惯性、文化传统等也是阻碍义务教育均衡发展的隐性因素。研究证实，义务教育非均衡供给制度具有内在的逻辑和动能、深厚的历史传统以及稳固的社会根基：一是非均衡发展机制优势符合后发国家的战略意图；二是19世纪末至20世纪初累积和固化的法理传统、制度惯性与教育文化；三是国家意志、行政体制和非制度因素共同作用下的主体利益博弈需求。由于资源禀赋、地理因素、文化传统以及制度惯性等因素的作用，20世纪以来我国城乡义务教育总体上表现为非均衡发展状态。

毋庸置疑，2005年之前的历次教育体制变革，都在事实上延续了非均衡供给的制度惯性。在制度经济学看来，这一演进历程充分体现了中国在现代化建构上的独特性，迫于多重压力，中国容易出现经济发展与权利分享的矛盾，这也使非均衡发展策略成为一种符合理论、历史和现实逻辑的必然选择（阿尔蒙德等，1987）。虽然这一战略创造了"中国的奇迹"，但它也使城乡义务教育不平衡在 20 世纪 90 年代达到了极致，导致义务教育系统的外部环境、内部结构以及价值规范濒于"崩溃边缘"。

"非均衡发展只是均衡发展的一个不得已的中介而已"，实现发展均衡化才是最终目的，这关乎社会公平正义问题（胡位钧，2005）。在转型压力之下，中央政府于 2006 年确立了符合现代公共理念的"向农村倾斜"的义务教育经费供给体制。然而，"新机制"及其后续改革并未完全消除"城乡分立"的"路径依赖"特征，体现在三方面：一是新机制未能明显减轻基层政府的事权，"自上而下"改革所固有的"信息不对称"以及义务教育的外溢属性，使地方政府的目标函数权重远低于中央政府，此外新机制也无法调动城市部门支援农村的积极性，从而造成农村义务教育社会载体的"泛化"和"虚化"（陈静漪，2012a）。二是新机制缺少经费供给机制之外的配套措施，导致这一单项改革无法兼容国家宏观行政与财政等刚性体制，教育经费垂直拨付和管理链条过长也使新机制运行成本较高。三是在农村义务教育发展重心已转移到师资质量和管理水平层面的情况下，单一经费改革的边际收益呈递减状态，因改革并未打破原有的封闭循环系统，不仅城乡教育资源优化配置遭遇到体制壁垒，城市对农村优质教师和生源的"抽取"也未得到实质性遏制。

综上所述，对义务教育供给制度演化的系统研究，一方面可以科学地解释 20 世纪以来这一制度形成和运行的内在逻辑，另一方面也能够为义务教育供给机制改革提供有益的理论和政策建议。当前，为了实现农村义务教育从生存型到发展型、从乡村化到城镇化的实质性转化，必须尽快确立城乡一体化的战略思维，这既是破解制度改革僵局的突破口，也是对公共财政保障机制的继承、深化和拓展。从制度演进角度看，构建城乡一体化发展机制不仅需要一定的时间过程和外生条件，更需要开放、全面、系统的顶层政策设计，即从"城乡分立"向"城乡统筹"制度设计过渡，从单向度经费供给改革向全方位综合改革过渡。

二、本书研究视角

基于本书的选题背景，城乡义务教育非均衡发展具有强大的内在动能和稳固的社会根基，只有从多维视角对均衡发展政策的应用环境、实践程序、评价机制等进行跟踪研究和持续修订，才能构建一个动态、高效的思维框架和制度体系。换言之，当前我国城乡义务教育已进入新的历史转型期，即全方位开放和多元社会背景下城乡义务教育体系和发展模式的重建过程。这一过程的引发、推进以至完成，所依赖的内外部因素繁多，相互间关系也极为复杂，有必要引入生态学理论，采用全面、联系、发展的新视野、新思路和新方法，以便更加清晰地反映义务教育系统内部的结构、规律性和变革路径。

根据生态学原理，义务教育也是一种生态现象。在辩证统一的关系框架下，自然环境、社会环境、规范环境和生理心理环境相互交叉渗透，形成义务教育生态环境。当前，主张人和自然和谐相处的生态化理念已成为全球化共识，而教育均衡化正是生态文明在教育上的移植和应用，它追求教育系统内外部以及主客体间的平衡、联系、统一和融洽，强调系统的生长性、建构性、开放性、动态性和创新性等，其目的在于建立一种自然、和谐、开放、创新的新型教育模式。

以生态学视角研究城乡义务教育均衡化，具有理论、实践和方法论的适切性。这是因为，城乡义务教育均衡化既是一种教育理念，也是一种生态发展观，与生态学的系统观、平衡观、动态观和整体观等基本观点完全契合。首先，系统观是城乡义务教育均衡化的研究视角。在结构上，既将教育作为一个整体系统，又深入分析各子系统及其相互关系；在影响因素上，既注重对某一影响因素的重点分析，又注重对系统的整体考量；在发展策略上，既考虑到对系统的直接作用，又考虑不同子系统的相互影响。其次，平衡观是城乡义务教育均衡化的追求目标。"平衡"表明某一系统的结构和功能、物质与能量流动处于循环有序状态，而维系平衡的动力来自系统内部自我协调机制以及外界通过反馈进行的干预。平衡观的意义在于在空间布局上，注重城乡之间教育发展的协调性；在社会发展中，注重区域教育与经济、政治、文化的协调发展；在区域内发展中，注重同一教育类型内部和不同教育类型之间的平衡发展。再次，动态观是城乡义务教育均衡化的基本特征。维系生态系统平衡，就需要通过动态调节生态系统的环境因素、生物种群和信息系统，以保持系统要素和生态环境的相对稳定。在发展过程中，既要重视同一发展阶段的共性，又要注重不同发展阶段的个性特征；在转化过程中，既要准确把握阶段性转化特征，又要科学分析制约转化的影响因素；在实施策略上，要充分发掘系统内部自我调节机制优势，实现系统动态良性循环发展。第四，整体观是城乡义务教育均衡化的利益诉求。这一理念把整体利益作为生态系统的核心价值，作为衡量一切事物的根本尺度，作为评判人类社会发展的终极标准，体现了可持续发展思想。整体观的指导价值在于：在社会发展的大系统中，要充分考虑到社会的整体发展，实现义务教育与政治、经济、文化的协调发展；在义务教育系统中，要统筹好优先发展与整体发展、重点发展与协调发展的关系，统筹好城乡教育间整体协调发展。

综上所述，教育生态分析是一种注重全面联系、突出整体价值和强调动态过程、追求持续发展的教育生态研究方式。"整体—联系"纲领侧重"整体关联"，即以整体关联的思维方式研究教育主体与生态环境之间的关系，并且赋予作为整体的教育生态以更大价值；"动态—持续"纲领则侧重"动态持续"，即以动态发展的思维方式研究教育生态系统的动态演化以及系统主体和生态环境间的协同进化过程，并赋予教育生态的长期持续发展以更大价值。可见，两个纲领之间彼此联系、相互依赖、殊途同归。前者侧重于静态横切分析，使"突出整体价值"的价值取向有了实质性内涵；后者则注重动态纵剖研究，使"追求持续发展"的价值取向有了现实基础。

总之，城乡义务教育均衡化发展是促进社会公平正义、构建和谐社会的客观要求和应有之义。如何将均衡发展理念融入城乡义务教育是一个重大而崭新的课题，而生态学原理在教育领域的应用为这一问题的解决提供了契机和崭新视角。在全面实施"生态文明战略"的政策环境下，运用生态学原理深入考察城乡义务教育的本质和运行机制，有利于处理好教育发展与教育公平、教育发展规模结构和质量效益、教育发展与经济社会发展、教育发展与自然和谐、教育改革发展稳定等五方面的关系，有利于更好地发挥义务教育的多维效应。

三、本书研究意义

城乡义务教育均衡发展，对于实现社会公平、提升国民素质水平、构建和谐社会具有重要的作用和意义。鉴于当前城乡义务教育非均衡发展引发了较为严重的社会问题，各界对这一问题的关注度持续高涨，并逐渐将焦点集中于政府的义务教育供给责任和机制方面。总的来看，对城乡义务教育均衡化的探讨具有鲜明的时代性和紧迫性，体现在三方面：

一是研究视角多元化。围绕城乡义务教育均衡发展的研究视角正呈扩散化趋势，不同学科打破门户藩篱，从教育学、管理学、经济学、生态学等角度出发，呈现百家争鸣、交叉互补的良好格局。在理论支撑方面，涵盖了社会公平、伦理学、新人力资本、新制度经济学、公共政策学、公共产品等理论。学者们在不同的研究角度上，由传统教育管理体制、财政体系创新等视角逐步扩大到公共政策、政府责任、人力资本、师资流动、教师薪酬制度等研究领域，纵横捭阖、条分缕析地探析了城乡义务教育失衡的根源、机理和改革路径。二是研究范式多样化。在学科发展过程中，不同学科领域的学者们注重借鉴其他学科优点，尝试使用计量、哲学思辨和自然式探究等多种范式，从一般的逻辑分析延伸到利益分析，从传统实证方法拓展到实证分析与规范分析相结合，体现了多学科间的整合、渗透和融合态势。三是研究成果实践化。学术研究的价值取向必然是关注现实，尽力为教育事业发展献计献策。进入 21 世纪以来，从事城乡义务教育均衡研究的学者们恪守职业道德，通过理论研究、政策分析与咨询、时事分析和批评等方式，为政府决策提供科学、合理的建议和意见。经过学界的共同努力，一部分研究成果已经被政府所采纳并上升到政策层面，如农村教师补贴、城乡教师交流机制、农村中小学"集中办学"思路调整等。此外，国内基于生态学理论的义务教育研究始于 20 世纪 80 年代末，起初，教育生态学发展，比较缓慢，后来才趋于兴盛。总体上看，教育生态学研究呈现出由宏观走向微观、由理论探讨走向实践分析两个特点，并表现出三个不足：一是对教育生态系统的重要性认识不够深入；二是对教育生态的层次和结构的研究不够平衡；三是对教育生态历史变迁的分析不够重视。在这个意义上，本书在一定程度上拓展了教育生态学的研究领域。

在科技革命与社会治理变革推动下，发达国家实施了卓有成效的公共服务政策创新，学界对这种实践及经验进行了深入分析和提炼，形成了诸多新观点和新理论。相对而言，在市场经济条件下，我国政府公共产品与服务供给取得一系列令人瞩目的实质性成果，但总体上尚在探索之中，学界对相关议题的争议较大，如各级政府应有的供给职责是什么、应采用怎样的供给方式等。故而，一方面要对国外的既有成果进行剖析和甄别，以明晰哪些理论可以指导我国实践，以及如何付诸实践；另一方面，自身的实践经验也来之不易，必须及时总结，通过反思、审视形成理论成果。因此，本书的研究意义在于两个方面。

一是理论意义。针对城乡义务教育政府供给制度的历时性变迁，从历史和现实两个维度建立一种理论研究框架。从社会基本公平与正义出发，深入探讨城乡义务教育均衡化供给的理论与实践价值，并构建以"生态化均衡"理论为内核的城乡义务教育均衡供给模式。这种模式厘清了教育生态系统中个体、群体和大系统的内在关系、资源流动机制等，强调义务教育数量、质量和效率之间的内在联系和平衡性，并科学界定了政府的供给责任和自身定位。因此，"生态化均衡"理论构建注重系统性、可持续性，弥补了既有研究成果"碎片化"、截面研究的片面性，为义务教育均衡理论研究提供了一种新的研究视角和分析方法。

二是现实意义。在由"生存型社会"向"发展型社会"转变的背景下，以南京市为样本进行个案分析，系统梳理义务教育政府供给的制度变迁和机制演化，以促进均衡化为旨归，通过理论演绎和计量分析，对当前城乡义务教育非均衡化供给效率和社会效益损失进行界定，力图为义务教育有效供给的制度创新和政府行为修正提供有益的建议及策略。首先，以南京市为中心的实证研究，能够为不同层级政府的角色定位、政策取向及行为修正提供实践经验；其次，基于"生态化均衡"理论而构建的城乡义务教育均衡化评判标准和实施体系，有利于纠正当前"重投入、轻发展"及"重均衡、轻效率"的政策倾向；再次，在构建和谐社会背景下，以义务教育为抓手的理论和实证研究，可以为其他类别的农村公共产品供给提供理论支持和实践经验，有利于推动"新型城镇化"进程。

以史为鉴，能窥久远之未来。从本质属性与形成机制来看，城乡义务教育非均衡发展绝非是一个单一的资源配置问题，而是一个涵盖历史、文化和制度等因素的综合性问题。实践证明，历次教育体制变革都在事实上延续了非均衡供给机制，尽管中央政府于 2006 年进行了反向改革，但"新机制"及其后续改革并未消除"城乡分立"的制度惯性。可见，城乡义务教育均衡化是一个"知易行难"的系统性工程，牵扯到政策理念、社会结构和文化习俗等诸多因素。因此，要充分考虑义务教育非均衡供给制度演化的历史渊源以及各影响因素之间的内在联系和影响机制，才能形成"对症下药"的改革思路和方案。

第一章　政府供给与城乡义务教育均衡发展的理论阐释

第一节　义务教育及其均衡化诉求

由于受历史、自然、文化和经济发展差异，以及公共政策价值偏好等诸多因素的影响，我国义务教育在城乡、区域、学校等层面的非均衡发展趋势愈加明显，促进义务教育均衡化成为当前必须解决的中心问题。为此，本章从义务教育均衡化的内涵和外延界定出发，重新探讨均衡化的理论依据和应遵循的原则，并对相关政策进行解读。

一、义务教育均衡化的内涵与外延

（一）义务教育均衡化的内涵

1. "均衡"的定义

"均衡"本是对事件发展状态的一种描述，指多个影响要素间的对比力量大体相当，用物理学术语来说，就是物体保持相对静止的一种状态。"均衡发展"的概念最早出现于经济学界，莱昂·瓦尔拉斯在 1874 年出版的《纯粹政治经济学要义》中提出了"一般均衡理论"，用来研究市场供求平衡问题。此后，马歇尔和凯恩斯将"一般均衡理论"发扬光大，在其基础上分别构建了"局部均衡理论"和"宏观非均衡理论"。二战后，许多经济学家对"非均衡理论"进行了系统阐述，如增长极理论、极化效应论、阶段非均衡发展论、中心外围理论以及倒"U"型假设等理论。总的来说，经济学意义上的"均衡"代表的是一种相对静止的理想的发展状态，体现了一种平等、公正的经济观；而"均衡发展"或"均衡化"，既体现了发展的过程和状态，也表示一种发展方式或途径。

2. 义务教育均衡化的内涵

义务教育均衡化，是指从义务教育的公共属性出发，坚持公平正义的发展理念，通过中央政府的倾斜性发展政策和宏观调控机制，促进各系统、区域间的资源优化配置，逐渐缩小城乡、区域间发展水平的差距，从而达到一种稳定、协调、有序的发展状态。

从内涵看，义务教育均衡化是教育公平思想的具体实践形式。从价值上看，均衡发展是义务教育事业的一种美好理想和预期，旨在追求教育公平，使每一个受教育者都能够享有基本的教育服务，最大限度地实现义务教育均衡化。从政策实践看，均衡发展是实现教育公平的调节手段和途径，不仅指物质资源的均衡配置，也涵盖了教育机会和教育权利分配的均衡。因此，义务教育均衡具有四个方面的特征：首先，均衡是相对的，不均衡是绝对的，"均衡化"就是要推动义务教育向相对均衡的方向发展，在动态中寻求平衡（王建容和夏志强，2010）；其次，义务教育均衡化是一种发展模式，以追求公平、平衡、协调为目的，是更加全面、和谐、可持续的发展模式；再次，追求"质量均衡"，不仅关注机会平等，更关注效率与质量的公平；第四，尊重发展差异，既鼓励强者继续提升，又要帮助弱者迎头赶上，通过梯度发展逐步缩小差距（瞿瑛，2010）。

此外，义务教育均衡不仅是个静态的概念，而且还是一个动态的过程，其中所蕴涵的价值标准和具体内容具有一定的层次性，会随着经济社会的发展以及人们对公平的理解而发生变化。

（二）义务教育均衡化的外延

从义务教育均衡化的内涵出发，可从目标指向、客体构成、主要内容三个方面对义务教育均衡化的外延进行界定。

首先，在目标指向上，一是要坚持义务教育的"全民性"与"公益性"，为每个受教育者创造均等机会，通过公共教育服务体系的全面覆盖和资源优化配置，实现起点、过程和结果公平；二是在提升优质教育资源总量的前提下实现同步均衡扩张，满足受教育者对高质量教育资源的需求；三是提供种类多样的教育资源和服务，使受教育者拥有个性化、多样化、全面化发展的均等机会。

其次，在客体构成上，涵盖城乡均衡发展、区域间均衡发展、学校均衡发展以及个体均衡发展四个层面。其中，城乡和区域间均衡发展是指城乡间和区域义务教育发展水平大致均衡，主要指标包括义务教育普及率（入学率、升学率、辍学率等）、学校布局、办学质量等，属于宏观层面的均衡化。学校均衡发展指区域内各学校之间发展水平趋于均衡，包括硬件条件、师资水平、教学质量、管理水平等。个体均衡发展则指受教育者个体能够接受基本一致的义务教育服务，不因家庭、背景、环境等后天因素而影响教育资源的数量和质量；同时，个体均衡还蕴涵全面发展的含义，即个体的各方面技能和素质得到较为均衡的发展。个体均衡是义务教育均衡发展的终极目的，而城乡和区域间均衡发展、学校均衡发展则是实现个体均衡发展的前提条件和必要途径。

再次，在主要内容上，包括经费投入、办学条件和人力资源投入三个方面。义务教育经费投入均衡，包括生均预算内教育经费、生均公用经费、基本建设与改造资金支出等；办学条件均衡，包括学校规模、基础设施、场地场所、仪器设备、图书资料和信息化水平等；人力资源均衡，指教师的学历、素质、年龄结构、教学经验和能力等，以及生源素质和管理水平的大致均衡。此外，还要关注"产出"均衡，这是衡量办学效率的重要指标，是义务教育均衡发展的旨归。

（三）义务教育均衡化的一般原则

义务教育均衡化是实现教育公平、缩小教育差距的主要途径，在推动均衡化发展的过程中，应强调机会、过程特别是结果的平等，要坚持以下五条基本原则。

1. 公平原则

教育公平是公平在教育领域的延伸，是人们对教育追求的重要价值取向，也是个人发展"起点公平"的重要基础。在某种意义上讲，教育公平意味着教育机会均等，因此它是义务教育均衡化的首要原则，是制度和政策层面上实现教育均衡发展的一个底线原则。正如布坎南所说的，人的出身、运气和努力程度等是影响个体竞争力的主要因素，而出身的不公平是人参与社会竞争前的不公平，应该及时加以修正。教育是修正出身不公平最有效的途径，也是个体掌握生存和发展技能的重要渠道。因此，在义务教育阶段，每一个受教育者都应当享有均等的教育服务，包括入学机会平等、教育资源分配平等和教育质量平等。若违背公平原则，就等于破坏了义务教育均衡发展的基础，必然会损害受教育者的个体利益和整个国家和民族的利益（石中英，2002）。

2. "差别原则"与"补偿原则"

因历史、自然环境、文化传统和经济社会发展等因素，我国城乡、区域、阶层和个体间差异十分巨大，在推进义务教育均衡化的过程中，必须切实贯彻"差别原则"和"补偿原则"，即国家要对弱势群体进行教育补偿和关怀。约翰·罗尔斯于1971年提出了著名的"差别原则"，认为社会和经济发展应该有利于弱势群体的最大利益，要采取补偿原则给予最少受惠者以补偿，用制度来缩小不平等带来的社会差异（约翰·罗尔斯，2009）。根据罗尔斯的这一原则，我国在义务教育资源配置上要采取与过去相反的做法，即重点向经济欠发达区域、农村地区、薄弱学校及弱势群体进行倾斜。只有改变"精英教育"和"重点学校"的发展理念和制度安排，通过科学合理的财政转移支付，才能真正缩小目前存在的巨大差距。

3. 受教育者利益最大化原则

追求教育公正和平等是义务教育均衡化的一种理想，但绝对公平和平等的状态是不存在的。根据唯物主义相关理论，平等不是绝对的、静止的，而是相对的、动态的。莱伊·道格拉斯认为，要从多种视角来理解平等，她就此提出受教育者"利益最大化原则"（袁振国，2004）。这一原则的核心理念是，在发展义务教育的过程中，无论采取何种资源配置模式，都必须优先考虑欠发达地区、薄弱学校和弱势群体。同时，要采取措施确保这些教育资源能够为受教育者所使用，而不是被他人所攫取。

4. 效率原则

强调义务教育的公正和平等优先并非否定或牺牲效率，教育资源配置也是一种投资行为，因此应关注所产生的收益。义务教育均衡化的效率原则主要体现在三个方面：

首先，义务教育资源投入的效率越高，平衡教育投入差异的作用也就越强，在资源总量受限的情况下，追求产出效率就显得更加重要。"帕累托最优"是衡量投入有效性的重要指标，实现最优的条件是：任何两种产品的边际替代率等于它们的边际转换率：$MRS_{XY} = MRT_{XY}$。

如图 1-1 所示，当某一区域的教育资源增加到一定数量后，再继续增加投入，其产出效益将递减。如果将该资源转投到其他资源不充足的区域，那么产出的效益就会增加。以东西部为例，目前东部地区教育资源投入比较充足，中央政府继续增加投入，其边际效益必然下降。相对而言，西部地区义务教育资源相对匮乏，很多贫困地区尚处于边际效益递增阶段，对其实行财政转移支付，则资金的使用效益将有所提升，转移支付的平衡作用也能够得到有效发挥。

其次，要引入市场经济机制，吸引社会资源进入义务教育投资领域，一方面能够扩展公共教育资源尤其是优质资源的筹集渠道；另一方面，充分利用市场机制增加义务教育区域发展的竞争水平，推动公立学校提升办学效率和办学质量。

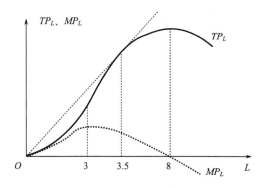

图 1-1 边际效用递减规律分析

再次，在增加资金投入的基础上，提高教育资源的内部配置效率。在资源配置过程中，教育主管部门要进行科学考察和论证，合理规划资源（资金）流向和规模，避免无谓的浪费。同时，要加强学校内部管理，通过提升管理水平增加资源使用效率。

5. 社会参与原则

所谓"社会参与原则"，是指广泛动员社会力量参与教育管理，这也是义务教育的本质属性所决定的。一是要吸收民间资本加入，弥补公共教育资源的不足；二是要让个人、企业和第三方等社会力量参与义务教育决策过程，汇聚集体智慧。

二、义务教育均衡化的理论依据与实践价值

（一）义务教育均衡化的理论基础

学界普遍认为，公平、公正和机会均等思想是义务教育均衡化取向的指导理念和理论基础。均衡发展问题的提出既是源于教育公平理论和教育民主化思想，在实践中也成为促进教育公平和民主化的主要途径（王璐，2013）。影响教育均衡化思想的相关理论主要有约翰·罗尔斯的"正义论"、科尔曼的"教育公平理论"和胡森的"教育机会均等论"。

1. 约翰·罗尔斯的"正义论"

发表于 20 世纪 70 年代初的《正义论》对义务教育发展产生了重大影响，毫无疑问，该理论在诸多现代教育公平论中最具代表性。罗尔斯最重要的观点之一

就是"教育平等",提出要关注多阶层特别是弱势群体的利益问题。他认为,人必然会受到出身、社会地位和自然禀赋的影响,"既然出生和天赋的不平等是不公平的,那么这种不平等就应该得到补偿……社会应该更重视那些出生于地位较低的家庭而天赋又较少的人"(张人杰,2009)。据此,他提出两条原则:一是每个人都有平等的权利去拥有别人类同的基本自由权;二是社会和经济发展应该是平等的,表现为机会均等原则和差别原则。

2. 科尔曼的"教育公平理论"

科尔曼从机会均等角度阐述"教育公平理论",并在《教育机会平等的概念》中阐述了"机会均等"的含义:提供达到某一规定水平的免费教育;不分背景和出身,为所有儿童提供普通课程;为不同背景的儿童提供均等的教育机会;同一特定区域内教育机会一律平等。通过这些表述,科尔曼深刻阐述了义务教育的本质属性,并强调了政府在制定政策、设立公立学校和经费筹集等方面的责任和义务。此外,科尔曼还提出了认识"教育平等"的三个阶段:①平等是接受相同的学校教育;②教育应该为不同禀赋和特质的儿童提供不同的教育内容;③教育平等与教育不平等是并存的。这一论点的意义在于,它使人们认识教育公平的相对性和复杂性,并不再幻想绝对公平的教育机会。基于此,科尔曼提出用"减少教育机会不平等"来代替教育机会均等的说法(石中英,2007)。这是因为"由于存在差别性校外影响,机会均等只能是一种接近,永远也不可能完全实现"(张人杰,2009)。

3. 胡森的"教育机会均等论"

胡森同样将教育机会均等划分为三个阶段:①入学机会均等;②学业成就机会的均等;③教育机会均等也应包括学校情况与教育组织的均等(腾飞,2010)。这一划分的实践意义在于,随着起点均等问题的解决,人们开始关注过程均等,并将质量均等提上议事日程。在以上观点之上,胡森对教育机会进行了更为详尽和透彻的研究。他提出,在分析"机会均等"概念时,不仅要界定"平等"的内涵,还要解释什么是"机会"。他对"教育机会"进行了一系列定义:①与教育有关的学校之外的物质要素,如家庭经济状况、学校远近等;②学校的各种物质设施,即建筑物质量、图书馆等;③家庭环境的心理因素,如家长对子女的期望、家长对知识和技能的态度等;④学习环境中的心理因素,如教师的能力和态度等;⑤学习机会,如教学条件、课外作业总量等(石中英,2007)。这些"机会"就是与义务教育发展有关的资源，对其进行研究的必要性在于它们的可操作性和可测性。实际上，这些"机会"在促进义务教育均衡发展过程中起到了重要的作用，因为资源配置往往与外在社会条件密切相关。

总的来说，这些理论构成了义务教育均衡化的理论基石，并推动了世界义务教育事业的发展。罗尔斯"正义论"中的"教育平等"和"补偿原则"成为义务教育均衡化的重要则和途径；科尔曼的"教育公平理论"揭示了义务教育的本质，对人们充分认识教育公平的复杂性有重要的现实意义；胡森的"教育机会均等论"则使人们更加全面理解了"教育资源"的内涵和外延，有利于提升制度设计的针对性和有效性。

（二）义务教育均衡化的伦理辩护

所谓义务教育均衡化的伦理辩护，是指从伦理观、价值观上辨明义务教育均衡化的合理性、可行性和正当性（陈艳，2008）。道义论（义务论）认为，判断某种政策、制度公正与否的根据应是其本身所依据的原则。因此，如果某项政策或制度安排所依据的原则是正当的，那么就是道德的。

1. 义务教育均衡化体现了"人是目的"的伦理思想

"道义论"的核心理念在于康德提出的"人是目的，而不仅仅是手段"，即人必须受到尊重，而不能被随意摆布和奴役。这一准则充分体现了对人和人权的尊重，具有显在的时代意义。这种"以人为本"的理念在义务教育均衡化过程中得到了充分的体现：其一，义务教育均衡化的目的是为每一个受教育者提供均等的教育机会，使之得到规定水平之上的教育，通过"补差"和"增优"提升办学条件和教学质量，最终使每一个学生都得到全面的、自由的发展；其二，义务教育均衡化注重人文关怀，坚持"以学生为本"，提倡素质教育和内涵发展，通过"因材施教"让不同禀赋的学生能够得到相应的教育，为充分发掘个人潜能和未来发展奠定了坚实基础。

2. 义务教育均衡化是"为义务而行"的行动

"道德性"是康德用以判断人的行为的一个核心标准，他认为只有"为义务而行"的行为才具有道德价值。义务往往和使命、职责这一类概念等同，在康德那里，义务根源于人的内在理性，是善良本性的使然。无论是人的行为还是政策或制度，只有当其动机是"为义务而义务"时，才具有"道德性"。虽然义务教育制度并未摆脱"工具理性"的束缚，但其通过强制性制度安排，为每一个家庭履行义务提供了一个良好的外部环境和坚实的物质基础，使适龄儿童少年不至于因家庭贫困或其他原因而失学。义务教育均衡化更进一步，赋予了受教育者均等的机会，使之不因家庭、背景、健康等后天因素而受到不公正待遇。在这个意义上，义务教育均衡化充分体现了国家的主体责任和义务。

3. 义务教育均衡化是"义利统一"的制度安排

相对于"道义论""（义务论）"主张以"行为的结果"为依据来判断行为的道德性。墨子认为，义与利是统一的，人之行为，有利便是应当，反之则不应当。按照"功利论"的原则，判断义务教育均衡化的合理性，就要看其是不是能够为最大多数人谋求幸福。首先，义务教育均衡化坚持"公平原则"和"补偿原则"，通过倾斜政策和财政转移支付对欠发达地区进行资源支持，努力推进区域义务教育均衡发展，使贫困地区的受教育者获得了均等学习机会和教育条件；其次，在特定区域内，通过扶持薄弱学校发展，缩小学校间办学水平差距，实行"就近入学"政策，杜绝凭借资源优势择校的不公平现象，在一定程度上促进了校际均衡发展和教育公平性；再次，就个体均衡看，通过一系列资助和救济政策和措施，对贫困家庭儿童、留守儿童、进城务工农民子女和残疾儿童进行帮扶，切实保障了个体的受教育权益。以上三个方面的努力，旨在为最多数的适龄儿童少年带来幸福，符合"功利论"的"义利统一"原则，因此是正当的。

（三）义务教育均衡化的实践价值

来自不同学科领域的价值理念，不断丰富、更新和扩展了义务教育均衡化的内涵和外延。在当代中国，义务教育均衡化蕴含着权利保障、社会公平以及战略转型、科学发展的深刻内涵，并超越文化和符号的表意层面，归结和统摄于义务教育均衡发展的具体实践，构成义务教育变革的基本导向、主流话语和主要内容。

第一，义务教育均衡化是义务教育本质的充分体现。义务教育是早期工业化和宗教改革的产物，是当时推进社会民主化的重要标志和主要成果，具有鲜明的公益性、统一性、义务性。义务教育的本质决定了政府在进行教育资源配置的过程中，必须遵循公平、公正原则，努力缩小城乡、区域及校际教育差距，促进义务教育均衡发展。义务教育公平是构成社会底线公平的重要内容，对于增加社会人力资本积累、缩小贫困差距、促进社会和谐等都有极其重要的现实意义。因此，义务教育均衡化也是教育公平的根本要求，是社会公平在教育领域的延展和体现，是和谐社会的重要价值取向（曾天山，2007）。

第二，义务教育均衡化是保障社会权利的重要内容。义务教育均衡化取向彰显了国家与公民之间的契约精神，在法律和制度层面实现了对公民基本权利的切实保障。制度的最大效用就在于保障公平和正义，2006年修订的《中华人民共和国义务教育法》首次以法律形式明确了义务教育经费保障机制，并将"促进义务教育均衡发展"作为方向性目标确立下来，为实现全社会教育机会均等提供了保障。一方面，新修订的《中华人民共和国义务教育法》旨在构建真正公平、公正、优质的义务教育保障机制，体现了中央政府促进教育公平的强烈愿望和决心。另一方面，受教育权是一项积极的终生的权利，它使受教育者获得了生存和发展的基本知识和技能，包括足以维持生计的收入、体面的工作、住房、健康服务等。教育权利的落实，是均衡发展理念在中国全面落实的鲜明体现，对于缩小城乡公共服务水平差距、推进和谐社会建设具有里程碑式的意义。

第三，义务教育均衡化是实现社会公平的起点和基石。义务教育公平既是人们对教育价值和利益分配合理性的一种主观判断，也是"人际间教育利益关系的反映、度量和评价"，由起点、过程和结果公平三个部分构成（张良才和李润洲，2002）。在实践层面上，义务教育均衡发展水平是衡量义务教育公平乃至社会公平的重要标准和尺度，它通过"差别原则"和"补偿原则"对欠发达地区、弱势群体进行扶持，从而构成了个体发展、社会公平和经济公平发展的基石。一是坚持"公平优先"原则，为每一个公民的生存和发展提供均等的教育机会，使之得到适合的潜力开发；二是以义务教育均衡化推动"全民教育"，通过缩小群体间教育差距避免社会不公平的"代际传递"；三是中央政府对义务教育的投资具有向弱势群体再分配的社会效应，弱势群体子女受教育年限增加有利于减少收入分配差距，促进经济公平发展。总之，义务教育均衡化不但直接决定了教育的起点均衡，还会影响更高层次的教育公平，是实现社会全方位公平的基石。

第四，义务教育均衡化是推动科学发展与和谐发展的重要途径。所谓"发展"，绝不仅仅意味着经济学意义上的物质水平提高，它是一个多元化的概念，涵盖经济的发展、人的发展、社会的发展和制度的完善等（许庆豫，2001）。单方面的经济发展并不必然促成真正的发展，只有将"人的发展"置于所有行为的中心，才能不断消除经济差距、利益失衡等弊端，从而实现社会科学发展。"如果不正当的特权、贫富悬殊和社会不正义继续存在下去，那么就其基本目的来说，发展就是失败的"（黄志成，2002）。新《中华人民共和国义务教育法》对于义务教育均衡化目标的确立，是国家在宏观层面落实科学发展、和谐发展理念的体现，就是重新审视义务教育"以人为本"的本质，使均衡发展成为义务教育发展的主导方向。在操作层面，坚持"人与自然和谐发展"的价值理念，统筹城乡、区域之间和区域之内的教育资源开发与配置，通过倾斜政策，不断缩小义务教育差距，办"让人民满意的"教育，推动社会科学发展与和谐发展。

三、义务教育均衡化的实现路径：生态化均衡

（一）生态学的产生与发展

在某种意义上，生态学的出现源自人类对生态环境日趋恶化的理性反思。早在 1859 年，达尔文就提出了"生态平衡"的概念，恩斯特·海克尔随后对"生态学"进行了界定，即"研究有机体与所在环境间相互关系的一门科学"。生态学真正为世人所熟识，是在全球生态环境恶化的 20 世纪 60、70 年代（周鸿，2001）。由于大量生态学著作的出现，现代生态学理论体系得以建立和完善，并被视为"联系自然科学和社会科学的纽带"，能够为人类保护生态环境、实现可持续发展提供科学依据和理论支撑（奥德姆，1981）。

就"生态"的本义而言，它最早源自人类对"人和自然关系"的辩证思考，被学界称为"民胞物与"说，即生物学意义上的古代智慧结晶（张世英，2001）。近代科技革命之后，随着人类改造自然能力的迅速提升和环境破坏日益严重，"生态"的内涵得以扩展，从而具备了一般意义上的文化价值，文化生态学认为"生态"是"文化、生物和环境之间持续地相互联系和作用"（唐纳德·L.哈迪斯蒂，2002）。20 世纪中叶绿色革命兴起后，在生物学意义上，"生态"代表了一种建立在各种要素有机关联和良性互动基础上的"生命的存在状态"（徐嵩龄，1999）；而在哲学视角上，它日益成为认识世界的一种理念、方法和思维方式。由此可见，现代生态学不仅是一门研究"生物和环境""人与自然"关系的学说，而是被赋予了更多的发展理念，如"整体""均衡""和谐"等，从而扩展为"研究生物的有序性关联"的综合性学科（汉斯·萨克塞，1991）。这种变化，充分体现了"后现代主义"多元价值下科学发展的趋势，即向一般意义上的世界观的演进。

（二）生态哲学的建构

生态学的现代转向和人类对环境问题的哲学反思，共同推动了生态哲学的产生和演进。一方面，生态学把整个自然界视作一个大的生态系统，超越了传统的生物学理论；另一方面，人们把整个世界视为"人—社会—自然"的复合生态系

统，从而颠覆了传统世界观。在新的研究视角下，生态学不仅树立了自然科学的"显学"地位，还逐渐渗透到社会科学和人文科学领域，促进了大量边缘学科的产生和发展，这种多学科的相互渗透和整体化、一体化趋势，被学界称为"生态学化"。[①]20 世纪 60 年代，奥德姆等人提出，要构建一门新的综合学科"新生态学"，旨在利用生态学的原理研究政治学和经济学（Keller and Golley，2000）。此后，随着人类生态学日趋成熟，生态学研究重心逐渐从"生物"转向"人和社会"，即人工生态系统。弗·迪卡斯雷特认为，这种学科演进的趋势，表明了生态学找到了"真正的归宿"（弗·迪卡斯雷特，1981）。由此，生态学开始关注人、社会和自然界的相互作用和关系，围绕人类面临的环境恶化、能源危机、人口爆炸和粮食安全等全球性问题提出了诸多崭新的见解，为新的世界观提供了基本的哲学框架，正如小约翰·B·科布所说，"生态学为后现代世界观提供了最基本的要素"（大卫·雷·格里芬，1998）。

"当生态学发展到人和自然普遍的相互作用问题的研究层次时，就已经具有了哲学的性质和资格，它形成了人们认识世界的理论视野与思维方式，具有了世界观、道德观和价值观的性质"（余正荣，1996）。作为一种世界观，生态哲学运用生态学的观点和方法来观察和解释现实世界，将人类社会和自然生态系统看作是一个普遍联系和相互作用的"有机整体"。因此，"整体性"既是生态系统最主要的特质，也是生态哲学的基本观点，它有助于揭示各种生态因素间的相互关系和演变规律。生态哲学以人与自然的关系为主要研究方向，将人和社会纳入生态系统，而不是把人、社会和自然割裂开来。萨克塞认为，"生态哲学研究的是广泛的关联……在社会劳动过程中我们得知人在生态关联网中遇到了严格的控制。我们意识到我们不是作为主人面对这一发展，我们自己也是整体的一部分"（汉斯·萨克塞，1991）。同时，自然并非只是人和社会的外部条件，而是"人—社会—自然"大系统的内在机制，对人和社会具有重要的意义和价值（余谋昌，2000）。因此，要构建新的涵盖人和社会的"社会自然观"和包含自然因素的"生态历史观"。梅棹忠夫（1988）在《文明的生态史观》中提出，人类的历史观应该是"文明的生态观"。

（三）建构整体性的义务教育"生态观"

基于以上分析，生态学世界观是"社会自然观"和"生态历史观"的统一，

---

① 该段内容出自自然科学哲学问题丛刊 1980（1）.

即从人与自然的相互关系这一角度去认识、解释和理解世界。生态哲学认为，生态系统作为一个整体，包括生命体、非生命体以及各种环境因素，系统内的各种要素是相互联系、相互作用和相互依赖的，由于各子系统的互补性，整体必然大于各部分之和。此外，当今的全球化是一个"一体化"与"多样化"构成的双重进程，两者缺一不可。没有一体化，就无法形成动态的协同发展的功能性结构；没有多样性，就会影响各个部分的生长力、创造力和自我修补能力，也就是说，强调整体性不能否定部分的意义和价值（拉兹洛，1997）。总之，生态系统是一种整体性存在，内部要素不可割裂或孤立存在，"组成系统的各个部分之间存在着相互依赖关系，恰如一面网上的网线扭结"（拉兹洛，1985）。

　　与生态系统一样，义务教育系统也具有"整体性"特征，这就要求我们以生态世界观的视角来分析义务教育系统内各要素的相互关系和作用，并探寻其中的发展规律。从我国义务教育的现实情况出发，整体性生态观具有十分重要的指导意义：①系统依存性，义务教育生态系统是一个由复杂网络构成的开放、有序的有机整体，各个子系统和要素之间存在相互作用和制约的关系，每一个子系统（群落）都是系统网络上的一个一个结点（生态位），其生存和发展依赖于整个系统，但它发生危机时也会影响或威胁其他子系统（群落）的生存与发展；②动态平衡性，在义务教育生态系统内部，各子系统（群落）间既存在着斗争性，又存在着同一性，其中后者占据主导地位。在不断的运动和变化中，各子系统（群落）和要素在斗争与同一的动态运行中保持平衡，通过相互间的物质循环、能量转换和信息交流等，维持义务教育生态系统的动态平衡；③可持续发展，根据生态世界观，要维持义务教育生态系统的动态、和谐与平衡，必须坚持经济、社会和生态效益的统一，不能追求局部发展、片面发展和短期效益。只有个体得到充分发展，才能保障整个义务教育系统的和谐、稳定与可持续发展。

第二节　义务教育均衡化的政府责任

　　发展义务教育，不仅是现代服务型政府的基本职责，也是公民享有的基本权利。作为社会发展的根本动力，义务教育发展质量在很大程度上决定着一个国家的综合实力和国民素质。在城乡义务教育失衡和和谐社会建设的背景下，如何科学界定政府角色和责任范围，设计高效率的供给方式，促进义务教育的均衡发展，是一项亟待解决的重要课题。

一、义务教育的公共产品属性

（一）"公共性"的含义

就内涵而言，"公共性"本质上是指一种利益的共享性，它并非是静态的，而是一个动态的不断演进中的概念。早期的"公共性"以国家和社会为本位，随着公民社会的逐渐形成，公众参与社会事务改变了"公共性"的内容和性质（郭凯，2009）。现代"公共性"是建立在私人利益基础之上的，它一方面体现了公平、民主、合作的内在精神，另一方面表现为公共治理理念、公共秩序和组织，以及公共产品供给与消费等一系列制度安排。

在多学科视野中，研究现代社会治理都离不开"公共性"，理论界对它的理解大致包括以下几个方面：

一是将其阐释为一种观念、原则和精神。卢梭认为，公共性是一种"公益"即"公共利益"，并非某一部分人群或团体的局部利益诉求。因此，政府的合法性基础就是其执政理念和行为是否能够保障"公共利益"。卢梭的这种理念虽然遭到了功利主义公共观的批评，但它仍然成为现代公共管理学的核心原则。事实上，当代公共政策的制定都要符合约翰·罗尔斯的公平正义原则，应该充分考虑利益表达机制中的"缺席者"或弱势群体的利益（李春成，2003）。

二是认为"公共性"代表了公共利益。在这里，公共性可以解释为公有性、共享性和共同性，包括了五个要素：相对普遍性、共享性、共同受益性、非共时性、受群体特征限制（王保树和邱本，2000）。从这个角度出发，公共服务要强调公平和正义，需要充分考虑缺乏代言人的少数族群或弱势群体的利益。

三是在"公共性"的实现方式上，有三种主流观点，即自由主义公共观、"干预论"公共观和"参与型"公共观。早期自由主义经济学注重市场机制在公共利益实现中的作用，反对政府介入公共产品供给，表现为"消极政府"和"放任主义"。"干预论"公共观否定了私人自治在维护公共利益方面的有效性，强调外在的国家权力干预，主张依靠公共决策发展公共利益。"参与型"公共观引入了公众参与的理念，将政府和"公共"区分开，认为政府只是公共利益的集中性代表，其他社会组织也是公共利益的表现形式（乔治·弗雷德里克森，2003）。

（二）义务教育的准公共产品属性

根据萨缪尔森在《公共支出的纯理论》中的判断标准，社会产品可分为公共产品和私人产品，介于两者之间的则为准公共产品。当前，对于义务教育的产品属性问题，学界尚未达成一致。综合而言，主要有四种观点：一是以大卫·N·海曼、米尔顿·弗里德曼以及齐守印等为代表的群体，认为义务教育属于纯公共产品。弗里德曼认为，政府干预教育的理由在于"邻近影响"的存在和不负责任的行为存在。海曼则指出，义务教育的消费具有排他性，但会产生外部性，因此应由政府负责，如公立学校、公共卫生机构等。劳凯生认为，义务教育作为公益性事业，排斥了以市场为主的资源配置机制。二是以约瑟夫·斯蒂格利茨为中心的经济学派认为义务教育是一种私人产品。斯蒂格利茨认为，从扩招的成本看，边际成本很大，因此义务教育本质上是一种私人物品（斯蒂格利茨，2000）。三是詹姆斯·M·布坎南、王善迈、袁连生等人将义务教育视为准公共产品。王善迈（1996）认为教育是准公共产品，不同级别和类别的教育其产品属性特征不尽相同。袁连生（2003）也认为从间接消费效用的特征来判断，教育具有准公共产品的属性。四是义务教育本身并非公共产品，但教育立法、供给主体国家化使其改变了产品属性，因此义务教育本质上可看作是一种制度安排，厉以宁、孙国英、吴立武等人均持这种观点（厉以宁，1999）。

综合学界的观点，义务教育的确具有私人产品的某些属性，但因其具有不同于其他私人物品的显著特征，故采取由国家供给、强制执行的制度安排。这个意义上，笔者认同第四种观点，即义务教育本身是准公共产品或私人物品，但基于公共利益的考虑，必须由国家统一供给，从而具备了公共产品的属性。要理解义务教育的这一产品属性，需要从制度逻辑和实践逻辑两个层面入手。

一方面，现代国家大都通过法律形式对义务教育的生产和供给进行制度设计，对义务教育的性质、地位、目的、实施途径等做出具体规定，以此保障公民的受教育权和社会发展目标的实现。之所以采用以法律为基础的公共制度安排，一是因为义务教育的效用不能分割并为某些集团或个人使用，也不能根据"谁付款谁受益"的原则进行排他性消费，总体上看是一种等量消费或集体消费；二是从功能和效应看，义务教育对于提高综合国力、提升国民素质、传播科技文化、培养高素质人才等具有不可替代的作用，这是市场资源配置机制所无法达到的。从社会收益率上看，义务教育具有强烈的公共产品特征。总之，"制度性"义务教育反映了公共群体对某一阶段教育的价值诉求，是教育理想在制度上的一种具体体现，符合社会发展的根本利益（周守军，2009）。这种强制性制度安排从根本上保障了国民接受教育的平等权，确保了教育的至善性，也为义务教育各参与主体尤其是政府履行责任提供了重要的理论依据和制度保障。

另一方面，从义务教育发展的具体实践看，最初的基础教育并没有政府介入，也就是说，教育产生的最初形态是私人消费产品，而非公共产品。随着基础教育的社会效应逐渐显现，各国政府开始干预教育事业的规划和发展，并最终将其全部纳入政府管辖范围。当前，与制度化义务教育相对立的"竞争性""排他性"机制依然存在，根据"效应最大化"原则，通过经济资本、政治资本、社会资本或文化资本实现竞争和排他，这就使制度化义务教育的等量消费特征"失灵"，大量的择校现象即说明了这一点。而各种非公平因素的介入，必然使义务教育越来越偏离公共产品属性，从而具备了准公共产品或私人产品属性。从义务教育的本质看，各种资本力量的参与无疑会损害教育的公平性和政府威信，进而影响义务教育的办学秩序和整体质量。因此，很多学者就此呼吁，要逐步消除这些不合理现象，促进义务教育均衡发展，让其回归公共产品属性。

综上所述，作为一种制度安排下的准公共产品，义务教育对国家、社会和个体发展都具有极其重要的意义，因此应该通过制度安排使之成为具有非竞争性和非排他性的公共产品。因此，义务教育应该具备以下特性：一是具有法律意义上的强制性；二是实行免费入学；三是保证义务教育阶段机会均等。因此，要加强制度建设，推进义务教育均衡发展，尽可能消除资本要素对义务教育公平性的侵害。

（三）义务教育公共性的概念建构

明确义务教育的公共性，对于政府在义务教育发展中的角色定位、责任认定和科学决策具有重要意义。作为一项现代政府重要的经济活动，义务教育具有显在的公共性，这一点已成为学界的广泛共识。然而，对于教育公共性的概念建构，则是见仁见智，不一而足。有学者提出，教育公共性就是教育公益性。事实上，公益性是针对教育的非营利性，只是公共性的特性之一，因为公共性在追求教育公益性的同时并不否定私人利益的存在和社会力量的合法参与。笔者认为，公共性应在《中华人民共和国义务教育法》的框架下，充分体现国家意志，通过"集体行动"提供优质、均衡的义务教育服务，并确保全体国民能够公平分享。正如休·史享顿和莱昂内尔·奥查德（2000）所言，"公共利益是指那些广泛地被分享并能够最好地由集体行动所提供的利益"。

在内涵上，可以从四个方面来理解义务教育的公共性：第一，公共性不仅是一个事实概念，也是一个价值判断的过程。就是说，国家义务教育资源的配置并非着眼于个体的人或事，而是注重资源的有效利用即追求"效用最大化"，往往会造成一些与"公平"相违背的现象；第二，公共性不仅关注当前利益，也包括国家和民族发展的长远利益，应实现两者的有机协调和统一；第三，公共性绝不能仅仅考虑一部分阶层和集团的利益诉求，而是要追求全社会的利益，义务教育本质上就是惠及全社会的一种制度安排；第四，公共性也不限与经济层面的利益，还包括政治层面的利益。在法定权利获取的"差序格局"下，受教育权理应一同成为义务教育公共性的构成内容。这四个方面涵盖了对公共性的理解，其中国家意志体现和公众参与是尤为重要的（曲正伟，2004）。此外，在高度集权的单向度决策模式下，利益相关者经常处于"缺席"状态，这种状况直到改革开放后才有所改善。当前，随着信息技术的迅速发展和公共决策机制的日益完善，一方面政府政务公开的力度不断加大，对话与交流机制日益健全；另一方面，自 20 世纪 80 年代中期开始，教育管理部门开始下放管理权限，逐步扩大学校的办学自主权。

二、政府承担义务教育供给责任的依据

根据分析，虽然义务教育并非纯粹的公共产品，但各国都将义务教育作为一项重要的公共产品，是综合多方面因素的理性考虑。"教育不纯粹是公共利益，它也不应被纯粹看作是私人利益。……为了维护社会公正，无钱上学的人也该给予受教育的机会"（雅克·哈拉克，1993）。根据十八大和国务院会议相关决议，义务教育作为公共服务清单中最基础和核心的部分，理应得到最优先的保障。无论从哪个角度看，我国政府都应承担义务教育供给的全部或主体责任，主要原因或依据包括四个方面。

第一，义务教育具有巨大的正外部效益，属于公共物品范畴。外部性分为正外部性和负外部性，经济效果也有多种形式，而最大的收益或受损者都是国家和社会。从全球教育史看，实行义务教育的最初动因便是保障国家利益。可以说，教育在社会发展过程中始终具有基础性、全局性的地位和作用，是人类摆脱愚昧、走向文明的重要手段，也是经济发展、社会进步、民族振兴的主要途径。马尔萨斯则认为公共教育能够阻止罪恶和贫穷的产生，亚当·斯密（1994）在《国民财富的性质和原因的研究》中强调，政府的教育投资可以防止劳动者异化，也有助于文明社会的构建。萨伊（1982）认为义务教育会影响社会秩序与稳定，但市场不足以提供充足的基础教育服务。新自由主义认为，教育的外溢效应十分明显，政府的"不作为"将导致一些公民无法接受最低限度的教育，最终会危及民主社

会的基础；相反，则有助于政府消减犯罪、扩大教育机会均等和促进经济增长（米尔顿·弗里德曼和罗斯·弗里德曼，1998）。公共产品理论认为，相对于私人消费物品而言，义务教育具有非排他性和非竞争性两大特征，因此市场无法提供此类产品和服务，而政府通过财政支出可以有效满足义务教育需求，或者比市场供给更有效率。

第二，接受义务教育是现代公民的基本权利。根据现代社会公平正义的原则，适龄儿童少年都有享受机会和质量均等之义务教育的权利，"人人享有受教育的权利"。这是因为，个体发展基于生存这一前提，而生存所必需的基本技能来自教育，首先是义务教育。在这个意义上，义务教育也体现了社会对个体基本素质的要求，如果个体不接受义务教育，那么就可能失去了生存和发展的基本技能，无法真正融入现代社会。毫无疑问，义务教育的受益者是国家、社会和全体公民，政府提供免费义务教育是监护人对子女履行义务的前提和保障。从社会伦理角度看，使用公共财政来支付义务教育费用是合理的，这实际上是一种"代际转移支付"。只要该项制度不断延续，对每一代或每一个纳税人都是公平的。而且，向全体国民提供免费教育是弥补未来收入差距最有效的方式之一。

第三，义务教育具有投资的迟效性和收益的长期性。义务教育在教育体系中处于基础也是最为关键的位置，其基础作用决定了投资回报的长效性。个体通过学习获取的知识和技能，将持续地回报社会。但收益的迟效性会导致一部分贫困家庭放弃接受基础教育，若政府不加以引导和纠正，必然会导致整个社会未来人力资本积累不足。在功利主义的视角上，古典自由主义者也认为国家应担负起公民教育责任，这既是对下层群体的一种补偿，也是为社会生产提供合格的劳动力。根据人力资本理论，教育的外溢性是政府发展义务教育的主要原因之一。根据普萨卡拉波罗斯的研究成果，发展中国家人力资本投资收益明显高于物质资本投资收益，而义务教育阶段的收益最高（表1-1）。相关研究表明，中国绝大部分地区的义务教育回报率都超过了基础设施投资回报率（Fleisher and Chen，1997）。另据世界银行的调查结果，全球初等、中等和高等教育平均社会收益率分别为18.4%、13.1%和10.9%，其中义务教育的回报率最高，受益面最广，而成本最低。进入20世纪后出现的三次后进国家追赶先进国家的成功案例，都是以人力资本的积累为基础的。根据罗斯托经济发展阶段理论，我国目前已经进入人力资本迅速追赶期，必须抓住机遇，将义务教育作为最重要的公共事业予以充分的资源保障。

表1-1 按收入类型分类的教育投资回报率

	个人投资收益率/%			社会投资收益率/%		
	初等	中等	高等	初等	中等	高等
世界平均	30.7	17.7	19.0	20.0	13.5	10.7
低收入国家<610（美元/年）	35.2	19.3	23.5	23.4	15.2	10.6
中等收入国家<2450（美元/年）	29.9	18.7	18.9	18.2	13.4	11.4
中高收入国家<7620（美元/年）	21.3	12.7	14.8	14.3	10.6	9.5
高收入国家>7620（美元/年）		12.8	7.7		10.3	8.2

资料来源：Arias Omar, Mcmahon W. Dynamic Rates of Return to Education [J].U.S. Economics of Education Review, 2001:20.

第四，我国义务教育公共性缺失。表现在三个方面。①更多人认为教育机会不平等。一是由于地方财政的巨大悬殊，城乡、地区间教育差距继续扩大，而区域间的教育壁垒也在一定程度上加重了这一趋势；二是不同教育群体之间存在的不公平竞争造成"代际"差距，占有更多政治、经济、文化和信息资源的家庭有更多的机会接受优质教育，而其他群体则只能选择办学水平较低的学校；三是区域内学校之间也存在资源分配不公平现象。"重点学校"制度下，学校被认为划分为不同等级，所获取的政策、资金、师资、硬件设施等支持也不尽相同，形成了资源配置的不均衡状况。此外，在市场机制的冲击下，"马太效应"凸显，优质学校和非重点中小学差距扩大，后者教育教学资源极度匮乏。②教育主体参与度不足，具体表现在：社会资本参与度低，其主体地位不受重视；家长参与学校管理深度不够，缺乏选择权、知情权和批评建议权，往往只能被动接受学校的决策安排；教师对教育行政决策的参与度也不足，无法将一线的需求和问题反映到决策过程中。③教育结果的公益性受到侵蚀。由于市场供给和公共供给机制之间存在天然矛盾，如果缺乏必要的监督和矫正措施，市场的介入必然会造成公共性丧失；根据公共产品供给理论，市场主体在缺乏信息的情况下，会导致"市场失灵"现象；此外，在市场机制尚不健全的背景下，不能排除发生垄断的可能性。

三、城乡义务教育均衡化供给的政府责任

受教育是我国现代社会公民维持生存和发展的基本需求，也是《中华人民共和国义务教育法》赋予每个公民的基本权力。作为一项公益性事业，义务教育涉

及全社会成员的共同利益，不但能为经济和社会发展提供人力资本储备，还有利于政治信仰的统一、社会道德水平的提升以及良好社会秩序的形成。促进城乡义务教育均衡发展，就是要求政府制定合理的政策，通过向社会成员提供均等的教育机会，让每个人都能够共享社会发展的成果。正如罗尔斯所言，"获得文化知识和技艺的机会不应当依赖于一个人的阶级地位，所以，学校体系—无论公立还是私立—都应当设计得有助于拆除阶级之间的藩篱"（约翰·罗尔斯，2009）。根据社会契约论，政府作为教育资源的统一调配者，要以保护公民的受教育权为天职，必须承担起城乡义务教育均衡发展的主体责任，秉承公正原则，切实履行公共服务均衡供给的职责。这既体现了义务教育的"公共性"诉求，也切中了导致我国城乡义务教育发展失衡的核心问题（雷晓云，2013）。

（一）政府是义务教育政策的制定者

反思我国城乡义务教育非均衡发展的原因，教育政策设计偏差首当其冲。也就是说，制定科学、公正的教育政策是推进城乡义务教育均衡发展的首要条件。教育政策的设计涉及三个层面，分别是国家级的法律法规层面、省级的法规条例层面和县级的执行方案层面。这里讨论的教育政策偏差，主要是指国家层面的宏观政策和教育发展规划，如《中华人民共和国义务教育法》、中长期教育改革发展规划等，以及原国家教委、教育部的相关政策性文件等。

各级政府特别是中央政府是教育政策的制定、发布和执行主体，在义务教育资源均衡配置方面负有不可推卸的法律责任和义不容辞的历史责任。关于教育政策对教育资源均衡配置的影响机理和实际效应，学界关注已久，翟博（2010b）认为教育政策的导向和偏差是造成校际间教育资源配置的不公和失衡，是导致区域内义务教育发展不均衡最直接、最主要的原因。如"重点学校"政策强化了"精英教育"倾向，虽然具有一定的积极意义，但在客观上导致了城乡间义务教育资源配置的进一步严重失衡。

2005年以后，中央政府已经充分认识到自身在城乡义务教育均衡发展中的重要责任，并通过修订《中华人民共和国义务教育法》、颁布新的《教育规划纲要》等举措对以往的教育理念和政策进行纠正。但是，这些政策文本尚未形成完善的政策体系，特别在基层政府的责任认定方面还存在很多制度漏洞，导致地方教育投入减少、配套资金不到位、挤占、挪用中央教育专项资金等现象。此外，对各级政府间的责任分担还不明晰，依然有冲突、重叠以及不明确的地方。因此，必须进一步加强中央、省级政府在教育政策制定方面的引导和监督力度，通过明确政府间供给和管理责任，不断完善义务教育资源配置体制。

（二）政府是义务教育经费的主要承担者

理论上，由于义务教育的"公共性"以及显在的"外部效应"，义务教育理应由中央政府统一供给，但在 1985～2005 年，中央和省级政府在义务教育的财政经费投入上一直是严重缺位和失责的。根据相关统计，在 20 多年间，对农村义务教育的经费投入中，中央、省级（含地市级）承担部分分别为 2%、11%，两者合计仅为 13%，而县、乡政府以及村级组织承担了 87%（张玉林，2004）。2008 年中央财政对义务教育投入仅为 22.50 亿元，占当年全国义务教育总投入的 0.4%，且这些经费几乎全部投到了"中央属"的重点中小学。（教育部财政司和国家统计局社会科技统计司，2010。）

我国在 2006 年以前实施的"地方政府负责、分级管理、以县为主"的教育管理体制，将教育投资责任下放基层政府，实质上是转嫁给村级组织和农民，这种不公正的制度安排和其他国家相比，有巨大差距。如韩国、荷兰、意大利等国家的中央政府承担了 80% 以上的义务教育投资责任，英国、法国、日本、澳大利亚等教育大国的中央政府投入比例大致在 20%～80%（田慧生和吴霓，2008）。由此可知，我国中央政府和省级政府在义务教育投资方面都没有担负足够的应尽责任，这就必然造成区域间的发展差距。长期看来，这种差距不但会影响社会和积极发展的后劲，也会造成一系列严重的社会问题。

我国幅员辽阔，各区域间、城乡间经济发展差距明显，在"分级管理、以县为主"体制下，教育投资由地方政府负责，中央政府也就丧失了在全国范围内对教育资源配置进行宏观调控的能力和机会。随着我国经济总量迅速提升，中央和省级财政能力不断提高，有能力承担义务教育投资的主体责任，并对欠发达地区进行资源"补偿"。从社会公正角度看，"社会必须更多地关注那些天赋较低和出生于较不利社会地位的人们，将更多的教育资源分配给处境不利的人，以改善最不利者的长远期望"（约翰·罗尔斯，2009）。总之，中央和省级政府只有承担起教育投资的主要责任，才能保障区域间、城乡间的义务教育均衡发展。

（三）政府是义务教育师资力量的统筹调配者

教师资源是保障义务教育质量的核心要素，教师群体的职业素养和教学能力决定了办学水平。当前，尽管义务教育经费投入体制有所改善，但城乡师资水平方面的失衡状况依然很严重，城市和重点学校拥有绝大部分优质教师资源，而农村中小学的优秀教师还在不断流失。教师资源和教育经费不同，教师作为一个社会的"人"，对工作、生活环境以及工资待遇都有一定要求。在东部发达地区和大部分城市，财政经费保障能力较强，教师工资、福利待遇较好，且生活环境优越；而欠发达地区和绝大部分农村地区，即使有中央和省级财政的专项支持，各方面待遇和环境也难以令人满意。由此，大量优秀教师不断向东部发达地区、城市的中小学流动，加剧了区域间、城乡间师资力量的总体差距。

相对于经费投入体制，教师资源配置方面的改革力度及其效果较差，为此，政府主管部门应该尽快采取措施，克服一部分既得利益群体的阻碍，推动城乡教师资源配置平衡。首先，要将义务教育教师工资全额纳入中央或省级财政预算，实行城乡统一的、与公务员同等的教师工资待遇制度，这是建立教师合理有序、跨区域流动的物质基础；其次，建立义务教育教师定期流动制度。在省级政府教育主管部门的统筹和协调下，根据各地区的实际情况，制定适合本区域的教师流动办法，彻底打破城乡、重点和非重点学校之间的师资力量差距。此外，跨区域流动的教师要给予交通、住房、误餐等津贴和地区级差补助（万启蒙，2013）；再次，改革教师人事制度。逐步打破教师的"校籍"身份，实现教师由"学校人"向"系统人"转变。地方政府教育管理部门要根据本区域义务教育发展的实际需求，合理设置编制、岗位和任职资格条件，并在本区域内实现教师定期流动，通过流动带动农村中小学教学水平的提升，以逐步缩小城乡差距。

（四）政府是义务教育均衡发展的效果评估者

义务教育均衡发展是一项长期、系统和动态的工程，不可能依靠运动式的举措达到一劳永逸的效果。因此，要建立健全义务教育均衡发展评估机制，通过定期评估的效果对政策和措施进行及时调整。

各级政府应担负起对下一级义务教育均衡发展的效果评估责任。中央政府主要负责评估区域间义务教育资源配置政策的科学性、合理性以及执行效果，并对义务教育总体质量、区域间人力资源流动的社会效应等重大问题进行实证研究和考评；省级政府主要负责县级义务教育均衡发展的考核评估，包括入学机会、保障机制、师资队伍建设以及总体办学质量水平等；县级政府主要负责校际均衡指标评估层面，包括基础设施、仪器设备、图书资料、经费使用情况、师生比、教师职称水平、校园信息化水平等更加细化的均衡指标。相对而言，对于县一级义务教育城乡均衡发展的评估更为重要，因此要求县级教育主管部门切实履行管理责任，定期对辖区内学校间的发展差距进行监测和综合评估，然后根据评估结果采取进一步修正措施。

对义务教育均衡发展的效果评估应当侧重于"结果均衡"环节，即注重对教育质量的均衡考核，这是保障公民义务教育机会均等最重要的指标。此外，政府应当定期公布义务教育均衡发展的评估结果和改进方案，或者委托第三方评估机构参与具体事务，以取得社会各界对政府促进义务教育均衡发展的认可和配合。

第三节　义务教育均衡化的政府供给方式

一、义务教育有效供给机制

（一）公共产品供给机制

公共产品供给理论内涵随着社会政治经济条件的不同化而更加丰富，大致上可以划分为两个阶段：①20 世纪 50 年代以前，政府是公共产品供给的主体，学术界主要探讨如何使社会资源在私人产品供给和公共产品供给之间达到分配均衡；②自 20 世纪 60 年代开始，鉴于公共产品供给不足以及公共部门运行机制的低效率表现，一些经济学家认为私人也可以提供公共产品，并为此提供了大量理论支持。到 20 世纪 70 年代时，除了日臻完善的政府供给理论外，公共产品的市场供给、志愿供给、社区供给等理论先后出现，公共产品供给理论呈现出多元化发展趋势（王绍光，1999）。

一般说来，政府提供公共产品，需要解决三个方面的问题。一是居民偏好表达是否真实。市场经济可以通过价格机制表达居民个人的偏好信息，"货币投票"是其中最主要的方式。居民的收入可以决定他在市场上选择服务和商品的能力。而公共选择机制中，个人一般通过"选票投票"的方式进行表达。在代议制民主制度下，个人的投票决策对政策结果影响是微不足道的，而选民从自身成本收益考虑，可能选择不去投票而听任政策安排。二是个人公共产品偏好如何汇总。"阿罗不可能定理"表明，不存在一种公共选择机制，能汇总形成统一社会偏好，完全满足不同的个人偏好。而且，公共选择对持不同意见的少数人具有一定的强制性，因为，按照多数原则，一旦执行既定的公共选择，每个人无论赞成与否，都必须接受并遵照执行，并且付出规定的成本（税、费等）。三是公共产品如何生产。很多学者将居民如何有效监督公共部门和公共部门有效率从事生产公共产品的问题进行了研究。事实表明，公共产品生产一般具有规模经济特征，世界各国多由公共部门或国有企业垄断生产，生产者极有可能利用垄断优势损害居民利益，消费者一般也很难实现有效监督。

（二）有效供给的形成机理

义务教育的有效供给不仅要求供给的数量、质量的不断提升，也依赖于到供给效率的逐步提高。总的来说，义务教育服务的供给过程可分为三个环节，即教育资源的投入、教育资源的合理配置以及教育机会的分配（吴宏超，2007）。其中，教育资源的投入涉及筹资机制和成本分摊问题，而资源配置问题事关城乡义务教育均衡发展的核心问题。

1. 教育资源的投入

适量充足的教育资源投入是维持中小学校正常运转的必要条件，这些教育资源既包括硬件设施、资金和师资等，也包括管理制度、经验等软性资源，这些都可以用教育经费来衡量。衡量教育资源投入是否"充足"，要以资源投入能否支撑学校达到理想水平的生产能力，使学生都能够享受符合国家规定标准的教育服务（曾满超和丁延庆，2003）。在实践中，一般以最低经费水平为标准来检验教育资源投入是否充足，而最低经费水平的确定方法有两种，一是以学校日常运行的预算作为基数，政府部门通过一个政治过程决定均等化资金的数量；二是以产出为导向，即达到理想教育产出成果的投入水平，可以使用成本函授法、示范学区设计法和教育专家判定法来测算。需要说明的是，所谓"资源投入的充足"只是相对的，一方面国家的教育经费总量是有限的，只能保证一定水平的经费投入，另一方面公众对义务教育质量的要求是不断增长的。

2. 教育资源的合理配置

所谓教育资源的配置，就是通过资金分配流向和功能（用途）规划，实现对教育发展规模、速度和学校布局的调整。资源配置的方式有两种，一种是通过市场机制来实现，另一种是发挥政府的基础性作用。教育产业化理论认为，可以通过市场机制对资金和教师资源进行配置，学校作为微观教育单元按照最大限度追求自身利益的原则，根据掌握的教育需求信息来规划投入和产出（克里夫·R·贝尔菲尔德，2007）。然而，市场机制无法解决义务教育发展失衡的问题，反而会加剧这种差距。"教育是一种集体财产，不能只由市场来调节。"尤其是在教育经费总量不足、义务教育基础不稳、城乡和地区间义务教育存在巨大差距的背景下，政府应充分发挥对教育资源配置的基础性作用，通过教育经费的预算调节和转移支付,扶植和资助教育发展的重点、薄弱环节以及教育发展水平较低的贫困地区。欠发达地区和一部分贫困家庭自身对义务教育需求不足,会损害义务教育的基础、社会公平和国家的长远利益,但这些问题是市场机制无法解决的。《义务教育法》规定,"国务院和县级以上地方人民政府应当合理配置教育资源,促进义务教育均衡发展。"在这个角度上看,政府的确是实现城乡义务教育均衡发展的唯一责任主体。

3. 义务教育机会的分配

教育机会的分配实际上是通过制定一定的规则,使适量儿童少年能够接受义务教育服务,并保证数量和质量上的机会均等。当前,由于历史和现实原因造成的区域性机会不均等还大量存在,对教育机会的分配也难以实现公平。一方面,"择校"现象严重,部分掌握优势资源的家庭能够获取更好的教育机会;另一方面,部分贫困家庭得不到及时救助而放弃履行义务,如"流动儿童"。因此,应及时纠正这些偏差,尽可能做到机会分配的"合情合理"。也就是说,一是教育机会不应因后天的家庭、社会、政治、文化等资源因素而不同,二是允许因先天差异而有相对的合乎规律性的安排,以获得公正的结果(靳希斌,1995)。

现代社会,各国普遍采用的教育机会分配原则有 4 种:①强制性原则,主要适用于义务教育阶段,即不因入学儿童的家庭、经济条件和地区差异而影响其接受和选择教育机会,并通过法律形式予以强制性保障;②能力原则,是指在教育机会缺乏的情况下,根据学习能力而非其他判断标准来分配机会,使最有培养前途的学生能够接受教育或优质教育,这是较为公平的并被广泛应用的一种分配方式;③成本分担原则是市场选择机制下的一种分配方式,即通过经济资本的投入(多付费)来获取更为优质的教育机会,但仍以学习能力和发展潜力为前提;④补偿性原则,是指为现实中处于不利境地的家庭提供机会或利益补偿,以弥补其劣势。针对农村和贫困地区家庭、少数民族、残疾人等弱势人群提供补偿,使他们不因现实的困难而失去受教育机会,符合社会公平和正义原则。一般而言,不同发展阶段和社会背景下的分配方式是不同的,根据现阶段的教育和社会发展水平来看,我国应该采取强制性原则与补偿性原则。

二、义务教育均衡化供给机制

在教育的发展序列中,从初等教育到高等教育,内部效益不断增长而外部效益不断减少,因此从公共管理学角度看,初等教育适合由政府集中供给。根据乔治·萨哈罗普罗斯关于教育成本分担的理论,在教育投资回报率方面,相对于中等教育、高等教育来说,初等教育的成本最低而回报率却最高。因此,初等教育应以国家投资为主(张民选,1997)。此外,由于义务教育具有外部收益性,由个人、家庭或低层次的区域政府提供都会造成供给主体的外部效益损失,故而高层次政府应该承担更多的投资责任。以欠发达地区的农村义务教育为例,它具有在全国范围内生产和消费的"双重外部性":欠发达地区培养了继续接受高等教育的学生,这些毕业生往往选择在发达地区就业,从而使发达地区获取了欠发达地区教育投资的"正外部性";公民接受教育不仅使个体受益,而且提高了社会的人力资本存储和资源配置效率,同样使全社会获取了欠发达地区教育投资的"正外部性"。由此可见,农村义务教育是一种近乎全国性的纯公共产品,但也具有一部分地方性公共产品特征。

从资源配置效率角度出发,不同的公共产品应由不同的政府来供给,否则会造成效率损失。在图1-2、图1-3中,横轴为公共产品供给量,纵轴为公共产品价格,阴影则为福利损失。那么,在图1-2所示的地方性公共产品供给体系下,若公共产品的平均成本为P',则两个区域的边际总效益分别为$MB1$、$MB2$,产量分别为$Q1$、$Q2$,是有效率的。但若中央政府集中供给的产量为Q',那么两个区域的福利损失分别为上三角形和下三角形所示。因此,这种地方公共产品应改由地区分散供给才更有效率。同理,图1-3中的全国性公共产品,因为具有外溢性,如果由某一地区来供给,则实际提供量必定大大小于最优提供量,导致福利损失(阴影部分)(祝志芬,2011)。鉴于义务教育是兼具全国性、地方性,从效率角度出发,它应由中央和地方政府共同承担供给责任,并由中央政府通过财政转移支付对溢出部分进行相应补偿,以维持区域间利益平衡和协调发展。

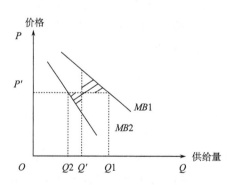

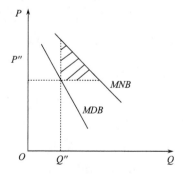

图1-2 中央集中供给地方性公共产品的效率　　图1-3 地方分散供给全国性公共产品的效率

　　由于义务教育供给责任分担涉及各级政府的切身利益,为了实现自身利益最大化,上下级政府间会就政策和机制设置展开多轮博弈。从理论上讲,在政策制定过程中,上级政府能够凭借行政指令优势决定下级政府的分担比例,而下级政府只对分担比例合理与否具有信息优势,对上级政府制定的支配策略只能被动接受,并适度采取利己措施(刘乐山,2004)。那么,上下级之间的具体博弈过程为:设 P 为农村义务教育财政经费总额,若上级政府首次为下级政府设定的分担比例为 $K1$(小于下级政府的最大承受比例 K),则上级政府基于责任最小化原则,会设法将下级分担比例修订为 $K2$(大于下级政府的最大承受比例 K);而下级政府会采取"不合作态度"或其他行为导致这一指令无法实施,从而迫使上级政府再次修改比例。经过一次或多次博弈后,上级政府最终会将下级政府的分担比例确定为 K。由此,最终稳定组合变成 $[P(1-K), PK]$(郭平,2007)。

　　由于政治体制、文化传统、经济发展和财政分配模式的不同,世界各国的义务教育供给责任分担模式和比例也不尽相同。从国际经验看,一般都根据各级政府的财政能力来确定各自的承担比例,且中央和省级政府共同承担的比例大都超过70%,地方政府承担的比例一般不超过30%。同时,大部分国家通过法律手段将各级政府承担的义务教育供给责任比例、数量和具体内容固定下来,从而形成了规范化、系统化、稳定化的义务教育经费保障机制,有效避免了各级政府的越位和缺位现象。

三、义务教育均衡化供给模式

(一)供给责任划分

　　政府作为义务教育供给方面主体责任进行明确后,还须进一步明晰各级政府之间的责任划分问题,即各级政府应该承担的职责及其范围。就政府的职责而言,与义务教育相关的两项职能是收入分配、资源配置职能。

1. 收入分配职能划分

　　理论上讲,为了保证义务教育发展的质量和效率,应该由中央政府承担此项服务的供给责任,但在具体实践中,一是中央政府会实行"责任转嫁"政策,使本应承担的供给责任下移到省、县乃至乡镇政府;二是"以省为主"或"以县为主"的义务教育供给制度可能更具运行效率;三是受流动性强弱和市场机制影响,教育资源并不能跨区域自由流动;四是不同地区的财政能力不同,要求政府保障的社会福利和教育水平也会不同。这四方面的原因为地方政府制定相应的收入再分配政策提供了必要性和可能性。从实际操作经验看，由于各地经济社会发展和教育水平不一，地方政府更容易掌握教育需求信息，因此义务教育的收入再分配应该由中央和地方政府共同承担。中央政府的主要职责是制定义务教育最低服务标准，并通过支付转移来实现地区间的收入分配公平。地方政府则在最低服务标准基础上，根据本地区的实际情况制定符合本地区需求的教育分配政策。

2. 资源配置职能划分

义务教育的一个显著特征就是"外部性"，区域间经常性的人口迁移会使原居住地的教育投入外溢，这就使地方政府无法通过单独的政策措施达到教育投资的"帕累托最优"。由于资源状况差异对人口迁移的影响，行政级别越低、经济社会发展越落后的地区其基础教育投资的"外部性"就越大。基于此，这些地方会逐渐丧失基础教育投资动力，导致地区间教育发展水平差距进一步扩大。因此，中央政府应将缺乏投资积极性地区的供给责任上移中央或省级层面，免除这些地区的教育投资责任，通过财政资金的转移支付解决义务教育投资的"外部性"不平衡问题。

（二）义务教育供给的基本模式

就义务教育的供给模式而言，一般有三种方式：①高度集中模式，即义务教育所需费用全部都由中央政府提供并分配，1949～1985年，我国一直采用此种模式。这种方式的优缺点都很明显，其优势是资金来源稳定可靠，还可以避免地区间的投资差距；就弊端而言，一是不利于发挥地方政府的积极性，地方政府参与度不够；二是中央政府掌握的信息不够充分，与地方具体情况结合度也不够；三是中央政府容易陷入纷繁复杂的具体事务如经费筹措、成本核算、资金分配等，导致管理成本过高、运行效率低下且投资效益不高。②分散型模式，是指义务教育的资金筹集和分配工作由地方（主要是县、乡两级）具体负责，中央和省级政府起一定的补充和调控作用。这种模式利于调动地方积极性，管理效率较高，但在地区发展和财政能力不均衡的情况下，会造成地区间教育发展的失衡。1986～2006年，我国一直实行这种教育资源配置模式，造成了义务教育投资不足、发展不均衡等诸多问题。③相对集中模式，是介入前两者之间的一种资源分配方式，即中央政府和地方政府按照一定比例和规则分担筹资和分配职责，其中中央和省级政府承担义务的比重较大。2006年起，我国逐渐采取"以省为主"的做法，把义务教育投资权限集中至省一级，具体管理权限保留至县一级，不仅可以避免地区间发展不平衡，还可以增进供给效率和质量。

（三）义务教育多中心供给模式

作为一项公共性事务，义务教育必须保证每一个适龄儿童少年都能够享有教育机会，但公共性并不排斥多样化方式，如市场化供给模式。笔者认为，义务教育本身具备准公共产品的属性，因此在"集体行动"的逻辑框架下，义务教育的公共性完全可以通过"多中心"模式实现，具体可分为五种方式：第一，政府同时担任供给和生产主体两个角色，通过设立公立学校提供服务，学校构成公共服务系统的一部分，但也拥有一定的自主办学权；第二，政府与各类组织和机构通过"签约"方式共同供给，如政府职能部门下设的机关幼儿园、高校附属中小学等，以及地区政府间互助生产的"新疆班""西藏班""青海班"等；第三，政府只承担一部分服务项目，其他部分交由社会机构负责，如学校后勤社会化机制。这种"不完全生产"有利于提高办学效率，但要加强对社会机构的行为规范，防止社会化对公共性的侵害；第四，凭单教育，政府根据税收情况为每个家庭提供一张"凭单"，由受教育者自由选择生产者的教育服务，如学校和课程，这种模式类似于美国的"教育券"计划，但在我国还不具备大规模推广的条件；第五，个人生产方式，即"在家上学"，这种方式目前比较少见，理论上与"集体行动"原则有冲突，在实践层面也存在一定风险，因此有待进一步观察和研究。

如前所论，在"集体行动"理念指导之下的多中心供给方式并不危害义务教育的公共性。正如弗里德曼所说，"教育劳务可以为以营利为目的的私营教育机关或非营利的教育机关所提供"（王伟，2002）。因此，政府要做好必要的宏观调控和监管职责，一是要为多中心供给者提供良好的制度环境和健全的激励制度；二是要严密防范和控制多中心生产可能产生的"外部性"问题，特别是要警惕教育垄断生产的风险；三是担当好多中心供给的"检验官"，加强对多中心供给者的规范和监督，违规者应及时处理。

第四节　国外政府供给与义务教育均衡化

本书以英国、法国、德国、美国、俄罗斯（苏联）、日本这 6 个国家为例，以了解国外义务教育均衡与供给的历史实践，这 6 个国家既包括欧洲国家、北美洲国家也包括亚洲国家，这些国家都基本实现了义务教育的均衡发展，总结各国发展的特点，对当前我国解决义务教育非均衡化问题具有借鉴意义（表1-2）。

由以上国家"义务教育均衡发展"的基本经验可以看出，义务教育均衡发展的实践展开，依赖于以下几方面因素的共同作用。

第一，强调义务教育均衡发展的责任在政府。比如英国，《1944年教育法》颁布后，英国教育的典型特征就是"国家系统，地方管理"，1985年后，这种关系的弊端逐渐显现出来，英国加强了中央政府在教育行政中的权力。美、法、俄、日等国的中央政府（联邦政府）也都在本国的义务教育均衡发展中承担主要

表1-2　国外"义务教育均衡发展"的实践

国家	历史阶段	实施举措及相关的法律、政策等制度性安排	取得的效果
英国	20世纪80年代起	建立中央直接拨款学校；推行国家统一课程，加强国家在学校课程设置方面的权力；综合学校与专门学校，在形式上实现均衡发展；公助学额计划（the assisted place scheme）；自由入学政策的推行；教育督导制度的市场化改革；教育行动区计划，加强薄弱学校建设，鼓励特色学校的发展；实行"公立与私营"合作战略，大力发展"合同学校"；实施初中学校联盟战略，推动学校间共享优质教育资源	中央政府对教育的控制权进一步加强；国家在学校课程设置方面的权力得到加强；一定程度上解决了校际之间的分化；推动学校间的"优胜劣汰"，促进学校教育质量的提高；提高了评估的客观性和公正性；薄弱学校与优质学校之间教育资源实现共享；义务教育不均衡程度大大减轻
法国	20世纪70年代起	主要实施了哈比改革，包括：①义务教育阶段内实现了单轨制。②义务教育内部均衡化的扩展。③义务教育外部均衡化的政策包括：学校布局图制度；"优先教育区"政策；着眼义务教育，重视学前预备；关注落后学生，建立辅导制度；重视学生差异，完善方向指导体系	"优先教育区"政策效果显著，覆盖范围由小学推广到各类中学；法国教育的方向指导已经成为实现各个社会阶层的学生在现实状态下实现最优化发展的一个辅助手段；重视学生的个体差异，以学生为中心组织教学，从而推进教育实质性的平等
德国	19世纪初起	在维护各州的自主性和教育特色的基础上，通过联邦基本法规定了义务教育的平等性原则；实施州和地方共同承担义务教育经费的投资体制；对贫困儿童的教育资助政策；性别均衡发展政策；重视教师培养与进修；重视教育督导与质量评价	课程与社会的联系日益加强，并更贴近学生的现实生活；学生与教师之间的隔阂逐渐缩小，交往更为平等和融洽；对于受教育程度不高的阶层的关注增加，歧视减少
美国	20世纪初起	强化联邦政府的责任，转向均衡发展策略；重视法律保障；以州为投资主体保证必要的经费支撑；重视制度的完善；重视弱势群体；引入市场竞争机制	教育机会的均等与教育质量的提高；教育法规保证了义务教育政策的连贯性和有效性；保证所有儿童在受教育的起点、过程、结果上的平等；国家教师证书制的实施促进了教师队伍在全国范围内的流动；开展了"教育机会均等""补偿教育"等消除义务教育中种族隔离现象的计划和运动，收到了良好的效果；以市场为导向，充分调动办学机构和教师的积极性

续表

国家	历史阶段	实施举措及相关的法律、政策等制度性安排	取得的效果
俄罗斯（苏联）	20世纪初起	苏联时期，通过教育立法保障义务教育入学机会的均等；颁布法规，实现义务教育性别的均衡；尤其注意农村教育和民族地区教育的发展；中央集权制管理体制，实行单一的教育投资制度；提供机会均等的教育，苏联政府延长义务教育的年限；推行普职融合政策和教师培养与进修政策 俄罗斯联邦政府成立后，推进义务教育均衡发展的政策：通过教育立法保证教育机会均等；在实施全国教育信息化的基础上加强农村教育信息化的建设；推行义务教育学校类型多样化、办学体制多元化的政策和义务教育质量保证政策。2001年12月俄罗斯联邦政府批准并颁布《俄罗斯农村学校的结构改革构想》。	大力发展农村义务教育，不断缩小城乡差距；重点投资改善农村学校的办学条件；多方筹资有助于对农村学校的经费投入；加强农村义务教育阶段的师资队伍建设。
日本	20世纪40年代起	以1971年6月中央教育审议会发表题为《关于今后学校教育的综合扩充与整顿的基本措施》的报告为标志，开始了日本教育史上的第三次教育改革，改善教育内容；确立对教师不可动摇的信赖，提高教师素质；发挥地方和学校的主体性、创造性，提高教育质量，对学校、地方教育委员会进行改革；保障完备的教育条件；提高教育质量、保障教育经费、扩大地方自主性。	政府保证充足的义务教育经费投入；政府保证学校教学设备装备的均衡化；提出教师和校长作为国家公务员，必须进行定期流动调整，保证了各校的师资力量和管理水平的相对均衡性；实施偏远地区教育振兴政策。

资料来源：刘复兴.国外教育政策研究基本文献讲读[M].北京：北京大学出版社，2013；张传萍.义务教育资源配置标准研究[M].武汉：武汉大学出版社，2013.等

责任。德国是联邦制国家，教育行政制度具有地方分权的特点，主要由州来负责管理本地区的教育相关事务，行政层级也相对较高。由较高行政层级的政府承担义务教育发展质量，能够有效保证城乡义务教育的均衡发展。

第二，依法保障义务教育均衡发展。例如，在英国教育史上对义务教育发展具有极为重要影响的是颁布《1988年教育法》，颁布《1988年教育法》被公认为是继《1944年教育法》之后对英国最具影响的一部法案。之后又陆续出台了《1992年教育（学校）法》和《1993年教育法》等法案。美国保障义务教育均衡发展不仅体现在《初等和中等教育法》这样的教育法律中，在《国防教育法》《民权法》《经济机会法》等法律中，也规定了义务教育的资源配置要均衡，帮助低收入家

庭子女，特别是黑人、少数族裔子女接受教育。

第三，义务经费教育财政投入为主。例如，俄罗斯（苏联）实行的是单一的教育投资制度：学校教育经费主要靠国家财政拨款，国家财政拨款占中小学经费总额的98%。而且为了保证基础教育改革的进行，俄罗斯（苏联）采取不断增加教育经费投入。1953年，日本用于补助偏僻地区教育的全部预算仅为7062万日元；1954年，为建立完善的教育财政补助制度，日本制定了《偏僻地区教育振兴法》，政府教育预算上升到了1亿8228万日元，增长了1亿多日元。至今，日本教育财政预算总额已达167亿多日元。

总之，以上国家在"义务教育均衡发展"和政府供给上的实践经验，为我国城乡义务教育均衡发展提供了有益的启示和非常重要的经验借鉴。

本 章 小 结

本章旨在通过对政府供给与城乡义务教育均衡化的理论阐释，旨在阐释义务教育均衡化的理论依据与实践价值。基本的脉络是：首先从内涵和外延两个方面探讨义务教育均衡化的理论依据，提出生态化均衡作为义务教育均衡化的实现路径；然后系统分析义务教育均衡化作为政府责任的法理依据，在此基础上具体分析了政府供给的几种方式；最后探讨了国外义务教育均衡与供给的历史实践。

本章的主要内容包括：①义务教育及其均衡化诉求，从义务教育均衡化的内涵和外延界定出发，重新探讨均衡化的理论依据和应遵循的原则，并对相关政策进行解读；提出了"公平原则""差别原则"与"补偿原则"、受教育者利益最大化原则、效率原则以及社会参与原则等六大原则；首次提出了义务教育均衡化的实现路径——"生态化均衡"。②从义务教育公共属性出发，探讨了政府承担义务教育供给责任的依据以及义务教育均衡化过程中，政府应该承担的相应责任。③探讨了义务教育均衡化的政府供给方式，在论述义务教育有效供给的基础上，研究了义务教育均衡化供给的政府分担机制，并重点阐释了义务教育多中心供给模式。④系统考察了国外义务教育均衡与供给的历史实践，分析国外在"义务教育均衡发展"和政府供给上的实践经验，为我国城乡义务教育均衡发展提供了有益启示和经验。

总之，本章对"城乡义务教育均衡发展"与"义务教育政府供给"进行了尽可能详细的二维考察，即理论考察与实践考察。目的旨在说明：作为一种基础类公共产品，城乡义务教育均衡发展的主要责任在于政府。

第二章　中国城乡义务教育政府供给制度演变及其内在逻辑

作为教育事业发展的重中之重，农村义务教育具有基础性强、涉及面广、影响深远等特征，事关新农村建设和新型城镇化战略的顺利实施。1949 年后，尤其是 1985 年以来，我国的农村基础教育经历了一个艰难而曲折的发展过程，既取得了辉煌的成就，也遗留了一些亟待解决的问题。本章通过回顾中国基础教育供给制度的历史演进和现实困境，总结其发展轨迹、特征和内在缺陷，为当代义务教育供给体制创新提供历史数据和现实经验支持。

第一节　城乡义务教育供给制度演进

分析 1949 年后城乡义务教育供给制度的历史变迁，以史为脉阐明农村义务教育供给主体及其具体责任，加大对农村教育的扶持力度。1949 年后，"投入责任"这一问题是我国教育供给方式转变的核心语汇。根据不同阶段政府、社会和个体三方主体间的责任分担特征，可将农村义务教育供给制度大致分为"以乡（镇）为主""以县为主"和"以省为主" 3 个发展阶段。

一、农村基础教育供给"以乡（镇）为主"阶段（1986～2000 年）

（一）本阶段义务教育供给制度概括

20 世纪 80 年代初，全球已有 168 个国家实行义务教育制度。为彰显社会主义优越性，中国决定建立符合中国国情的义务教育制度。1985 年 5 月，中共中央出台了《关于教育体制改革的决定》，正式提出要"有步骤地实行九年制义务教育"。至 2000 年，我国义务教育已经取得了长足进步。

首先，确立义务教育年限为 9 年。第六届全国人民代表大会第四次会议通过的《中华人民共和国义务教育法》，标志着我国义务教育制度的正式确立。此后，相关部门又先后出台了实施细则和相关问题实施意见，对具体实施义务教育工作进行了详尽的解释和补充说明。

其次，"普及九年义务教育（普九）"工作取得了重大进展。为切实履行《中华人民共和国义务教育法》的相关精神，教育部门采取了一系列措施，不断推进"普九"工作。国家教委（现教育部）于 1993 年 3 月和 1994 年 9 月先后下发两个文件，对"普九"评估标准和验收工作进行部署。1994 年 9 月，国家教委就 2000 年实现"普九"的目标、原则和步骤，提出了更富建设性的实施意见。与此同时，先后于 1994 年 10 月、1995 年 6 月和 1995 年 11 月，分别召开了三个"片区"的"普九"工作会议。

再次，建立了弱势群体帮扶救助体系。在体制内教育财政资金相对有限的情况下，为帮助贫苦家庭子女入学，团中央和中国青少年发展基金会于 1989 年联合发起"希望工程"，吸引了全球众多关心教育的机构和人士参与。至 2004 年，共接受捐款 22 亿元，累计资助 250 多万名中小学生。此外，为加强对贫困地区义务教育的支持，教育部、财政部先后实施了 1949 年后最大的中央财政教育专项资金项目"贫困地区义务教育工程（1995～2000 年）"。

通过一系列努力，至 2000 年底，全国适龄儿童小学入学率达 99.1%，初中阶段毛入学率 88.6%，如期实现了"两基"目标。

（二）本阶段义务教育供给制度演进

1. "地方负责、分级管理，以乡为主"阶段（1985～1993 年）

《中华人民共和国义务教育法》颁布实施以后，中共中央又于 1987 年发布了《关于农村基础教育管理体制改革若干问题的意见》等文件，明确了基础教育"由地方负责，分级管理"的原则，赋予地方除重大方针政策和宏观规划以外的责任和权利，将基础教育投资和管理权责全部交给省（自治区、直辖市）一级。同时，建立了农村义务教育"分级办学，分级管理"的财政管理体制，实质是"财政包干、分灶吃饭"，改单一财政投资为多渠道筹资，具体内容包括：①对教育财政资金拨款比例、增长和管理机制提出了若干原则性要求，确保教育经费能稳定增长；②推动办学主体多元化和资金筹措多渠道化。进一步体现"人民教育人民办"办学理念，鼓励国有企业、社会组织和个人参与办学，吸引各方捐资助学，以弥补财政资金不足的缺陷；③在法律层面认可地方政府征收教育费附加费，即延续 1949 年后的思路，使该项费用成为实施农村义务教育的一个经常性资金来源。

从政策实施效果来看，这一制度安排充分调动了地方和社会主体的积极性，制度创新效应非常明显，具体包括：①农村教育事业迅速发展。到1993年，全国有26个省（区、市）的350多个县（区、市）通过了"两基"评估验收；②地方教育财政资金总量快速增长。1993年国家教育财政支出达到754.96亿元，为1980年支出总额的6.61倍，其中用于农村基础教育的经费为207.8亿元；③多渠道筹资机制基本形成。本阶段，全国共征收教育附加费316.77亿元，占教育财政支出的8.05%，其中农村占比较高，达到30.5%。此外，教育集资和学杂费也构成农村教育发展资金的重要来源，1993年，两项费用分别为40.7亿元和29.7亿元，占农村教育预算内经费的19.6%和14.3%（完善农村义务教育财政保障机制课题组，2005）。

在取得重大成就的同时，这一办学体制也暴露了很多弊端。一方面，中央政府承担的责任比例过低，导致地方责任过大，这一制度安排使中央政府失去了在全国范围内进行协调和调控的基本功能，直接导致了地区间、城乡间教育发展的巨大差距。1991年，全国中小学在教学仪器设备配置指标上，城市中小学合格率为42.9%、24.52%，而农村中小学则仅有17.62%、8.46%（景长州，1996）。由于财政能力的不同，加之义务教育的回报期过长、"外溢性"明显，欠发达地方和农村地区对义务教育的投入积极性不高。另外，此阶段国家层面的教育财政资金主要投向高等教育，1992年，高等教育办学经费为63.76亿元，占中央教育财政预算内经费90.9%，而投向中小学的资金为0.24亿元，占比仅0.3%左右。另一方面，过于强化"义务教育人民办"的理念，"以乡为主"实际上是将农村义务教育经费的负担转嫁农民，农村义务教育经费投入主体来源已经逐渐变成学生缴纳学杂费、农民缴纳教育附加费以及农民缴纳教育集资款，国家责任在一定程度上严重缺失。如1993年，上述3项费用累计征收133.7亿元，占农村教育经费支出总额的64.3%。

综上所述，本阶段中央政府推卸了义务教育供给责任，乡（镇）政府和村级组织变成了实质上的办学主体，这种"低重心"体制导致农村义务教育对乡镇财政依赖程度过大。随着20世纪80年代中后期农村经济发展放缓，这一体制对农村义务教育的保障功能逐渐减弱，办学经费无法及时、足额到位，导致办学条件恶化、学校运转困难，拖欠教师工资、乱收费等问题突出，农村义务教育发展陷入大面积停滞阶段。1993年，农村中小学危房比例回升到2.27%，初中学生辍学率则高达7.1%。

2. 分税制背景下"以乡为主"阶段（1993～2000 年）

为增强中央政府的宏观调控能力，国家于 1994 年实行了分税制改革。这一税制改革使中央财政收入迅速增加，地方财政收入尤其是县乡财政能力却下降严重。与此同时，虽然地方财政向中央集中，但包括义务教育在内的事权却没有进行相应调整，导致财权与事权的严重不对称。在这种背景下，国务院于 1994 年颁布《关于<中国教育改革与发展纲要>的实施意见》，将县作为农村义务教育的主要管理者和责任人，由此，"两级管理"转变为"以县为主，乡镇为辅"的新体制。同年召开的全国教育工作会议也明确指出："农村义务教育的办学责任，除少数经济比较发达的地区可以实行县、乡两级管理外，多数地区应责任主要在县。"同时，随着中央财力的增强，国家也开始调整中央教育财政经费支出比例，自 1995 年开始实行教育财政转移支付制度，对义务教育专项财政补助的力度也逐年增加，并着手规范基层教育附加费用的征收工作。

总的看来，这一阶段是义务教育发展较为迅速的阶段，国家采取的一系列政策和措施取得了预期效果：①"普九"目标顺利实现。2000 年底，全国通过"普九"验收的县（市、区）总数达到 2541 个，11 个省市全部实现"普九"目标；②义务教育普及率显著提高。到 2000 年，全国小学入学率和升学率分别达到 99.1%、94.89%，较 1993 年分别提高 1.4 个百分点和 13 个百分点。初中入学率和辍学率分别为 51.1%、3.21%，较 1993 年分别提高（降低）7 个百分点和 4 个百分点；③农村义务教育经费明显增长。2000 年，农村义务教育经费总量达 845.11 亿元，比 1994 年的 485.5 亿元净增了 359.6 亿元，增幅达 74.1%。其中，预算内教育经费、教育费附加、学杂费分别较 1994 年增长 78.3%，104.1% 和 126.0%。可见，这一阶段农民的教育费用负担仍然很重。

在优异成绩的背后，各种矛盾也在不断积累和激化。一是财权和事权严重不对称。分税制实施后，县乡财政能力迅速下降，而"以县为主，乡镇为辅"并没有改变原有的事权安排，县级教育财政压力甚至有所增加，形成财政收入与支出的"倒挂现象"。因此，县级政府不得不采取增加非税收入的方式弥补经费缺口，将压力继续转移到农民身上。二是农民的教育负担继续增加。这一阶段，全国累计对农民征收教育费附加、学杂费和教育集资分别达到 825.4 亿元、44.6 亿元和 475.8 亿元，增幅超过国家财政预算支出的增长幅度，成为农村义务教育资金供给的主要渠道。一些地方政府甚至还利用教育收费之机，搭车收费或擅自提高收费标准。三是教育负债严重。分税制并未改变区域、城乡间教育投资能力的差距，反而在一定程度上扩大了这种差距。因财力匮乏，大部分县乡财政都属于"吃饭"财政，为按期实现"普九"和"两基"目标，不得不通过借债方式来进行教育投资。

二、农村基础教育供给"以县为主"阶段（2001～2005 年）

（一）税费改革背景下的矛盾集中爆发

为解决日益严重的"三农"问题，2000 年，中共中央在安徽省开始试行农村税费改革。农村税费改革的核心内容是，取消原先普遍存在的农村教育费附加和农民教育集资等收费行为，并将农村义务教育经费纳入各级政府财政预算统一进行安排。这一改革使长期累积的矛盾得以集中暴露：一方面，在减轻农民负担的同时，实际上取消了原先用以维持农村办学的经费来源；另一方面，县乡财政压力陡然增加，而中央和省级财政转移资金并不能完全弥补这一缺口。此外，县级政府经常将专项转移资金挪作他用，如 2000 年、2001 年县级政府对中央工资性转移支付资金的实际使用率只有 75.44% 和 59.19%（财政部，2002）。因此，在经费来源渠道减少、转移支付配套改革不到位等因素的影响下，农村义务教育经费投入面临前所未有的困境，使农村教育经费匮乏、教育负债、教师工资拖欠等问题集中暴露出来。

（二）确立义务教育 "以县为主"供给体制

农村税费改革在全国推行后，出现了一系列问题。为应对出现的问题，2001 年，国务院紧急出台了《关于基础教育改革与发展的决定》，其中，提出县级政府应担负农村义务教育发展的"主要责任"，乡镇政府则承担具体的"办学责任"，《决定》构建了"地方负责、分级管理、以县为主"的财政保障新体制。与过去的体制相比，这次改革改革目标非常鲜明，强化政府在义务教育供给方面的主体责任，努力将农村义务教育供给责任由农民转为政府、政府对农村义务教育的投入责任由乡镇政府上升到县级政府。

2003 年，国务院印发了《关于进一步加强农村教育工作的决定》，进一步明确"以县为主""共同责任"的制度安排，在经费投入上则要明确各级政府特别是省级政府的转移支付责任。2004 年，中央财政投向农村义务教育转移支付的专项经费达 100 多亿元，与 2003 年相比，增长了 72%。"共同责任"概念的提出，对于明确各级政府的供给责任具有极其重要的现实意义。将义务教育纳入"公共财政"保障范围，可视为我国公共政策理念的一次重大转变。这意味着政府供给主体地位的"回归"，农村义务教育明确为"纯公共产品"。

（三）"以县为主"供给体制的制度缺陷

"地方负责、分级管理、以县为主"的财政保障新体制，大大减轻了农民负担，在一定程度上缓解了经费投入不足的问题。数据显示，政府预算内拨款占教育支出总量的比重不断上升，2006年，已达86.8%，"以政府为主"的办学格局初步形成（杨会良，2012）。然而，该体制在具体实践中依然存在明显缺陷，一方面并没有从根本上改变以基层政府作为投资主体的格局，而县乡财政根本无力承担义务教育的巨大经费需求；另一方面，尽管中央政府加大了转移支付力度，但大多是针对西部贫困地区且支持力度也比较有限，不足以弥补税费改革后留下的巨大资金缺口（王善迈和袁连生，2002）。根据以上分析，这个阶段的改革特点，可概括为"一个框架，两个不足"，即构建了一个"以县为主"的制度框架，中央和省级财政投入不足以弥补资金缺口，县级政府缺乏足够的投入动力和财力。

总的来说，这一时期的体制改革只是粗略构建了"以政府为主"办教育的制度框架，并没有明确中央和省级政府的供给责任，经费投入缺乏稳定机制，更无力从体制和根本上改变农村义务教育资金投入长期严重不足的问题。

三、农村基础教育供给"以省为主"阶段（2006年至今）

自2006年起，我国义务教育供给制度进入重大创新时期，与过去不同的是，此次改革不仅从体制上确立了"人民教育政府办"的理念，还通过经费保障机制改革解决了农村义务教育的经费投入问题，并将其放到了一个更为突出的位置。

2005年12月，国务院发布了《关于深化农村义务教育经费保障机制改革的通知》，针对农村义务教育问题提出"明确各级责任、中央地方共担、加大财政投入、提高保障水平、分步组织实施"的改革思路，一方面要将农村义务教育全面纳入公共财政保障范围，另一方面要建立"中央和地方分项目、按比例分担"的经费保障机制。在此基础上，2006年1月，全国人大常委会通过了《义务教育法》修订草案，确立了"经费省级统筹，管理以县为主"的义务教育供给体制，主要内容包括：一是首次以法律形式明确了中央、省、县三级政府的供给责任，使政府作为义务教育供给主体正式"归位"；二是改变了"投入"和"管理"主体合一的传统，经费投入"以省为主"有利于省域范围内的统筹协调和均衡发展，而管理上"以县为主"利于从现实和层面出发，调动县乡政府的积极性；三是规范了各级政府的专项转移支付制度；四是首次提出"义务教育均衡发展"的理念。

《义务教育法》修订草案颁布后，各级政府利用三年时间基本实现了"全面免除义务教育学杂费"的既定目标，在操作层面，全国基本实现了义务教育全面免费、教育经费投入"省级统筹"、义务教育管理"以县为主"的改革目标，"人民教育政府办"的办学理念得到落实。

"经费省级统筹，管理以县为主"体制的确立，是我国义务教育难得的发展机遇，总的看来，这次改革所确立的发展思路具有三个特征：①强调义务教育发展的"均衡性"。《义务教育法》修订草案的颁布实施，标志着我国义务教育进入"均衡普惠"的发展阶段。此后，中国共产党十七大报告以及《国家中长期教育改革和发展规划纲要（2010－2020年）》中，均将促进义务教育均衡发展作为当前教育发展的战略性目标。②凸显义务教育发展的"公益性"。所谓义务教育的"公益性"，就是要提供尽可能多的优质教育资源，在最大范围内满足每一个受教育者的教育需求，为国家和社会积累更多的人力资本。③彰显义务教育的"普惠性"。《规划纲要》提出，要突出义务教育的公共性，彰显义务教育的普惠性，采取倾斜政策和转移支付等措施，建立城乡基本公共服务体系，推进基本公共教育服务均等化，缩小城乡义务教育发展差距（轩颖，2012）。

通过系统回顾农村义务教育供给制度的演进过程，可知制度变迁的核心要素是供给主体的责任承担问题，即四个阶段的制度变革都是围绕供给主体的变更展开，经历了一个政府责任集中、弱化、逐渐强化的过程，体现了在政府财政能力不断增强、公共财政体制不断健全的背景下，义务教育投资机制趋于完善和优化的趋势（完善农村义务教育财政保障机制课题组，2005）。

第二节 城乡义务教育供给制度变迁的特征及其评判

义务教育是为适龄未成年接受更高层次教育、基本生存能力培养以及参与社会竞争提供必要的知识和能力训练的公共性事业，在经济社会发展中起着全局性、基础性和先导性作用。在工业化、信息化、城市化、全球化深入发展的新形势下，推进义务教育均衡发展既关系国家和社会可持续发展，也关乎千家万户切身利益。义务教育在全国多年努力后，虽然基本实现了"两基"，但广泛存在的发展非均衡现象在一定程度上构成了对义务教育的异化，导致了诸多社会效益损失。

一、我国城乡义务教育供给制度的演进特征

经过不断探索和试错，2006 年，我国最终于建立了与现代公共理念相适应的农村义务教育供给制度。回顾其中的演进过程，制度变迁有以下几点显著特征。

（一）制度安排从"集权"到"分权"再到"集权"

1949 年后，农村义务教育供给制度遵循了"集权－分权－再集权"的演变路径，始终围绕集权与分权的契合点进行制度变革，在一定程度上体现了我国公共产品供给政策的演变轨迹和特征。

20 世纪 50 年代～70 年代，我国的义务教育供给制度一直以中央集权为主要特征，这与同时期高度集中的计划经济体制是相适应的。在这一时期，虽然也采取了诸如"两条腿走路"、鼓励厂矿企业和农村社队参与办学措施，但并未超越高度统一的计划经济体制框架，总体还是以高度统一和"中央包办"为特征。

改革开放特别是 1985 年以后，为减轻中央政府财政压力，我国采取了"放权让利"的改革思路，义务教育供给体制也进行了相应改革，体现为义务教育投资责任的层层下移，乡镇成为实质上的供给主体。由于乡镇财政能力有限，这种供给压力也就被转移到农民身上，可视为极端的分权模式。过度的分权和责任主体下移，不可避免地导致一系列问题，由于中央和省级政府的转移支付十分有限，加之县级政府缺乏教育经费投入的动力和财力，农村义务教育发展问题较多，城乡、区域间教育水平差距逐渐拉大。

1993 年以后，随着分税制改革的进行，"两级管理"转变为"以县为主，乡镇为辅"的新体制，但因县级财政收入锐减，乡镇政府、村级组织仍然是农村义务教育主要的资金筹措和供给主体，农民的负担进一步加重，在一定程度上造成了"三农问题"的恶化。《中国教育经费统计年鉴》（1996－2001）表明，农村义务教育农民承担比例较高，1996 年甚至达到 50.05%。

进入 21 世纪以后，随着农村税费改革的进行，乡镇政府不允许再对农民征收非税收入，农村义务教育供给方式改为"地方负责，分级管理，以县为主"，供给主体实现了第一次上移。2005 年，"经费省级统筹、管理以县为主"管理体制的确立，使供给主体再次上移省一级，中央和省级政府开始承担越来越多的供给责任。

总的看来，自 2001 年起，农村义务教育供给制度呈现出由"低重心、分权化"向"重心提升、中央、省和县级政府共同负责"转变的集权化趋势。

（二）政府主体责任由"缺位"、"错位"到"归位"

在公共产品供给制度中，政府主体责任及政府间的责任划分是最核心的内容。改革开放后，随着我国义务教育供给体制的逐步健全，政府在义务教育供给责任方面经历了从主体"缺位""错位""越位"，再到主体"归位"的历程，也体现了政府对义务教育属性和定位的认识变化。

在 1985 年以前，我国基础教育供给以中央政府为主，实行"统一财政、分级管理"的管理体制。政务院对各级政府的责任进行了较为清晰的界定：中央政府和各大行政区、省、市的教育经费列入相应的政府预算，城市基础教育经费通过征收城市附加教育事业费解决，而乡村教育经费可通过征收地方附加公粮来分担（教育部发展规划司，1984）。

1985 年，"地方负责，分级管理"成为我国义务教育主要管理体制。但在政府责任分担特别是地方政府"事权"方面却没有给出明确的法律界定和司法解释，仅规定省一级人大可根据本地区实际情况制定具体实施办法，这种模糊性为上级政府向下级政府转移责任提供了方便。1994 年，实行分税制改革后，中央政府虽然明确了"县级负责"，但因没有具体的"事权"界定，乡镇仍然是实质性的供给主体。此外，1986 年《中华人民共和国义务教育法》允许地方政府征收教育费附加，同时鼓励单位、集体和个人捐资助学，但没有规定具体操作方式和标准，这就为"乱收费""搭车收费"开了口子。

2002 年，中央在全国范围内取消了农业税费征收，却依然没有在政府间责任划分方面有实质性进展。直至 2005 年确立了"以省为主"的管理体制以后，才首次明确了中央、省、县三级政府的"事权"分割比例，包括公用经费、学杂费、校舍维修改造等。这些具体化、清晰化的责任分担细则为农村义务教育发展提供了制度保障，限制了各级政府履行责任和义务的"自由度"，切断了政府向农民转嫁责任的路径。此后，《中华人民共和国义务教育法》修订草案则确立了义务教育的"免费"性质，将其纳入纯公共产品范畴。这个定位可谓是一次里程碑式的跨越，对义务教育的均衡发展与和谐社会的建设具有历史性意义，如萨缪尔森所说："没有比免费提供公共教育更为伟大的步骤了，这是一种古老的破坏特权的社会主义"（刘乐山，2004）。

可见，在责任划分上，义务教育供给经历了一个从模糊到逐渐明晰的过程。

这种演变特征，一方面是基于中央和省级财政能力的不断提升，另一方面也离不开公共产品供给制度建设走向科学、规范的推动作用。

（三）义务教育供给制度变迁的"路径依赖"特征

制度经济学上的"路径依赖（path-dependence）"，特指技术演进或制度变迁具备物理学的"惯性"特征，即一旦进入某一演进路径，就很难脱离对这种路径的"依赖性"。也就是说，传统路径的"内在特性"降低了制度向其他方向演化的可能性。我国义务教育供给制度变迁具有明显的"路径依赖"特征，体现在两方面：一是1985～2005年，供给体制沿用了古代中国基础教育供给的传统方式；二是"城乡分治"政策来源于1949年以后城乡发展的"二元模式"。

改革开放以后，中央政府开始实施义务教育供给责任下移的策略，在财政保障体制构建方面，无论是1985年建立"地方负责、分级管理，以乡为主"，1993年确立的"以县为主，乡镇为辅"，还是2001年构建的"地方负责、分级管理、以县为主"，都将供给责任下放乡镇政府和村级组织，并实质性地转嫁到农民身上。表面上，这是政策设计不合理导致，但在制度变迁的内在机制上，却是基于传统基础教育供给方式的一种"路径依赖"。在古代中国，基础教育一直实行"以个人投入为主，多渠道筹措资金"的供给体制。明代以来，中央和地方政府并未建立类似于17世纪以后欧洲国家的义务教育责任和职能，乡村基础教育形式多样，儒学、义学、社学、井学和私塾等并存，而资金来源也呈多元化特征。明清两代，乡村基础教育的办学资金由学田收入、商税收入和学生纳费等构成，其中学田收入是最主要来源。而学田仅有少部分是地方政府拨给，主要依靠私人或集体捐赠（李国均和王炳照，2000）。虽然清末起国家在法律层面建立了义务教育制度，但直至1949年，因社会动荡、政府财力匮乏、缺乏独立的教育财政保障体制等原因，义务教育普及率较低，并未对国民的传统教育观念造成根本性的冲击。因此，根据路径依赖原理，传统基础教育的制度文化"基因"，如办学体制、结构特征和演进轨迹等，必然会以某种形式保存并传承下来，并对现代农村义务教育制度变迁产生潜移默化的影响。事实上，1949年后特别是改革开放以来，中国农村义务教育供给制度的设计理念、主体责任分担机制和实施路径，无一不受到古代办学传统的深刻影响，甚至一度得到"强化"。

城乡发展的高度不平衡也是近代以来中国经济发展格局的一个显著特征。1949年后，为了尽快建立起现代工业体系，国家建立了牺牲农村、发展城市的"二元经济"模式。在基础教育发展策略上，也采取了城乡差别政策，农村基础教育的主要资金来源是向农民征收的教育费附加、教育集资和学杂费等，而城市的教育发展费用纳入预算管理和基建投资计划，并不向城市居民征收，城市家庭子女只需负担学杂费。这种"歧视性"政策的影响因城乡财政能力的不断扩大在20世纪90年代达到极致，当时农民提供了绝大部分的农村基础教育发展资金。此外，在2005年之前的历次教育供给体制变革，都因没有明确政府的供给责任而事实上延续了"二元结构"的制度惯性。可以说，正是这种城乡有别的制度安排，导致了城乡义务教育发展的巨大差距，在"精英教育""重点学校"等理念和策略影响下，城市基础教育得到了迅速发展，而农村基础教育却一直处于资金供给严重不足的困境。

2005年，"中央和地方分项目、按比例分担"的经费保障机制建立之后，我国政府在义务教育供给上的主体地位得以明确。"向农村倾斜"的资源扶持和转移支付制度的建立，真正消除了我国义务教育制度变迁的"路径依赖"。

二、城乡义务教育政府供给的行为逻辑剖析

自1985年起，城乡义务教育供给制度就存在义理和逻辑上的缺陷，在多级政府教育成本分担的长期博弈中，导致了中央、省、市县以及乡镇政府的"卸责"行为，这一行为在行政逻辑上并不符合政府在公共产品供给方面的应有立场。值得警惕的是，这些政府失范行为并未因为2006年实施义务教育经费保障机制（2006新机制）而消失，省以下政府在认知和行为逻辑上仍然是存在误区的，这导致了事实上的城乡差别化而非一体化、均等化。

（一）2006年之前城乡义务教育供给制度的逻辑缺陷

相对于农业经济领域的"诱致性"制度变迁，我国义务教育供给制度改革则是典型由中央政府主导的"强制性"制度变迁。由于统治集团的有限理性、集团利益冲突以及对"一致同意原则"的违背等原因，以中央政府为主体的变革往往无法提供具有高效率的制度安排（王景英，2008）。从制度经济学视角看，我国1985~2005年的义务教育供给制度变迁具有两个方面的局限性和缺陷。

一方面，在多级政府分担制度成本的博弈中，违背"一致同意原则"，使基层政府成为实际的供给主体。无论是在理论分析上还是从实践经验看，各级政府都应该根据相应的财政能力按比例分担义务教育供给责任。但1985～2005年农村义务教育经费，中央和省级政府仅分担了11%，县级政府承担了9%，而乡镇

则负担了 78%。农村税费改革后，乡镇政府和农民负担虽然转移到了县级财政，但仍然没有真正解决经费筹资问题，反而使农村义务教育陷入了前所未有的困境。总之，中央政府依靠行政强制力把义务教育供给责任的绝大部分转嫁给基层政府，自身却摆脱了沉重的财政负担，这就违背了"一致同意原则"。由于无力抗拒这一制度安排，基层政府只能采用制度外筹资方式将责任转嫁农民，甚至还"搭车收费"，不但造成农村义务教育资源配置效率下降，还导致了诸多社会问题。

另一方面，在社会群体利益分配上，既不符合"帕累托改进"原则，也不符合"卡尔多－希克斯"标准。按照地理分布，义务教育领域可分为城市和农村义务两个利益群体，其中城市教育群体属于强势集团。在福利经济学看来，制度变迁意味着利益格局的调整，而评价新制度的标准有两个：帕累托改进和卡尔多－希克斯标准。前者是指某一项制度安排为全社会（区域）的人提供福利时，没有任何人会因此受损；后者则指尽管新制度会使全体成员中一部分人的利益受到损害，但另一部分人因此获取的利益大于受损人的损失，因此总体上是有效率的（卢现详，2003）。从畸形的城乡义务教育经费投入结构看，该供给制度安排明显维护了城市教育群体的利益，强化了义务教育发展的"城乡二元结构"。特别是2000～2004 年，农村义务教育经费投入比重反而下降，经费缺口反而扩大，农村受教育者的利益受到严重损害，可见这种变革不符合"帕累托改进"特征。此外，不断扩大的城乡义务教育差距会影响经济社会的长远发展，从远期看城市群体获取的利益要小于社会损失，因此也不符合"卡尔多－希克斯"标准。

（二）2006 年之前各级政府的供给行为及其逻辑

1. 中央政府的供给行为及其逻辑

1978 年以后，我国进行了"放权让利"的分权化改革，导致国家财政能力急剧下降。一方面，国家在国民收入分配中的份额不断降低，从 1978 年的 31.5% 降至 1995 年的 10.37%；另一方面，相对于地方政府财政的上升，中央财政相对减少，无法继续实施"统收统支"的教育管理体制。因此，对原有义务教育供给体制进行改革就成为中央政府的一种必然选择。

1985 年起，中央政府开始推行"地方负责、分级管理"的义务教育管理体制，实质上是对义务教育供给责任的一种"转嫁"。这个改革思路恰好符合"熊彼特－希克斯－诺斯命题"的内在逻辑。何帆认为，在财政压力下中央政府必然要推动公共产品供给制度的变革，其路径有两个：一是"甩包袱"，即中央减少公共产品生产数量，或者通过制度安排将供给责任转移给下级政府、社会或公民个人；二是"向新增财富征税"，即努力增加中央财政来源。但两种方式的顺序对于改革的最终效果影响极大，如果"甩包袱"在前，就能减少政府支出，并促进经济增长；但若"向新增财富征税"在前，则可能导致财政恶化，进而阻碍经济增长，并危及国家的合法性（赵全军，2006）。对于 20 世纪 80 年代初期的中国政府来说，不可能选择第二种改革战略，因为当时的新经济力量和财富主体并未成长起来。而选择"甩包袱"这一策略是有充分理由和筹码的，一是业已启动的分权化改革赋予了地方一定的权利，二是中央在转嫁义务教育供给责任的同时，再次向下级政府下放了一定的权限。因此，这一制度安排并未遇到重大阻力，但各级政府纷纷模仿中央，采取了向下一级政府"甩包袱"的方式，如此层层传递后，义务教育供给责任就落到了乡级政府、村级组织身上。县级政府财力有限，只能利用中央赋予的制度外筹资权限向农民征收教育费附件、教育集资等，由此农民成了真正意义上的义务教育供给主体。

那么，中央和各级政府为何能够顺利实现义务教育供给责任的"转嫁"呢？究其原因，主要有 3 个方面：①"集权型"体制是这一改革的政治保障。在"集权型"体制下，一方面，基于"委托—代理"关系，各级政府只是中央政府的代理人；另一方面，下级政府在与上级政府的博弈中始终处于劣势，没有机会完全表达自己的权利诉求。在这种背景下，中央政府会偏向于通过强制性的事权下移或财政上移来减少自身责任，而下级政府在政治和行政压力下会动用一切资源来完成上级布置的任务；此外，下级政府作为代理人，其一切后果和成本最终都会由上级承担。因此，下级政府会采取集资、摊派等制度外筹资方式来解决财政压力。此外，下级政府甚至会通过财政借款等行为形成对上级政府的"倒逼机制"，迫使上级政府介入农村教师工资拖欠、教育债务等问题（郭建如，2005）；再其次，农民群体作为缺乏组织性的弱势群体，没有自己的利益代言人，很难在政策制定过程中拥有参与权和话语权。因此，在与各级政府的博弈中，农民总是处于劣势，最终不得不承担大部分的农村办学成本。②权力下放是中央政府转嫁责任的利益让渡。根据"礼物交换"理论，制度改革可以视为一种礼物交换协议，即双方在出让礼物时都预期对方会给予相应回报（张军和蒋琳琦，1997）。在 1985 年以后的义务教育管理体制变革中，中央政府在转嫁供给责任的同时也让渡了一定的"权益"。对地方政府而言，除了地方财权的增加，还拥有了制度外筹资的权限，后者是地方政府尤其看重的。对农民而言，不但拥有了土地使用权和经营自主权，还在 20 世纪 80 年代的改革中获取了大量受益，因此也具备支付教育成本的意愿和能力。总之，尽管这一体制变革并非"帕累托改进"，但仍然得到了有效实施。③政治激励是地方政府履行供给责任的体制保障。从理论上看，地方政府官员是上级政府和辖区内居民的双重代理人，但在居民缺乏"用手投票"权力的情况下，真正能对地方政府官员产生影响的是上级政府的意图和激励。在现有体制下，上级政府一般通过政绩考核体系来促使下级政府及其官员按时按质完成上级分配的任务。因此，"政绩"才是地方政府官员外在压力和内在激励的源头。如果，中央政府将义务教育经费投入、教师工资拖欠和教育专项资金挤占等问题纳入"一票否决"的政绩考核体系后，这些问题都可以得到较为圆满地解决。可见，行政权力和政治激励是中央政府确保义务教育供给制度变革顺利实施的有效途径和保障。

2. 地方政府的供给行为及其逻辑

通过上述分析可知，地方政府是在政治压力和激励之下"被动"完成农村义务教育供给任务的，因为地方财政根本没有相应的支出能力。那么，在这种情况下，地方政府的筹资就必须依靠制度外筹资方式和教育市场化改革两种方式，而两者都充分体现了地方政府始终存在的"卸责冲动"。

不论是"以乡为主"还是"以县为主"，地方政府一直都依靠制度外筹资方式来提供教育经费，在"以乡为主"阶段以摊派、集资等方式为主，而 2002 年取消农业税费以后则以借贷、招商引资等方式为主。表面上看，这种对制度外筹资方式的依赖是源于财权和事权的非对称，但实质上却是源于地方政府强烈的"卸责冲动"。从东部发达地区的地方政府教育财政支出情况可以看出，即使这些乡镇的财政收入完全有能力支付义务教育经费，仍然会以经费不足的借口进行制度外筹资，越是经济发达地区，制度外筹资力度就越大。总的来说，由于上级考核指标的影响，地方政府倾向于提升经济总量和财政收入，对公共性投入缺乏动力和兴趣。因此，面对义务教育供给这个上级政府转嫁的"包袱"，地方政府会千方百计通过制度外筹资方式去解决，绝不肯轻易动用财政资金。

此外，地方政府还通过教育市场化来实现"卸责"。我国目前实行的教育市场化改革具有与西方不同的内在逻辑。西方推行的教育市场化，旨在通过引入市场机制提升义务教育发展效率和质量，并非为了节省财政经费投入。从根本上，西方的教育市场化改革仅仅是行政主管部门职能的转换和优化，而非供给职能和责任的"转嫁"。相反，我国的义务教育市场化改革更多的是源于地方政府"甩包袱"的利益冲动,因此转制后的中小学或民办学校是不需要政府财政投入的,意味着政府供给责任的减轻。这也在一定程度上体现了地方政府转移义务教育供给责任的强烈意愿,而这种意图也正是来源于我国"一切以经济为中心""发展是硬道理"的发展观和相应的政府考核机制。

三、城乡义务教育非均衡供给制度的经济学阐释

作为制度移植的一部分,近代义务教育制度在很大程度上也受欧美诸国早期非均衡发展模式的影响,并在演进过程中不断强化这一"非均衡性"。从理论上讲,义务教育非均衡发展模式具有内在的逻辑、动能以及稳固的社会根基,短时间内难以削弱和消除(塞缪尔·亨廷顿,1989)。

(一)非均衡发展理论及其实践价值

义务教育均衡化发展是一种理想状态,这一最优效率的获取必须以一系列假设为前提,包括:①计划绝对性,即计划成为配置资源唯一有效手段并有极强的权威性;②调控理想性,即保证总供给与社会总需求完全一致;③需求均质性,即受教育者对资源无实质性选择问题,可以通过计划手段实现供求平衡;④利益一致性,即相关利益主体间无实质性利益差别和冲突。事实上,无论在哪种经济体制下,都不可能完全具备这些假设条件。纵观 17 世纪以来全球义务教育演变历程,非均衡发展才是一种常态模式。近代社会虽然赋予公众平等的受教育权利,但仅具有抽象意义,直至 20 世纪中期,欧美各国通过取消"双轨制"、缩小城乡和区域差别等一系列改革措施,才基本消除了义务教育不均衡现象。

所谓非均衡发展模式,是一种不平衡的连锁演变过程,也即"无须牺牲不平衡增长所带来的发展机制"。赫西曼认为,"偏离平衡"恰是进一步发展的动力,先期的"非均衡"能够有效促进发展并最终实现整体的"相对均衡"(艾伯特·赫西曼,1997)。也就是说,在资源稀缺和城乡差异共存的状态下,统一均衡的配置机制难以获得较高的资源利用率,但通过适度"偏好"策略优先发展城市义务教育,使之产生辐射效应与扩散效用,总体效率反而更高。总之,义务教育非均衡发展是一个辩证的、动态的过程,"均衡"是根本目标,"非均衡"则是策略和手段,两者是动态的、相对的而非绝对的;在后发国家,采取非均衡发展战略是必然的也是必需的,但须防止过度失衡;此外,还要及时突破非均衡发展惯性的束缚。

（二）城乡义务教育非均衡供给模式的形成和运行机理

就我国义务教育目标的实现方式而言，非均衡发展战略是近代以来的一种必然选择，这是由城乡资源禀赋差异以及义务教育均衡发展的本质属性、价值诉求等因素所决定的。

1. 城乡义务教育非均衡供给制度形成的外在环境

作为一个实践性问题，义务教育发展必然受客观因素制约，即它的层次和结构取决于资源禀赋、地理因素和经济状况。对后发国家来说，资源禀赋是制约义务教育发展的核心要素，它决定一国采取何种供给模式。根据发展经济学原理，非均衡增长战略可以给诱导性投资决策留有充分余地，利于节约稀有资源（艾伯特·赫西曼，1997）。从作用机理看，某一区域的领先能够给落后者提供增长的"压力、拉力与强制力量"，从而形成基于倒逼机制的"极化效应与淋下效应"。此外，就地理因素来说，要提高全国义务教育水平，就必须首先培育一个或几个区域的优势力量，这些"增长点"或"发展极"反映了区域发展的非均衡性，却是"增长本身不可避免的伴随情况和条件。"

追求资源配置和利用效率是制度变迁的内在机制和首要目标，因此历届中央政府都采取了集中资源优先发展城市义务教育的非均衡战略，一是缺乏城乡齐头并进所需的资源，二是农村在教育支出和需求方面的深层次动力严重不足，导致其资源转化效率远低于城市。这一制度安排对于资源匮乏且相对封闭的传统农业国家无疑是有效的，尽管它导致了城乡差距扩大。总之，对资源禀赋的关照，可视为非均衡供给制度形成的"外在本然"。

2. 城乡义务教育非均衡供给制度运行的内在机制

虽然非均衡发展战略是后发国家普遍采用的权宜性策略，但其最终目标都是实现发展均衡化。因此，分析义务教育均衡化的内在属性及其价值诉求，有助于理解非均衡供给制度的作用机制。

一般认为，义务教育均衡化是指各构成要素在内在机制和外在规范的协同作用下达到的一种相对稳定和平衡的发展状态。在这一复杂系统中，各要素（部分）均有其独特的性质、存在方式和价值，从而构成自身的内在属性（即外在的差异性）。系统论认为，内在属性决定外在实践方式，也就是说，城乡义务教育在系统结构、资源存量和文化传统等方面的差异性必然要求采取不同的发展策略或模式，在实践中往往体现为发展政策、手段和强度上的差别。就价值诉求而言，义务教育均衡化主要指向"教育公平"，包括起点公平、过程公平和结果公平，三者的程度和水平依次提升。"'公平'作为含有一个价值判断的'规范性概念'，比'平等''均等'更抽象，更具有道德意味、伦理性和历史性"（杨东平，2006）。事实，每个受教育者（群体）都有其独特的身心素质、内在潜力和特长优势，正视这种本然的差异性才能保证其充分自由发展，由此就必须提供"适切"的教育，体现为不同历史时期、不同地区、不同发展理念下的多元化、非均衡教育模式。

四、城乡义务教育非均衡供给制度的社会学解读

（一）城乡义务教育非均衡供给制度形成的社会机理及其实质

1. "制度依赖"效应下的城乡义务教育差距扩大化

1985年以来的义务教育供给制度，实质上是中央政府对供给责任的一种"转移"，即下移乡镇政府和村级组织，并最终由农民承担教育经费的筹措责任。然而，1949年以后确立的"城乡二元结构"使农村始终成为城市发展的资源和资本供给者：在集体耕作制时代，为了推动工业化战略，国家从农村攫取了大量的资本积累，造成农村公共产品供给能力严重不足；改革开放以后，在市场机制的作用下，农村资源和财富迅速向城市流动，形成了资源重组的"马太效应"，农村因缺乏资源和市场空间而愈加贫困。

进入20世纪90年代后，在"制度依赖"的效应下，城乡经济社会发展差距继续扩大，并形成一种新形式的"断裂"，学界称之为"市场主导型二元结构"。由于城市的"虹吸效应"，农村资源不断向城市流动，形成了"金字塔式"的资源配置格局。同时，财富也逐渐集中到少数群体手中，城乡居民收入的基尼系数迅速提高到0.458，并有进一步扩大的趋势。在这种格局之下，农村在国民经济发展中的地位和作用日益下降，自身发展的动力和资源严重不足，只能日益沦为城市的依附。

在整个20世纪90年代，国家无暇顾及对农村的帮扶，在制度创新严重缺乏的背景下，资源的长期集中和聚合必然会固化为社会结构。事实上，到20世纪90年代末，我国城市形成了占有大量优质资源的强势群体，农村虽人口众多，但却成为教育弱势群体。城市市民凭借掌握的经济、政治、社会和文化等资源影响政策的制定和社会舆论走向，而农民因缺乏代言人和表达途径而不得不继续接受

不利于自身利益的制度安排，如义务教育资源配置体制。由此我们看到，在"精英教育"理念下，国家将大部分资源集中到城市中小学校特别是"重点学校"，"优势的教育资源只是在小部分利益群体的内部得以共享"，而农村中小学只能依靠农村的自我供给维持运转，办学条件和教学质量严重不足（李凌育，2003）。

2. 城乡义务教育差距的实质：牺牲公共利益以维护城市人群利益

基于以上分析，城乡差距而导致的农村经济发展缓慢是危及农村义务教育发展的根本原因，到 20 世纪 90 年代末，城乡义务教育的差距已经超过了城乡经济发展的差距（袁振国，2005）。农村普遍存在的义务教育经费投入不足、经费挪用问题、学校巨额债务、教师工资拖欠、教师流失以及学生辍学等众多问题，业已危及农村基础教育的发展根基。

差距，本是统计学或哲学概念，用来分析现象或事物在质、量方面的区别，本身并没有价值立场。但当"差距"用来衡量和评判城乡义务教育非均衡发展时，却被注入了公正、平等、道德等价值理念，从而具有了价值属性。社会学意义上的"差距"反映了发展的不平等和不均衡，与稳定、和谐与共识相对应。就人类社会的发展来说，差距是客观的、绝对的和必然的，本身也是社会发展的动力之一（孙艳霞，2006a）。因此，适度的差距是可以容忍的，但是，对于我国的城乡义务教育发展而言，这种差距显然超出了合理范围，严重损害了弱势群体权益，已经临近社会结构自我调节能力的"阈值"。城乡义务教育差距并非局部地区的"个别案例"，而是普遍存在于整个义务教育领域，可谓"富者田连阡陌，贫者无立锥之地"。在财政教育经费投入严重缺乏的情况下，许多乡镇政府和中小学校不得不通过"乱收费"、集资、借债等方式来维持学校基本运转。

从经济学角度看，这种差距是城乡利益群体间利益分配偏离"帕累托最优"的一种状态和结果，从利益群体的人口规模对比和教育本身的社会效应来考量，这种差距的实质，是政府以牺牲公共利益为代价而维护小部分人群的利益。因此，这种因行政主导而造成的发展不平衡，会影响社会人力资本积累，最终必然危害国家的长远发展。事实上，作为义务教育的"短板"，农村义务教育所面临的困境，早已超越农村受教育者的权益受损这一范畴，一方面扰乱了宏观教育的发展秩序，并危及整个教育系统的发展质量；另一方面，城乡义务教育差距强化了不合理的社会阶层，导致了"极化"与分层现象。

3. 城乡义务教育衰败差距与社会分层

尽管我国确立了农村义务教育经费保障新机制，但总体而言，农村义务教育始终处于较低发展水平，并逐渐呈现"衰败"迹象，具体表现在3个方面。

首先，农村生源流失。尽管独生子女政策造成了农村新出生人口总量减少，但造成这一现象的主要原因还是适龄未成年的选择性流动问题。一是学生家长为了获取优质教育资源，主动选择到县城或更大的城市读书；二是农民进城务工后将子女带到城市并就地读书。而坚守农村学校的家长并非对农村教育质量有足够的信心，而是"我们实在是走不起，如果能走起早就走了"。其次，农村优秀教师流失。教师是保障义务教育质量的核心要素，也是促进教育平等和教育公平的关键因素，具有物质资源不可替代的特征（马里斯·特雷莎·西尼斯卡尔科，2007）。20世纪90年代中期以来，在城乡师资水平差距越来越大的同时，农村优秀师资流动现象越来越严重，并形成一种"逃离文化"（张源源，2011）。这种由农村向城市的"单向流动"，导致了农村义务教育的进一步"衰败"，也使得农村学生考上一流大学的概率大大降低。由于农村义务教育优秀师资流失和教育质量下降，农村生源越来越缺乏竞争力，国内重点大学的录取的农村生源比重不断下降，而非重点高校特别是职业院校的农村生源比重却大大上升。

农村义务教育长期处于低水平发展状态所导致的社会效应是相当严重的，尤其体现在农村受教育者难以真正融入城市，在参与现代竞争的过程中始终处于不利的局面。如前文所分析的，到20世纪90年代末，中国社会分层趋于稳定化，各阶层间的流动大大降低。教育是1949年后低阶层群体向较高社会阶层流动的主要途径，但进入20世纪90年代中期特别是进入21世纪后，教育对于社会流动的促进作用明显减弱。一方面，农村义务教育质量低下导致农村受教育者缺乏足够的竞争力，进入上层阶层的机会大为减少；另一方面，前期城乡教育差距所导致的社会分层结构已经相对固化，即使接受了高层次教育的底层群体也很难实现向上流动的目的。尤其是当下，来自农村或贫困地区的大学毕业生也很难真正改变城市"穷人"的命运。在某种程度上，来自农村的受教育者也已转化为社会弱势群体，这就是"代际传递"的效应使然。在这种环境下，教育不再是一种"身份"或"资历"，教育在社会分层和促进流动方面的功能已严重削弱。学界使用"断裂"这一概念来揭示中国城乡社会对立的严峻和残酷性，在这一概念背后，农村已处于被边缘、被淘汰和被割裂的状态，而绝大多数农村人已成为社会结构之外的一个濒临淘汰的群体（孙立平，2003）。

对于农村受教育者而言，"如果说教育为他们带来了什么，不如说使他们与现代社会，文明社会越离越远"（李凌育，2003）。我们一直以来所实行的城乡差别政策，在导致农村教育持续落后的同时，无疑也使农村居民丧失了参与现代竞争的能力，这显然是一个对国家和社会发展并无益处的结果。

（二）城乡义务教育非均衡发展的社会效益损失

1. 阻碍社会公平正义的实现

在现代社会语境下，"公正"是一个同时属于道德范畴和权利范畴的复合词，带有强制性的特征。罗尔斯认为，社会公正的实现，需要道德与权利的共同参与和调解。从公共管理学看，义务教育是实现社会公正的一个重要的途径和手段。就义务教育的起源来说，它是近代以来经济社会发展的必然产物，关系每一个公民的生存权和发展权。从本质上说，义务教育并非精英教育，而是典型的"大众教育"，其基本功能并非竞争性的人才淘汰和筛选。基于此，义务教育具有极强的"外部性"和"公益性"，能够产生巨大的社会效益。因此，任何一个现代国家都应该保障每个公民都能够享有均等的受教育权。一方面，义务教育公平是尊重和重视人权的集中表现，罗尔斯对此进行了深入阐述，即义务教育政策应该符合两个原则：一是"平等自由原则"，每个人都应拥有和他人相同或类似的权利；二是"机会平等和差别原则"，即社会提供的岗位或职务应该向每一个人全面开放，而不因其具有某些资源或背景优势（周洪宇，2005）。另一方面，义务教育公平体现了社会公平正义。对于普通群里而言，教育是其实现社会阶层向上流动的主要途径，而教育不公平、不均衡会阻碍这种社会阶层间的良性流动，必然导致群体差距的"代际传承"和恶性循环，从而加剧社会不公平。可以说，义务教育资源配置的差距就是受教育者群体生存权和发展权的差距。

自1986年《中华人民共和国义务教育法》颁布实施以来，我国义务教育一直没有真正摆脱"精英主义"教育理念的羁绊，加之平等与人本思想的缺乏，长期实行城乡差别的教育资源供给制度，导致了城乡义务教育发展的巨大鸿沟。当前，我国正处于建设现代化强国的关键时期，全面回应人民群众对教育公平的关切，推进城乡义务教育的生态化均衡发展、内涵发展和规范发展，势在必行。在公正和平等原则下，如果政府不能实现义务教育的城乡均衡发展，必然动摇民众对社会公正和政府权威的信心。其一，非均衡发展有违义务教育的"公共性"原则。实行义务教育资源的非均衡配置机制必然损害义务教育"公共性"这一本质属性，是对可持续发展的一种潜在威胁；其二，城乡义务教育非均衡发展损害了"普及性"原则的"质的公平"之向度。随着"两基"的实现，优质教育资源和高水平教育质量成为当前广大群众的普遍诉求，即"普及性"的内涵已经转化为"向公众提供的教育质量大体相当"。显然，城乡非均衡发展是对这一新的内涵的严重损害。

总之，城乡义务教育发展失衡既违背了中国共产党"以人为本"的执政理念，有违"公平正义"的核心价值观，也违背了宪法规定的"我国公民人人拥有平等接受教育的权利"这一条款。

2. 危及社会和谐与稳定局面

"社会和谐"包括两层含义，一是"人与人"之间的和谐，二是"人与自然"之间的和谐。前者要求社会长远具备较高的人文道德修养，后者则强调科学文化素质，但无论哪一个方面都必须建立在教育发展的基础上。因此，教育是构建社会和谐的基础（叶进，2006）。同时，社会和谐还必须建立在"公平原则"的基础之上，没有公平就没有和谐。首先，义务教育具有最广泛的"普遍性"，关系每一个家庭的希望以及每一个社会成员的素质和能力；其次，义务教育阶段是人的价值理念、思维方式和学习生活习惯的形成时期，义务教育是否公正合理，对和谐社会建设有直接影响；再次，义务教育是教育的起点阶段，关乎人的生存和继续学习能力培养，如果受教育者之间的起点相差深远，那么社会公平和社会和谐就失去了根基。贺拉斯·曼认为，"教育是实现人类平等的伟大工具，它的作用比任何其他人类文明都要大得多"（康芒斯，1997）。因此，和谐的义务教育对和谐社会而言具有表达、放大和促进功能。周洪宇也提出，教育公平既是和谐社会的重要内容，也是其重要基础和实现途径，是其不可缺少的基本要素（祁芳，2011）。

和谐社会与稳定的社会环境和社会秩序关系密切，矛盾激化、利益冲突、秩序混乱等必然构成危害社会和谐的不稳定因素。因此，要在社会各阶层之间构建合理的、公正的竞争机制和互动空间，以避免大规模的摩擦与冲突，而这种机制和空间的构建也是以教育公平为基础和前提的。在现代社会环境下，那些因教育不公平而缺乏基础教育的社会成员缺乏参与现代竞争的能力，必然会被"边缘化"，从而加剧社会的两极分化，甚至形成"断裂的社会"。根据社会冲突理论，冲突来源于个体或群体间利益分配、资源占有不均衡或价值目标差异。社会对于稀缺资源的分配越不公平，处在不公平境遇中的群体对资源配置合法性的质疑就越多，产生大规模社会冲突的可能性就越大。

现实中，城乡义务教育失衡巨大，如果这种失衡超出社会心理的承受能力，就可能激发社会产生冲突和动荡。根据各国经验，教育不公平所导致的失业率、犯罪率过高，以及国民素质普遍低下，会形成对社会秩序的极大冲击。因此，要通过均衡化发展遏制义务教育"强者愈强，弱者愈弱"的"马太效应"，尽快完善社会流动机制，缓解群体、阶层之间的矛盾和冲突，维护社会稳定。

3. 加剧城乡发展失衡和贫富差距

根据人力资本学说，教育资源配置的不均衡必然造成不同区域或阶层间的教育条件和质量差异，从而形成受教育者的个体、群体素质和人力资本上的差距。在缺乏社会纠正机制的情况下，这种差距会通过代际传递而继续强化，并最终形成两极分化的"马太效应"。事实上，我国自改革开放以来实行的城乡义务教育非均衡政策，在一定程度上加剧了城乡发展的不均衡以及社会群体的贫富差距。

由于区域间经济社会发展的不均衡，落后地区的人才资本不断向发达地区流动，造成区域间、城乡间总体差距越来越大的恶性循环。根据相关研究成果，教育差距是导致我国区域经济和社会发展不均衡的重要因素，随着教育资源供给和存量差距的不断扩大，区域之间、城乡之间的差距问题进一步凸显（杨俊和李雪松，2007）。教育不仅具有社会效益，从个体角度看，受教育机会和程度的差异也会导致个体间生存和发展状况的不同。贝克尔认为，受教育程度和收入水平之间存在对应关系，受教育程度越高其收入水平也越高，反之亦然。受教育程度差距必然导致社会群体之间的收入差距，且随着教育差距的扩大呈递增趋势。教育差距已经构成我国个体间收入差距的一个重要影响因子，并通过代际传递形成群体收入差距（张海峰，2006）。当前，因接受教育时间短而导致个体素质较低的农民阶层已经沦为社会最底层，在现代社会机制下无法完成自身的向上流动，从而成为最大的弱势群体（李振国，2006）。由此可见，教育差距是导致弱势群体竞争力低下的最大因素，而且随着义务教育差距的而进步扩大，这种影响会不断得到强化，从而使弱势群体陷入"贫困陷阱"。所以，在社会竞争的意义上说，只有公平的教育才能实现消灭贫富差距的目标。

4. 阻碍社会流动机制构建和社会结构优化

和谐社会的构建不仅需要公平的社会机制以及安定、有序的社会秩序，还需要一个具有活力的流动渠道，通过社会成员的正常流动不断优化社会结构。缺乏活力的社会即便相对稳定，也只是低水平的均衡，不可能实现真正的发展。提升活力的一个重要条件就是保障机会均等，对义务教育来说尤其如此。只有推动义务教育的均等化，才能维持社会的多样性和创造力，使群体的人力和智力资源得到充分而合理的开发。在实行义务教育的初期，我国采用了"效率优先，兼顾公平"的发展战略，集中优质资源重点扶持基础较好的城市和发达地区，这在当时的社会条件下具有一定的合理性（成成，2010）。然而，随着经济社会的发展，这种基于"功利主义"的教育资源配置体制逐渐显露了巨大的弊端，牺牲了农村和弱势群体的部分受教育权益，阻碍了社会流动机制构建和社会结构的优化。

所谓社会流动，指"就一个人或一群体而言，从一种社会地位或社会阶级向另一种社会地位或社会阶级的变化，"可分为上升流动、下降流动和水平流动，前两者又统称为垂直流动（戴维·波普诺，1999）。20世纪80年代起，我国社会阶层结构发生了显著变化，由原先基于政治、户口和行政身份为划分依据的三个社会阶层分化为基于职业分类的十大社会阶层，包括国家与社会管理者、经理人员、私营企业主、专业技术人员等，每个阶层所拥有的政治、经济和文化资源均有不同。从各个等级的人口分布看，社会阶层呈现"下大上小"的"金字塔"形特征，这一结构已经成为制约国家现代化进程的瓶颈（陆学艺，2002）。位于最底层的是人口数量庞大的农业劳动者和城乡无业失业半失业阶层，1999年这一比例为47.1%，因受教育程度低的限制，这一群体只能进行水平流动。通过对我国社会结构演变的实证分析，可知受教育程度与社会结构的优化存在"正相关"关系，而农村基础教育投入长期不足和城乡教育发展不均衡是造成这一状况的主要因素。城乡义务教育发展不均衡在一定程度上限制了农民子女接受教育的机会，从而阻碍了他们向上一级阶层的流动，对社会结构的优化造成了消极影响。因此，只有通过推进城乡义务教育均衡化，才能提升农村居民的受教育程度，扩大中间层级的人口规模，优化社会结构。总之，只有通过提升区域、城乡的教育均衡化水平，打破城乡二元刚性结构，才能构建顺畅、有序的垂直流动通道，也才能形成合理、稳定、开放、充满弹性的社会结构。

第三节　城乡义务教育非均衡发展的历史缘由

自20世纪80年代起日益凸显的城乡义务教育非均衡发展问题，其实质是义务教育资源的供给和配置问题，从制度变迁的角度看，这种非均衡体制具有深厚的历史缘由。在古代社会，基础教育一直未能纳入封建政府的官学体系，基本上都由民间自我供给。1903～1948年，因内忧外患、文化传统、乡村治理等诸多原因，中央政府缺乏在乡村普及义务教育的财政能力，不得不继续把义务教育的供给责任转嫁乡村社会。

一、清末至民国时期义务教育供给制度的形成与演变

1904年1月，清政府颁布了《奏定初等小学堂章程》："外国通例，初等小学堂，全国人民均应入学，名为强迫教育"，标志着中国正式迈入义务教育时期（舒新城，1961）。但自清末至民国期间，政府一直未能围绕义务教育的"责任归属"设计出一套行之有效的制度体系，始终未能有效解决因"成本分摊"而产生的利益冲突问题。限于对义务教育属性认识不足以及财政窘迫等原因，中央和省级政府未能真正承担起供给职能，乡村组织和农民成为实质上的初等教育提供者。系统回顾义务教育起源和发展历程，深入考察供给责任机制的运行机理，有利于认识和理解当代义务教育非均衡发展的历史缘由。

1904～1911年，清政府实行分级办学体制，即中央政府负责筹办高等教育，省级政府负责办理中等教育，县级政府则负责初等教育事务（邬志辉，2008）。除对八旗小学、三旗小学和女子小学等几所针对满族贵族的学校实施有限的资助外，中央政府将绝大部分精力和资金投向了高等教育，而省级政府也只是象征性地对个别小学提供了少许经费，且极不稳定（田正平和肖朗，2000）。在这种情况下，义务教育的筹资责任只能由基层的县乡政府来承担，但清代县级政府并没有征收新税的权力，因此地方教育经费就只能采取税外征收渠道。1906年发布的《学部奏定劝学所章程》等政府公文规定：学堂经费由村董就地筹款，"兴办之责，系于地方。东西各国兴学成规，莫不分析学区，俾各地方自筹经费，自行举办"（朱有瓛等，1993）。虽然这是一种正式的制度安排且具有一定的约束机制，但其经费还是来自乡村组织和农民，与冲突办学模式并无二致，本质上是一种以"摊款"为核心和特征的成本分摊方式。以1907年浙江平阳县劝学所经费筹集状况为例，乡村基础教育的经费来源主要为民间性、私人性的学生纳费、派捐、乐捐等。因此，总的看来，清末乡村义务教育供给体制是一种以民间为供给主体的"官督绅办"体制，延续了古代中国乡村社会的办学传统。

1912年以后，民国政府沿袭了清政府分级负责的办学思路，即根据国家和地方税种的划分标准确定各级办学经费的筹集责任主体，中央、省、县三级各司其职。其中，中央财政负责提供中央教育机构和高等教育办学经费；省财政中的国

库负责辖区的高等学校经费，省库承担中等教育经费；县级政府则负责初等教育经费的筹集责任。因此，乡村基础教育经费筹集机制并未发生变化，乡村社区依然是主要供给者。不过，相较于清末，自1915年起北洋政府确立了对乡村义务教育的经费补助制度，《国民学校令》规定："县财力不足时应由省补助国民学校经费"（宋恩荣和章咸，1990）。1916年，全国教育行政会议又进一步明确：国民学校经费由各学区自行筹集，各区经费不足，得以县款补助之；县款不足，得以省款补助之；省款不足，得以国库补助之（教育部公布全国教育行政会议记略，1991）。尽管如此，囿于时局动荡和财政困窘，中央财政仅有零星、微量的经费补助，省级财政也仅限于对模范国民学校进行资助，总体上看，对于乡村义务教育的补助制度并能真正实施。1927年以后，国家进入相对稳定时期，财政状况也大为改善，这使当时的南京国民政府具备了建立"国库、省库补助义务教育经费制度"的时机和能力。

1935年，当时的国民政府颁布了《教育部实施义务教育暂行办法大纲》，重申义务教育经费"地方负担"的原则，但对于贫困地区或其他特殊状况，可由国库义务教育经费或庚款教育经费予以补充。1936年，全国教育会议上，又增设省库补助义务教育经费的相关决议。由此，此阶段推出的中央、省级财政补助政策在一定程度上促进了全国义务教育的均衡发展；同时，新县制实施和县级财政能力的提升，使县镇中心小学能够获取相对稳定的财政经费支持，但更为基层的学校仍要由乡村社区来承担。较为普遍的做法是，"县立中小学经费由政府支拨，原属祀田、庙产，由政府接收。村办小学（包括私塾）经费多由学校负担，有祀田的村由祀田补贴一部分"（郭建如，2003）。可见，在20世纪30~40年代，虽然县一级已经建立起相对独立的教育体系，但限于财政经费的有限性，政府只能支持以模范国民小学、县镇中心小学等为主的城市学校，村小学、保小学等乡村学校办学经费只能通过临时性"摊款"方式由农民承担。

总体看来，清末至民国时期，我国逐渐确立了较为完善的"三级负责"的教育管理体制，呈现出责任主体基层化、组织体系科层化、资源流动等级化等特征（赵全军，2007）。一方面，基层政府和乡村社区是义务教育供给的责任主体，但中央和省级财政对义务教育的补助力度逐渐提高；另一方面，由于县级教育财政经费十分紧缺，无力统收统支辖区所有小学校的办学经费，只能采取"城乡差别"的经费供给政策，这是造成城乡义务教育发展差距的制度根源。

二、乡村义务教育自我供给的法理传统

古代中国早在奴隶制时代就设立了学校，到汉、唐时期已经建立了相当完备的教育制度，但教育立法则迟至 20 世纪初，比欧洲国家几乎晚了 300 年。自 19 世纪 60 年代起，本着"师夷长技以制夷""富国强兵"的初衷，清政府陆续开办了几十个教习西方科学技术知识的学堂，是为中国近代高等教育之开端。1903 年，清政府颁布实施《奏定学堂章程》，标志着近代国民教育制度的正式确立。而于 1906 年颁布的《强迫教育章程》，则是我国针对义务教育的第一部法令。民国时期，国家针对义务教育制定了一系列法律法规，其中较为重要的有《学校系统令》（1912 年）、《短期义务教育实施办法》（1932 年）、《第一期实施义务教育办法大纲》（1932 年）、《分期普及义务教育办法》（1935 年）以及《义务教育实施纲领》（1940 年）和《国民学校法》（1944 年），并在 1947 年《"中华民国"宪法》中规定："六岁至十二岁学龄儿童一律受基本教育，免纳学费，其贫苦者，由政府供给书籍"。

从法学的视角考察，自清末以来的义务教育法规的演变大致有两条逻辑主线：一是在义务教育属性方面，由受教育者的"义务"发展为"权利"；二是在义务教育的实施方面，由政府的"权力"演变为"责任"。这种演变轨迹体现了国人对义务教育本质的认识不断深化和扩展，与全球义务教育的发展趋势也是相吻合的。

从"义务本位"和"权利本位"的转换来看，这一过程彰显了国家和社会对受教育权的日益重视，更为重要的是对义务教育"公共性"的强调，义务教育由此成为一种"公共产品"。对公民个体而言，不能放弃或转让这一权利，否则国家会采取强制性措施（秦惠民，1998）；而对国家来说，必须承担全国范围内义务教育的供给责任，不能"厚此薄彼"。我国最初的教育立法源于"教育立国主义"，以"社会本位""义务本位"为立法理念，教育既能提升个体的生存和发展资本，也是促进国家和社会可持续发展的基础性事业（孙霄兵和黄兴胜，2006）。清末时期，政府实施教育立法和教育体制改革的目的是"富国强兵"，将接受教育视为受教育者及其父母应尽的一种责任和义务，并未认识到受教育权与个体生存和发展权的内在关系，从而将其视为受教育者应当享有的权利。因此，清末教育立法对"义务本位"的片面强调，实质上是使国家逃避了对义务教育这一公共性产品的供给责任。从"政府权力"和"政府责任"的转换来看，反映了中国社

会在基础教育供给责任归属问题上的意识提升。在古代中国，基础教育一直被视为家庭责任而非政府责任，这体现了教育的"立身主义"。清政府虽然在《奏定初等小学堂章程》提及了政府在义务教育供给方面的责任，但主要还是强调对公民履行"义务"行为的规范，否则政府可以"罪其父母"。民国成立以后，社会各界一直希望通过完善教育法规来明确政府的教育供给责任，但终因政治腐败、经济凋敝和社会动乱而未能实现。从"政府权力"到"政府责任"，意味着国家、社会和公民之间权利和义务的根本性转换，从强调"个人义务"转为强化"国家责任"，要求国家通过提供相对均衡的教育资源，使每一个公民都能够得到均等的教育机会（劳凯声，2006）。总之，国家承担义务教育供给责任是公民履行义务教育义务的基础和前提，没有国家责任的落实就无从谈及公民义务的履行。

从教育立法的演进历程来看，人们对义务教育的"公共性"认识是一个曲折的理性回归的过程。在古代社会，封建政府一般都因采取"愚民政策"而缺乏"教化民众"的动力，加之社会生产力低下，社会难以形成对基础教育的大规模需求。同时，因政府奉行"精英教育"理念，教育功能主要体现在人才选拔方面，对绝大多数人来说，对教育进行投资的成本过高而回报率太低。由此可见，传统社会的教育是一种较为典型的私人消费产品。清末"官督绅办"的教育投入体制动摇了传统的乡村教育体系，但并未真正改变乡村社区自我供给的传统办学模式。民国时期虽然制定了中央、省级财政对义务教育的经费补助政策，但因财政经费总量限制，只能惠及城市范围内的学校，且经费供给极不稳定（邬志辉，2008）。因此，在清末和民国时期，不论是法律体系还是具体实践层面，国家都未真正承担免费义务教育的供给主体责任。在缺乏国家经费支持以及接受义务教育必须承担高昂成本的情况下，乡村义务教育普及率一直难以提升，城乡义务教育发展的差距逐渐形成。总之，清末至民国时期的义务教育依然是一种以城市为中心的"精英教育"。

三、乡村义务教育自我供给的制度渊源

鉴于教育的私人性质，古代社会的政府并不承担乡村教育的投资责任。在建立义务教育制度以后，中央政府因财力限制将教育筹资责任转移到基层政府，同时延续"双轨政治"的传统，在经费投入上倾向城市而忽略农村。这些政策措施既是对传统制度文化的一种继承和延续，也是现实条件约束和各方博弈下的一种强制性制度安排，可视为当代城乡义务教育非均衡供给制度设计的一种历史条件。

首先，古代中国乡村教育一直延续自我供给的传统。尽管我国教育历史悠久且层次多样，并于隋唐时期形成了世界上最早的科举考试制度，但直到 19 世纪末，仍然没有孕育出由政府主导的初等教育供给体系。在传统社会治理体系中，中央政府的统治权限很难渗透乡村基层，统治者一般通过乡绅等代理人来进行乡村秩序维护和公共产品供给，费孝通称之为"双轨政治"（费孝通，1937）。因此，乡村基础教育一直被视为乡村社区或私人产品，是一种基于"学而优则仕"的个体预期性投资，而非面向所有民众的公益性事业。据考证，古代中国最早具有初等教育性质的是明代县以下所设的社学（王铭铭，1996）。社学的经费来源是多元的，包括学田收入、商税、学生纳费等，政府仅给予少量资助，"自库款支给者，仅为科场等费，间有兴学之举，亦徒存其名，迨至清初，仍沿旧制"（李国均和王炳照，2000）。乡村教育的经费筹措机制并没有公权力参与，它是一个建立在传统文化习俗和非正式约束机制之上的松散控制型系统，但对乡村社区内部的宗族、家庭和个人具有较强的约束力。总的来说，由于乡村初等教育的私人产品属性，政府不愿也无力承担投资责任，这是中国历代政府一直延续下来的传统（马戎等，2000）。

其次，清末至民国时期始终采取义务教育主体责任"基层化"策略。1904年义务教育制度确立以后，传统乡村教育办学形式逐渐被新式学校所取代，这就对教育经费筹措机制提出了新的要求：一方面，传统的松散控制型筹资系统已经无法满足强制性教育对经费供给稳定性、充裕性的要求；另一方面，在内忧外患的形势下，实施义务教育已成为社会各界共识，国家权力不得不积极介入并承担起供给责任。从根本上说，影响义务教育经费投入水平的因素有两个：一是国家经济实力及其决定的财政收入状况；二是教育经费在政府财政收入中的比例。清朝晚期，中央政府对全国财政的控制能力明显下降，庚子赔款后清廷财政已陷入崩溃边缘。1911 年，相对于 1.37 亿两的军费开支，教育经费仅为 274.75 万两，占全国财政总支出 1%（马自毅，2002）。民国时期面临的最大困难依然还是财政困难，即使是经济发展相对迅速的 1927～1936 年，政府用于教育事业的财政支出比例也没有超过 2%（董长芝和马东玉，1997）。在国家财政陷入窘困的情况下，中央和省级政府皆无力承担巨额的初等教育经费，不得不转移筹资和管理责任，从而呈现筹资和管理主体的"基层化"特征。但是，作为经费筹集和管理责任主体的县级政府也没有能力实现教育经费统筹统支，于是延续传统做法将责任转嫁乡村组织，这就使清末民国时期乡村义务教育呈现多种办学形式和多渠道筹措经费并存的治理格局（郭建如，2003）。由此，我们可以用"路径依赖"原理来解释 1949 年后中央采取"两条腿走路"和"城乡差别"政策的原因。一般而言，在政治激励机制和财政经费有限的情况下，政府总是热衷于见效快的工程，对见效慢且具有"外部性"的义务教育常常无暇顾及。

再次，在教育资源配置上具有"科层化"特征，乡村教育很难得到资源补充。清末至民国时期，城乡间的"二元结构"特征日趋明显，中央政府延续了传统"双轨政治"的乡村治理模式。在这种模式下，教育管理和资源配给都采取自上而下的方式，即沿着"首都—省府—中心城市—县城—乡镇—村"这一线路向下流动。由于县级政府的教育资源十分有限，资源往往被集中在城镇学校，乡村学校极少得到体制内资源补给。在这种情况下，乡村义务教育一直处于发展动力不足的境遇，一方面，对处于贫困边缘的农民来说，虽然也认识到教育的积极作用，但大多难以接受过高的义务教育成本；另一方面，新式学校的授课时间安排、教授内容与乡村社会实践严重脱节，实用性不够。因此，在成本问题和办学形式问题难以解决的背景下，乡村义务教育发展极其缓慢，直到 1948 年全国适龄儿童入学率也仅为 20%左右（费孝通，1986；廖泰初，1988）。

基于以上研究，我们可以发现：①传统社会的乡村初等教育一直被视为私人产品，直到清代中后期才有了公共产品的意识萌芽；②在"基层化"的投入体制下，由于入学成本问题和办学形式所限，乡村义务教育仍然是一种"精英教育"，损害了义务教育的"公共性"（罗湖平，2010）；③在"科层化"的教育资源配置机制下，乡村教育难以像城市学校那样得到体制内资源补给，这就导致了城乡义务教育发展的巨大差距。

四、城乡义务教育非均衡发展的文化根源

19 世纪中叶起，在西方列强的胁迫下，中国被迫开始向近代化转型，对传统乡村社区造成了极大冲击：传统小农经济开始破产，农民被纳入商业化市场格局；城市不断从乡村吸取物质、资金和人才资源，导致乡村日益衰败；乡村传统精英的逃离，使乡村传统文化体系不复存在。在此背景下，义务教育在乡村的推行遇到了重重困难，主要体现在三个方面：一是农民缺乏对义务教育理念、受教育权的认识，对新式教育的接受意愿较低；二是知识分子的脱离使传统教育资源几乎流失殆尽，严重损害了乡村教育文化氛围；三是主持办学的乡绅目的不纯，受到农民的抵制。

其一，科举制废除与民众受教育意愿变化。在上千年的传统社会，科举系政

治、文化、教育等多种功能于一身，上及官方政教，下系士人耕读，在社会体系运行中起到了一种平衡作用（杨卫安，2014）。清末科举制度的废除，不仅瓦解了传统中国的社会结构，对教育文化也产生了极大冲击，"万般皆下品，唯有读书高"的传统教育价值观念被完全颠覆。千百年来，乡村初等教育的原始动力就是"学而优则仕"，这种功利性诉求一旦破灭，必然降低人们对新式教育的积极性。作为西方传入的"舶来品"，新式义务教育从教育形式到教育内容，包括教育方法、课程设置、学制安排等都与传统教育有显著不同。这些区别受到了乡村社区的强烈排斥，如教学时间的安排没有考虑农村生产的实际需求，学生在农忙时节无法参与农事。对此，舒新城（2004）认为，"现行之教育制度与方法，完全是工商业社会生活的产物。在国内的生产制度，仍以小农为本位，社会生产制度未变，即欲绝尘而奔，完全采用工商业社会之教育制度，格格不入，自系应有的结果。"陶行知（1991）也批评到，"他教人离开乡下向城里跑，他教人吃饭不种稻，穿衣不种棉，做房子不造林。"面对这种脱离农村生活实际、盲目效仿城市的"无用无益"的教育形式，乡村居民宁愿选择私塾等传统教育。由此，近代乡村形成了奇特的新旧并存的"二元教育模式"，城乡现代教育的差距也越来越大。

其二，传统社会中城市和乡村在功能上相互依赖、相互补充，士绅大多以农村社会为中心，即使是退休的官员也会回到乡村养老。但自 19 世纪末以来，随着工商业的发展，城市日益成为资源集中和配置中心，城乡生活方式、水平的差距越拉越大。由于社会精英逐渐移居城市，乡村社区的传统管理秩序和文化生态体系不复存在。在科举制度被废除之后，知识分子抽离对乡村教育的负面影响得以凸显，传统教育日益衰败而新式教育又严重缺乏经费和师资，这直接导致了乡村识字率的下降。19 世纪以前乡村人口识字率约为 20%，民国时期反而下降了，即使当时地处教育发达地区的江宁县也只有 5%左右（张仲礼，1991；俞可平和徐秀丽，2004）。究其原因，传统社会的乡村教育发展较为稳定，社学、族学、义学等遍布城乡村镇，义务教育实施后，乡村新式学校主要集中于城镇，乡村分布极少。1930 年，全国 34 省市小学和幼儿园的分布密度为每平方千里 9.6 所，密度大者均为北平、上海等大城市地区，许多省份只有其几十分之一甚至几百分之一（郝锦花和王先明，2005）。

其三，乡绅的分化与性质的转变。传统社会，国家政权通过代理人来进行乡村社区管理，并代行一部分国家职能。作为这一中介，士绅阶层不仅从事征收税赋、组织团练等政府性事务，还积极承担乡村公共产品的供给责任，如传统教育、水利工程等。然而，在科举制度废除以后，传统士绅产生的制度基础没有了，乡村精英大多进入城市，或学习新式教育或从事工商业活动（刘锦藻，1936）。传统士绅阶层的裂变，对乡村社会造成了极为消极的影响，他们原先掌握的乡村领导权大多被缺少文化和道德水平的土豪劣绅所窃取。"原来应该继承绅士地位的人都纷纷离去，结果便只好听滥竽者充数，绅士的人选品质自必随之降低，昔日的神圣威望乃日渐动摇"（吴晗和费孝通，1988）。在这种全国性的群体更替现象背后，赢利型经纪人取代了保护型经纪人，"正绅比例不足十之一二"，乡绅劣化导致乡村治理水平每况愈下。在义务教育推广方面，传统乡绅的积极参与是基于"忧国忧民"意识，而劣绅则是借机中饱私囊，清末出现的大量教育诉讼案件以及乡民毁学风潮即是有力证据。因此，传统乡村精英的脱离使乡村治理水平下降，乡村教育的开展也因此受累，劣绅的一些做法让农民对新式教育产生了抵触情绪，对义务教育的推广十分不利。

综上所述，清末至民国时期，政府并没有解决成本分担问题，义务教育的基本理念、公共属性和社会功能等都没有得到乡村社区居民的真正理解和接受，义务教育也没有能够从乡村社区的控制中独立，对乡村社区的现代化贡献无多。而传统观念和教育文化在乡村不断再生产并日益强化，在一定程度上维护和固化了城市与乡村的"二元结构"。

制度经济学认为，任何一种公共产品供给机制的形成都是以特定的历史和社会环境为约束条件的，中国近代义务教育供给制度的形成与演变即是如此。道格拉斯·C·诺斯（1995）说，"今天的选择受历史因素的影响"。作为一种制度演化的历史路径，1949 年前义务教育实施过程中所形成的复杂的关系结构必将对1949 年后义务教育制度变迁产生深刻影响。在相同的境遇下，会出现类似的、甚至是相同的制度安排。

第四节　城乡义务教育非均衡发展的现实归因

城乡义务教育差距是多种因素和效应叠加的结果，因此国内学者从经济学、管理学、社会学以及教育学等不同学科出发，提出各自角度的成因剖析和解决思路。概而论之，大致有经济论、文化论、历史论等观点。经济决定论者坚持认为，教育作为一种上层建筑，必然受制于经济基础，因此城乡差距可归因为农村经济和物质基础的落后，即"穷国办教育"。但这种观点受到广泛批评，根据国际经验，现代国家的教育水平和经济发展并没有直接对应关系，而经济发达地区的教育水平也不一定就高（张玉林，2005）。文化论者提出，相对于其他要素，文化因素对农村义务教育的影响更大，由于长期以来形成的行为模式、价值认同和生活方式，使农村居民忽视更高层次的发展需求，这样就使农村陷入"贫困恶性循环"。持历史论的学者则认为，传统社会的乡村初等教育基础薄弱，清末至民国时期也没有形成健全的乡村教育系统，城乡教育差距反而拉大了。因此，解决城乡差距问题是一个长期的过程。此外，还有结构论、环境论、发展代价论、人力资本论等学说（孙艳霞，2006b）。总体看，这些说法都有可取之处，但大多是从某一个角度做出的局部性解析，有失偏颇。

城乡义务教育均衡化发展是一个"知易行难"的系统性工程，牵扯到政策理念、管理体制、社会结构和文化习俗等多方面因素，关系亿万家庭的根本利益。因此，必须深入挖掘和分析影响城乡义务教育均衡化的诸多现实困境及其深层次原因，系统梳理各要素之间的内在联系和影响机制，才能形成有效的"对症下药"的改革思路和方案。

一、教育理念偏差和政策价值取向错位

教育理念是主导教育公共政策变迁的动力和核心要素之一。政策价值取向作为教育理念的具体表现，主宰了 1949 年后义务教育的政策和制度变迁，也由此导致了城乡差距的现实困境。教育理念在义务教育"公共性"上的认识偏差，造成了教育政策价值取向的一系列错位，包括公平原则、平等原则和制度伦理等范畴。

（一）义务教育"公共性"的失落

国家在教育理念层面上的认识偏差，对义务教育的"公共性"本质的认识尚不深入，一方面导致了基础教育政策演变的任意性和波动性，另一方面造成义务教育"公共产品"属性的丧失，形成了农村义务教育供给方式不合理、教育资源严重不足的局面。

义务教育的发展需要"公共性"理念的指导，并在全社会范围内形成一种基于教育本质属性的、保障全体国民受教育权的公共精神和普遍共识。"作为公共事务，教育以公共价值为导向，同时是以公共利益的丰富为指向的"（金生鈜，2007）。在为经济和社会发展提供人力资源储备的基本功能上，义务教育还具有整合社会价值理念、塑造公民公共品格、提升社会道德水平的衍生功能，正如涂

尔干在论述社会从"机械团结"向"有机团结"转变时所强调的，必须通过教育重塑社会的"集体意识"，以避免被阶层、职业和思潮分割而丧失维系社会整合的功能，导致社会陷入混乱状况。弗里德曼（1999）也非常注重教育的价值功能，他指出，通过接受一定限度的教育使社会成员广泛接受一些共同价值观念，对于社会秩序的维系是很有必要的。"如果大多数公民没有一个最低限度的文化和知识，也不广泛地接受一些共同的价值准则，稳定而民主的社会不可能存在。"因此，要坚定义务教育是"社会公共事务"的原则和立场，这是对教育治理理念的"正本清源"和"返璞归真"，也是维持政策稳定、推动教育均衡发展的"生命线"。

在义务教育"公共性"的根本原则之下，国家应该责无旁贷地承担起义务教育的供给责任。然而，自1986年《中华人民共和国义务教育法》颁布实施以来，中央政府倡导"人民教育人民办"的教育理念，将农村义务教育的供给责任转嫁基层政府和乡村组织，不仅增加农民负担还会阻碍农村教育事业的良性发展。一方面，对义务教育"公共性"认识偏差导致教育经费投入总量不足。在相当长的时期内，我国财政性教育经费支出比例一直低于世界平均水平，甚至低于发展中国家平均水平；另一方面，义务教育管理体制与"公共产品"供给原则相悖。作为一种"外溢性"强的公共产品，义务教育理应由高层次的中央或省级政府提供，但在2006年之前的20多年里，供给责任不断下移，乡镇政府和村级组织成为实质上的供给主体，承担了约78%的教育经费（实际上更高），而县级、省级和中央承担的教育经费比例仅为9%、11%和2%。由于农村经济总量和农民收入水平的限制，特别是实行税费改革和免除农业税后，农村义务教育陷入极大困境，逐渐被处于公共事务的"边缘化"境地。直到2006年修订《中华人民共和国义务教育法》后，才确立了"平民教育"、"大众教育"的基本理念和"教育均衡发展"的价值目标（李伦，2003），并采取了"以省为主"的经费筹集机制、免费义务教育等一系列政策，为实现义务教育"公共性"回归奠定了坚实基础。

（二）义务教育"公平原则"的缺失

构成教育政策价值特征的三个向度分别是价值选择、合法性和可行性，其中价值选择（价值观）是前提（刘复兴，2003）。由于决策者对义务教育"公共性"的认识偏差，导致了教育政策价值取向的错位，主要表现为功利原则与正义原则的错位。

根据制度伦理学观点，功利与正义既是社会发展的基本矛盾之一，也是设计公共政策的两个基本价值目标，在实践中体现为效率和公平的冲突和统一（张小红，2008）。约翰·罗尔斯（1997）指出，在社会制度的设计上，正义价值应优先于其他社会价值，如效率、稳定等。"第二个正义原则以一种词典式次序优先于效率原则和最大化追求利益总额的原则，公平的机会优先于差别原则。"循此原理，义务教育的资源供给制度也应坚持"公平优先于效率"原则。作为一种公共产品，义务教育产品具有"非排他性""非竞争性"和"效应外溢性"，故应由中央政府统一免费供给，并根据公平原则分配教育资源，以保障不同区域的受教育者拥有均等的受教育机会。同时，由于义务教育的投资回报率（社会效益）明显高于中等教育和高等教育，因此强调义务教育阶段的公平原则更具社会效益和经济价值（赖德胜，1997）。但是，在全球范围内，都存在有违"公平原则"的现象，如精英教育理念。大众教育和精英教育是公平和效率在教育领域的具体表现，但两者总是难以兼得：谋求大众化目标就不得不牺牲教育质量，而若实施精英化教育就必须放弃平等原则（扈中平和陈东升，1995）。两者之间如何取舍，就成为各国制定教育政策过程中无法回避的难题，库姆斯认为，"改进教育质量的目的并不一定与增进教育机会平等的目标相矛盾，但有时会产生明显的对抗。当这种情况发生时，必须考虑替代的方法和权衡利弊，目的不在于实现理想，而在于达到一种合理和现实的折中和平衡"（中国教育发展研究中心，2002）。

遗憾的是，自 1985 年以来，我国并没有及时把义务教育发展的公正性原则放在优先位置，在经济建设"效率优先"的影响下，教育政策也具有明显的"效率优先"特征，表现为"城市化取向"、"精英化取向"和"非均衡化取向"。义务教育供给制度，过度强调政策的效率原则，将教育资源集中投入城市中小学校特别是重点学校，建立了一系列等级化的"示范学校""重点学校"和"星级学校"。这一非公正的资源配置机制，造成了城乡义务教育的巨大差距，城市中小学的经费投入、基础实施、设备仪器、师资力量、生源质量等均明显优于农村中小学。这一带有"城市偏向"的教育资源配置政策与制度伦理的公正原则背道而驰，在资源稀缺的情况下具有一定的合理性，但长期实施则会产生极大的负面效应，导致大批农村地区和贫困地区适龄儿童无力接受义务教育或失学。此外，这一阶段的义务教育还带有强烈的"功利性"和"工具性"色彩，表现为片面追求升学率、应试教育、"离农教育"等，偏离了义务教育的"公共性"属性和本体功能（杨远来，2007）。

二、强制性制度变革、政策意图偏离与制度外供给

随着改革开放战略的推进，在中央政府主导的行政逻辑下，我国义务教育供给制度的责任主体和资源配置方式发生了深刻变革。尽管存在社会、经济和文化生态的诱因，但从总体上看，义务教育制度变迁主要还是取决于政治体制、行政结构和中央政府意图。

（一）国家意志与义务教育"乡村自给模式"形成

确切地说，20世纪80年代农村义务教育"地方负责、分级管理"是经济体制转型过程中的一种制度安排，体现了国家意图中分权改革取向。1985年出台的《中共中央关于教育体制改革的决定》提出"把发展基础教育的责任交给地方"方针，虽然该文本并未明确具体由哪一级政府来负责，但强调"乡财政收入应主要用于教育"，这就将农村义务教育的主体责任落在了乡级政府和村级组织身上。此后，1992年发布的《义务教育法实施细则》进一步明确了由乡、村负责筹集基建经费和教师工资。

中央财政无力承担农村义务教育投资责任是采取分权式改革最主要的动因。在实行分税制改革之前，"放权让利"政策导致中央财政收入占国家财政收入比重连年下降，从20世纪80年代初期的30%降至1993年的22%（黄佩华，2003）。因此，在财力物力有限的情况下，为了发展基础教育，中央政府充分发挥政策指令职能，调动基层政府、村级组织、农民等主体的办学积极性。事实证明，这种通过强制性制度安排实现国家战略意图的做法是成功的，农村义务教育利用不长的时间内实现了基本普及，创造了人类教育史上的奇迹（翟博，2009）。这种国家指令型的"乡村自给模式"之所以能够成功，除了国家权威和意志以外，还有两个重要的因素：一是改革推动了农村经济的迅速发展，这为乡级政府进行教育费附加、教育集资等非税收入的筹集奠定了物质基础；二是因人民公社解散不久，当时基层政府的组织和动员能力还比较强（陈静漪，2012b）。但是，这两个方面的因素在20世纪90年代中期都发生了转折，使多元筹资兴教模式难以为继。

从理论上讲，作为一种具有"双重外部性"的公共产品，依照能力和收益原则，理应由中央政府统一供给（华桂宏和朱恩涛，2003）。但是，在我国特殊的政治体制之下，尽管将义务教育定位为地方性公共产品的安排是不合理的，但对于具有理性经济人特征的基层政府或行政官员来说也不会抗拒（赵全军，2008）。

可见，这是一种以行政权力为支配性力量的"压力型动员"。但是，在教育属性错位和基层财政能力有限的背景下，义务教育的"乡村自给模式"存在以下弊端：①自上而下的压力性和法律规范的模糊性。从具体操作层面看，中央政府进行义务教育供给责任转移的一系列法律法规依据，如 1986 年《中华人民共和国义务教育法》等，具有明显的缺陷：一是责任主体的模糊性，既没有明确省级政府的财政支出责任，也没有明确县乡两级政府间的责任分担比例；二是上级下达的供给数量和供给标准，脱离了地方教育实际需求和基层政府的承受能力。②制度安排的随机性与政治化。在供给责任落实的监督和验收方面，"运动式"的治理方式效果较差，基层政府往往会因监督不力而懈怠，或克扣、挪用财政经费，或为了应付检查而弄虚作假。③供给主体的边缘化与责任转移。在义务教育供给责任的博弈中，各级政府将责任层层下移，处于最底层的乡级政府在没有行政空间的情况下，只能将筹资责任转嫁村级组织和农民。由此，农民成为义务教育的实际供给者，不得不承担沉重的负担。

（二）制度非均衡与政策意图偏离

根据"地方负责、分级管理"的事权划分原则，中央只保留教育大政方针和宏观规划职能，其他权责则由地方政府负责。若循此原则，各级政府只对本级义务教育供给负责，省、市、县的城区中小学校自然由所属级别政府负责，而占全国 90%以上的农村中小学则由乡级政府负责。考虑乡级政府不可能拥有这么大的财政能力，国务院特别强调农村教育经费应"由县统筹管理，再下达到乡"，由此可见，中央政府目的是将县级政府作为农村义务教育供给的责任主体作为最初意图。

然而，制度的实际运行往往会偏离设计者的预定轨迹，这一规律也体现在农村义务教育的供给过程中，即最初预设的"以县为主"变成了"以乡为主"。对此，学界一般将之归因于省以下政府间的供给职责划分不明确，但问题的关键并不在此，因为政策文本对各级政府行为的引导作用和约束力严重偏离了政策制定者的预想（黄斌，2010）。首先，如上所述，义务教育供给制度在实际运作中，必然要受行政层级和人事制度的限制从而导致变形，"趋利避害"的地方政府都会竭尽全力向下转嫁责任，而下级政府没有能力抗拒。其次，因义务教育缺乏独立、稳定的财政来源，往往受国家公共财政体制变革的影响。处于更高层次的公共财政体制改革并未充分考虑义务教育财政保障的制度安排，由此导致两者间的相互抵触，造成政策执行的实际效应损失。公共财政制度赋予各级政府划分公共服务职责的权限，但相关教育法规又对各级政府的教育财政投入做出了详细规定（黄佩华，2002）。再次，中央政府无力对地方政府行为进行有效监督和调控，一是各级地方政府与辖区利益形成一个相互依赖、融合的"共生体"，对中央政府的依赖性不断降低；二是地方与中央争夺财政资源，而中央则频频违反"财政契约"，从地方"抽调"资金，造成相互间的不信任。在这种情况下，中央很难实施对地方教育投资行为的引导、监管和调控。总之，义务教育供给体制变革的滞后性、与公共财政体制的冲突以及地方机会主义的滋生，使地方政府竭力保留财权并下放事权，最终形成"财权逐级向上集中，事权逐级向下分解"的局面（王雍君，2006）。

1994年，实施分税制改革后，建立在财政包干制基础之上的农村义务教育"乡村自给"模式受到巨大冲击，乡级财政能力急剧下降，从而打破了制度均衡。这种变革产生的负面效应非常严重：一是县级政府向乡级政府转嫁公共服务责任，并从乡级抽取财力，损害了乡级财政收支平衡的根基；二是为完成"普九"目标，乡级政府把财政负担转嫁农民，造成基层社会秩序的不稳定；三是财政预算内用于基础教育的资金比例下降，导致教师工资拖欠、教师流失等问题日趋严峻，最终导致教育质量下滑。

（三）政治激励与制度外供给

改革开放后，地方政府及其官员的经济人理性日趋提升。从理论上讲，财权与事权的划分不仅要符合"对等原则"，且要有助于各级政府及其官员的工作激励和行为约束，即"激励相容性原则"（赵全军，2008）。但是，随着分权化改革的深入，中央政府在下放行政和经济管理权限的同时，也不断增加地方政府的一些理应由上级政府承担的公共物品供给责任，包括农村义务教育。那么，在财权与事权不对称的情况下，如何确保地方政府切实履行公共物品的供给责任呢？我国政府为此设计了具有中国特色的政治激励机制。"政绩压力机制"。它实质上是一种压力型供给体制，由三部分构成：一是数量化的任务分解机制，即将任务指标纳入政绩考核体系，通过签订目标责任书进行任务的逐级下派、分解并落实到人；二是多层次的评价体系，除了传统的精神奖励之外，普遍趋向于物质性激励，包括升职、增加工资、奖金等，此外，还设立了重大事项"一票否决制"的惩罚机制；三是多部门协作机制。鉴于政绩考核的巨大压力，下级政府会动员和组织各个部门共同参与某项任务，并明确个人职责（李彬，2004）。总之，通过各种任务和指标的逐级下达和分解，在上下级政府之间建立了一种承包式的"经济—

政治"体制。

农村义务教育供给正是在这种压力和激励机制下实现的，从而具备了显著的政治内涵和意义。但是，即使存在"政绩压力机制"，农村义务教育的供给也面临可能的悖论困境：一方面，上级将供给职责履行纳入政绩考核，关系基层政府官员的政治前途，因此不得不按时完成；另一方面，在总的发展战略下，地方政府的主要目标是发展经济，因此对回报周期长且存在外部效应的公共产品缺乏投资动力。所以，农村义务教育并非是地方政府真正的工作重心，一旦政治压力减弱，地方政府便会将其放到次要位置。

那么，在财权和事权不对称且缺乏上级配套资源的情况下，地方政府是如何完成农村义务教育供给任务的？从实践来看，基层政府选择了"制度外供给"这一路径。实际上，中央政府在下移义务教育供给责任的同时，也从法律层面赋予了地方政府进行筹资的权力，制度外如教育费附加、教育集资、学杂费等非税收入。无论是"以乡为主"阶段还是"以县为主"阶段，非税收入都占据了农村义务教育经费支出的较大比例。即使在实行农业税费改革后，地方政府仍然通过借债、贷款、摊派等制度外方式筹集教育资金。此外，地方政府不仅通过制度外筹资途径实现义务教育供给，还借政策之便进行"搭车筹资"。事实证明，即使是完全有能力承担义务教育经费供给的发达地区，也不会放弃制度外筹资的机会，甚至比欠发达地区的筹资力度更大。

综上所述，我国在 20 世纪 80 年代建立的以行政权力为轴心的压力型的农村义务教育供给体制，对农村义务教育实践产生了重大影响。一方面，中央政府凭借自身掌握的规则制定权，将本应由国家承担的供给责任"压"给基层政府；另一方面，在实施过程中，上级政府通过政绩考核和任务下达，弥补了地方政府的动力不足，保障了"普九"目标的按时实现。从制度效应看，"政绩压力机制"有效调动了地方政府和农民的积极性，不失为一种有效的制度创新。但这种制度安排也存在一定的缺陷，导致地方政府违规收费、农民负担增加、干群矛盾激化等非预期后果的出现。

三、城乡二元结构与"城市偏向"政策

由于历史、地理环境和政策等因素影响，我国自近代以来逐渐形成了城乡之间经济社会发展的"二元结构"。改革开放以后，城乡之间的发展差距反而拉大了。城乡"二元结构"影响了我国社会发展的多个维度，也是造成城乡义务教育

发展不均衡的现实因素之一。"教育是附属于社会的一个体系，它必然反映着那个社会的主要特征"（联合国教科文组织，1996）。在"城市偏向"政策的影响下，我国农村义务教育陷入了"非均衡发展战略——二元经济社会结构——二元教育结构——二元资源配置政策——农村教育衰败"的制度陷阱。因此，探究1949年后"城市偏向"政策的形成和演进，对推动城乡义务教育均衡化发展具有重要的现实意义。

（一）城乡二元结构的形成

"城乡二元结构"的概念是刘易斯于1954年首次提出的，他指出在大多数发展中国家，存在着非对称性的农业部门和工业部门，两者在生产、制度和组织特征等方面存在巨大差异。

虽然近代中国业已形成城乡发展的巨大差距，但城乡二元结构则是在20世纪50年代形成的。出于政治、经济和社会管理等多种角度的考虑。1958年，全国人大表决通过了《户口登记条例》，标志着城乡户籍壁垒的正式形成。之后，在城乡户籍制度上又附加了若干制度，形成了完善的城乡二元结构制度体系，我国自此进入城乡分割治理时代。然而，城乡二元户籍制度仅是导致城乡差距的外因，其根本原因还在于国家权力与公民权利之间的严重失衡（曹海琴，2013）。

在城乡分治格局下，基于"用脚投票"机制的人口流动受到了制约，国家权力逐渐渗透到乡村基层，进而取代了传统社会的代理人治理模式。在二元经济结构下，城市以工业产业为主，凭借资金、人才、科技、体制以及产业组织形态等方面的巨大优势，在经济社会发展方面远远超过农村。在二元经济结构下，农业生产部门的经济要素主要包括土地 T、劳动力 L_1 以及"知识"或"劳动的有效性" A_1，工业生产部门的经济要素则包括资本 K、劳动力 L_2 以及"知识"或"劳动的有效性" A_2。由此，根据索洛模型，农业生产部门的生产函数为 $Y_1(t) = F(T(t), A_1(t) L_1(t))$；工业生产部门的生产函数为 $Y_2(t) = F(K(t), A_2(t) L_2(t))$。由于土地资源的稀缺性，其利用方式的转换速度较资本要慢得多，而农业的"劳动的有效性"也因投入限制提升缓慢，因此农业生产的产出是有限的，即存在"增长阻力"；而工业生产部门则不同，由于技术进步、资本扩张固有的优势，其产出较农业要高出很多。

在二元经济结构下，国家通过"统购统销"、价格"剪刀差"等行政手段，将农业剩余转化为城市和工业发展的资金积累。据统计，1950～1978年，国家从农村转移农业剩余价值约4500亿元，1979～1994年，通过农村税费制度提取农业剩余 12 986 亿元,总计 17 486 亿元(刘书明,2001)。这些资金推动了城市和工业发展,却导致了农村的相对贫困和生产方式的落后,城乡在城乡基础设施、公共服务、人均收入、就业、社会保障等方面存在巨大差距。

作为一种公共产品,教育的发展在很大程度上依附于经济水平。我国城乡经济发展的非对称性必然导致教育投入上的差距,由于 20 世纪 80 年代以后实行“地方负责”的供给政策,农村义务教育因基层政府财力有限和农民收入增长缓慢而逐渐陷入困境。此外,我国一直实行义务教育“城市优先”的差别投资政策,中央和省级财政资金大多投向城市中小学校,进一步加大了城乡义务教育的发展差距。

(二)“城市偏向”政策的形成

义务教育城乡差距的实质是教育资源配置的不平等问题,突出表现为“城市偏向”思想和政策。菲利普·库姆斯(1990)认为:“有关教育资源配置的问题,不能与其所处的环境相分离;教育一事,只不过是构成一个社会的生活而经纬交织的一环而已。”实际上,起源于 20 世纪 50 年代的城乡二元教育政策具有“穷国办大教育”的历史背景、“城乡二元结构”的制度根源和“赶超战略”的现实压力,这种被动、无奈的政策选择被学界称为“消极差别化政策”。但是,在“制度依赖效应”影响下,改革开放后“城市偏向”政策非但没有得到及时调整,反而得到了不断强化。

义务教育“城市偏向”政策最早源于延安时期,并经历了一个长期演化的过程。在延安时期,教育部门就曾提出建设“重点校”的思路,“各县将资源集中于几所好的学校,以保证这些学校有更多的经费、最好的教师和管理人员、完全的课桌椅,并完全按照规则行事”(袁振国,1999)。1953 年 5 月,中共中央政治局举行会议讨论教育工作,决定“要办重点中学”(《中国教育年鉴》编辑部,1989)。政务院于同年 11 月通过《政务院关于整顿和改进小学教育的指示》,提出“在工矿区、城市特别是大城市,公立小学应作适当发展……在农村,为适当解决农民子女入学问题,应根据需要与自愿的原则,提倡民办小学(包括完全小学)……对乡村公立小学,除在学校较少的少数民族地区和老革命根据地应作适当发展外,其他地区均应以整顿提高为主,一般不作发展”(何东昌,1998a)。1962 年,教育部发出《关于有重点地办好一批全日制中小学的通知》,就发展重点中小学的具体举措提出了若干意见。“文革”结束后,为“多出人才、快出人才”,邓小平(中共中央文献编辑委员会,1994)指出“要办重点小学、重点中学和重点大学"，由此掀起了办重点学校的第二次高潮。1978年1月，教育部颁发了《关于办好一批重点中小学试行方案》，对办好重点中小学的目的、任务、规划以及招生办法等问题进行了详细规定和具体部署。同年4月，教育部部长刘西尧做了进一步阐释："怎样才能尽快地把教育搞上去呢？一个重要的战略措施，就是办好大中小重点学校"，"目前不可能百废俱兴，总是有所失才能有所得，平均使用力量往往会造成少慢差费"（何东昌，1998b）。1980年5月，中央书记处领导再次表达了教育"城市重心"的思想："在一定时期内，要下决心承认不平衡……要把重点抓好。教育经费的投资和师资要集中，把先进地区先搞上去。平均要求，什么都搞不上去。今后增加的钱究竟加在哪里，很值得研究：我的意见是，哪个地区基础好，出人才快，就加到哪个地区"（何东昌，1998b）。1980年，全国重点中学工作会议在哈尔滨召开，对办好重点中学的若干问题进行了讨论，包括经费投入、办学规模、基础建设、实验器材等，至此举办重点中学进入实质性操作阶段。1986年《中华人民共和国义务教育法》将"城乡区别对待"的倾斜政策提上了法律层面，确立了"地方负责、分级管理"的办学体制，"在城镇，义务教育设施应当列入城镇建设规划，并与当地实施义务教育规划相协调。凡国家举办的中小学和各级各类师范院校新建、扩建、改建校舍所需投资，按学校隶属关系，列入主管部门基本建设投资计划，并予以照顾……农村中小学校舍建设投资，以乡、村自筹为主。地方人民政府对经济有困难的地方，酌情予以补助。农村集镇建设规划也应包括义务教育设施，所需资金由乡（镇）政府负责筹集。"进入20世纪90年代以后，这种政策继续得到原国家教委的认可，1992年发布的《关于搞好城市教育综合改革试点工作的意见》中明确提出要优先发展城市基础教育，"改善城市教育的整体结构，首先必须保证实施九年义务教育，使城市基础教育不仅要在普及程度上高于农村"（何东昌，1998c）。1994年7月3日《国务院关于〈中国教育改革和发展纲要〉的实施意见》提出："根据分区规划、分类指导、分步实施的原则，全国不同地区的发展目标和速度可有差异。"基于此，《意见》还就分阶段、分区域实现义务教育普及的具体目标和时间安排作了详细界定。

综上所述，这些政策的逐步演化表明了我国义务教育城乡非均衡发展思想的稳定性和长期性。在"城市偏向"政策的影响下，城乡义务教育发展的差距逐步拉大，直至2006年修订《中华人民共和国义务教育法》时，才明确提出要转变教育资源配置方式，积极推动城乡义务教育均衡发展。

（三）"城市偏向"政策的具体表现

发展经济学认为，发展中国家一般采取城乡差别政策，通过汲取农村资源来支持城市发展，这种非均衡发展思路加剧了城乡发展的巨大差异。约翰逊在讨论中国国内发展不平衡问题时指出，区域间发展差距源于经济机遇的不同，但城乡之间的不平等则更多的是主观政策的结果（盖尔·约翰逊，2004）。通过对我国教育政策演化的长时段分析，"城市偏向"政策具体体现在三方面。

其一，义务教育供给的地方化。就1985～2005年我国义务教育发展历程来看，中央政府在制定教育资源供给制度方面，将本应由其承担的供给责任下移到乡级政府和村级组织，包括学校基础建设、校舍修缮和教师工资等诸多事务，这显然是一种"中央请客，地方买单"的不公平的制度安排。

1986年《中华人民共和国义务教育法》规定："义务教育事业，在国务院领导下，实行地方负责，分级管理"，"地方各级人民政府按照国务院的规定，在城乡征收教育事业费附加，主要用于实施义务教育"。1987年，原国家教育委员会、财政部发布的《关于农村基础教育管理体制改革若干问题的意见》中进一步明确了县、乡级政府的具体职责："县一级政府，长期以来担负着管理农村学校的重要责任。目前，县财政拨款仍是农村基础教育经费的主要来源""乡管学校的机构要在乡政府直接领导和县教育行政部门的指导下，行使上级赋予自己的职权，做好职责范围之内的各项工作。协助县教育行政部门搞好教育规划和教师、教育行政干部队伍建设；筹措并管好、用好本乡教育经费，切实解决民办教师工资福利待遇问题；密切学校与社会的联系，逐步改善办学条件等"。可见，中央政府将具体的办学责任交给县、乡级政府负责，而城乡之间、区域之间存在的经济水平差距必然导致城乡义务教育发展水平的差距。

其二，农村义务教育农民办。由于历史、地理环境等因素的影响，我国农村地区的经济水平普遍较低，特别是1994年实行分税制之后，基层政府的财政能力日益弱化，于是便将义务教育的筹资任务转嫁给农民，造成了实质上的人民教育"农民办"。

1986年，《中华人民共和国义务教育法》对村级组织的职责也做出了具体规定"村是我国农村基层的自治组织。在农村基础教育管理体制改革中，要注意发挥村在解决危房、改善办学条件、提高教师待遇、筹措解决民办教师的工资、管好学校财产、维护学校权益、动员适龄儿童入学、参与监督学校工作等方面的作用。"此外，中央政府还为基层政府的转嫁行为提供了法律法规层面的支持，1987

年，原国家教育委员会、财政部发布的《关于农村基础教育管理体制改革若干问题的意见》提出"征收教育事业费附加，是调动地方和社会办学积极性、促进基础教育发展的重要措施，体现了'取之于民，用之于民'的精神。"1992年，《义务教育法实施细则》规定"实施义务教育的学校新建、改建、扩建所需资金，在城镇由当地人民政府负责列入基本建设投资计划，或者通过其他渠道筹措；在农村由乡、村负责筹措，县级人民政府对有困难的乡、村可酌情予以补助。"1997年，《国务院办公厅关于纠正一些地方取消农村教育费附的通知》中再次强调"近来，一些地方把农村教育费附加的征收作为减轻农民负担的一项内容予以取消或暂停执行，这是不妥的，应立即予以纠正。农村教育费附加是国家法定征收的，主要用于农村实施义务教育的费用，各地都要依法足额征收，在乡财政特别困难的地方，可实行乡征县管，但要保证专款专用，不得平调。"直至2001年，国家仍然强调农民的办学责任，这一政策直到2002年农村税费改革后才被彻底废除。

其三，义务教育供给质量要求不一。根据公平理论，国家应对基础薄弱的农村义务教育予以资源补偿，但在"地方负责、分级管理"的教育管理体制下，中央政府采取了缩短教育年限、降低教学质量等推卸责任的办法。

1994年发布的《中国教育改革和发展纲要》中提出："约占总人口40%左右的城市及经济发展程度较高的农村，目前初中普及率较高。这类地区1997年前基本普及九年义务教育；约占总人口40%左右的中等发展程度的农村，目前小学已普及。这类地区2000年前基本普及九年义务教育；约占总人口15%左右的经济发展程度较低的农村，其中占总人口5%左右的地区，小学教育基础较好，到2000年基本普及九年义务教育；其余占总人口10%的地区重点普及五/六年制小学教育；约占总人口5%左右的特别贫困地区，要普及三/四年制小学教育。"由此可见，中央对不同地区采取了不同的标准，这实质上是剥夺了经济欠发展地区适龄儿童的教育机会，导致了基础教育和经济发展的恶性循环，"贫困地区之所以贫困的原因很多，但教育观念陈旧，劳动者的文化技术素质较低是重要原因之一"。除了义务教育年限要求不一，各地的质量标准也有所差异。就办学条件、入学率和辍学率3个指标来看，经济越不发达的区域其教育质量水平越低，这与"国民享有均等的教育机会"这一理念是相悖的。1994年《普及义务教育评估验收暂行办法》中对入学率的要求是："初等教育阶段适龄儿童都能入学。初级中等教育阶段适龄少年，在城市和经济文化发达的县都能入学；其他县达到95%左右。"

综上所述，鉴于义务教育独特的社会效应，应由中央政府进行统一供给，在全国范围内进行资源的均衡配置，以避免贫困地区和农村地区经济水平带来的不利影响。然而，1985～2005 年，我国实施的义务教育"城市偏向"政策带有浓厚的城乡分割色彩，直接导致了巨大的城乡差异。虽然自 2006 年起国家确立了"以省为主"的管理体制，对农村地区的资源支持力度逐渐提高，但义务教育的城乡二元结构仍然存在，缩小城乡差异还需要相当长时间的努力。

四、非制度因素与"精英教育"取向

所谓"精英"，意指智力、能力较高的出类拔萃的人才。义务教育的"精英化取向"旨在挖掘人才资源的"富矿"，即集中优质教育资源，将"有发展前途"的部分学生培养成为社会急需的各类人才。在建国初期百废待兴的历史背景下，及时选拔、鉴别和培养一部分资质好、潜力大的人才，不失为"早出人才、多出人才"的一条捷径，在当时具有特殊的现实意义。

然而，这种"精英教育"的政策取向在改革开放后乃至现在仍然普遍存在。有形的经费投入、管理体制、配套政策等影响义务教育均衡发展的制度因素在2005 年以后逐渐消减，但无形的非制度因素却难以在短时间内予以清除，包括价值理念、文化传统和社会心理等。事实上，正是挥之不去的精英教育情结，让义务教育的"选拔功能"片面扩大化。首先，有着 1300 多年历史的科举文化在公众心中留下了极深的"烙印"，鼓励着人们通过读书改变自身命运；其次，虽然科举制度早在 20 世纪初便被废除，但教育的"选拔"功能仍然被大众所认可，进而导致"学历教育"成为社会主流价值；再次，受"精英教育"理念的惯性影响，受教育者渴望在激烈的教育竞争中获得社会认可，而"重点学校"制度恰恰满足了这种心理需求。加之 20 世纪 80 年代以后我国独生子女家庭比例迅速升高，攀比心理和传统科举文化相互作用，共同构成了妨碍义务教育均衡发展的社会文化和心理基础。在这种情形下，优质教育资源成为社会公众竞相追逐的目标，"择校"之风愈演愈烈。然而，"优质"是一个相对的概念，教育资源供求平衡会随着办学水平的不断提高不断被打破，因此优质教育资源永远处于稀缺状态。"由此导致了社会对高质量教育追求的无限性与政府能力的有限性之间的矛盾不断加剧"（朱家存，2003）。

虽然社会公众的"精英教育"理念对教育发展具有重要影响，但政府部门的精英主义倾向的教育政策才是导致义务教育"等级化"的主要原因。实施"精英教育"的主要场所就是"重点学校"。"重点学校"政策是 20 世纪 50 年代教育资源匮乏、人才严重短缺背景下的产物，为了快出人才，中央政府出台了集中稀缺资源办好重点学校的政策。自 1952 年 6 月起，中央陆续出台了《关于有重点地办好一批全日制中小学校的通知》等一批文件，对重点学校办学目的、意义、总体要求以及经费投入、办学条件、人员配置以及管理制度等做出了明确规定。1978年后，中央延续了这种政策思路，1978 年 1 月和 1980 年 10 月，教育部分别发布《关于办好一批重点中小学试行方案》和《关于分期分批办好重点中学的决定》，由此形成了重点学校的体系和格局（张旺，2012）。1980 年 12 月中共中央、国务院颁布的《关于普及小学教育若干问题的决定》中规定"坚持'两条腿走路'的方针，还要解决好一个重要问题，就是必须正确处理普及与提高的关系，各地应当首先集中力量办好一批重点学校，创造经验，典型示范；并应切实办好公社中心小学，使之成为农村学校的骨干，起到以点带面的作用"（何东昌，1998b）。至此，义务教育"重点校"政策基本形成，人流、物流、信息流等优质教育资源不断向一部分重点中小学校集中，形成了一批"重点校"、"示范校"和"名牌校"，这些中小学绝大多数分布于县及县以上的大中城市。到 90 年代中期，国家教委又提出在全国建立 1000 所"示范高中"的目标，可视为"重点校"政策的延续。

综上所述，城乡义务教育发展的巨大差距，与我国实施的"精英化"教育理念关系密切，其核心体现便是从小学延至大学的"重点学校"政策的实施。尽管该项政策建设了一大批优质中小学校，培育了一大批社会精英，但也不可避免地加剧了城乡间基础教育资源配置和办学质量上的失衡，严重侵害了教育政策的公平性。尽力协调公平性与效率性的关系，实现两者兼容是教育政策的核心任务。鉴于义务教育的"公共性"，必须坚持"公平"优先原则。罗尔斯认为，社会资源分配应遵循平等原则和差别原则，即要采取"损有余补不足"方式。我国城乡义务教育失衡的根源就在于颠倒了公平性与效率性的次序，过于强调效率性而忽视了公平性。

本 章 小 结

本章主要探讨中国"城乡义务教育均衡发展"的历史演进问题，即厘清城乡义务教育供给制度的历史演进状况以及制度演化的动力和特征，并从历史的角度对其非均衡发展的历史缘由、现实归因等进行深入分析。

本章的主要内容有：①回顾了 1949 年后城乡义务教育供给制度的历史演进

状况。1949 年后，农村基础教育供给经历了"以乡为主"（1986～2000 年）、"以县为主"（2001～2005 年）和"以省为主"的阶段（2006 年至今），这是现阶段推进城乡义务教育均衡发展的历史和实践基础。②梳理了城乡义务教育供给制度变迁的特征并对其进行理论评判；重点对城乡义务教育政府供给的行为逻辑进行剖析，提出 2006 年"新机制"实施之前城乡义务教育供给制度的逻辑缺陷，这种认知和行为逻辑是导致城乡差别化的制度性根源；此外，还从经济学和社会学两个角度对非均衡供给制度进行了解读，并阐述了城乡义务教育非均衡发展的社会效益损失。③对城乡义务教育非均衡发展的历史缘由进行了探讨，包括，清末至 1949 年前义务教育供给制度的形成与演变，乡村义务教育自我供给的法理传统，乡村义务教育自我供给的制度渊源，城乡义务教育非均衡发展的文化根源四方面；根据制度演化的"路径依赖"原理，近代以来义务教育发展所形成的复杂的关系结构必然对 1949 年后的义务教育制度变迁产生深刻影响。④最后，阐释了城乡义务教育非均衡发展的现实归因，包括教育理念偏差和政策价值取向错位、强制性制度变革、政策意图偏离与制度外供给，城乡二元结构与"城市偏向"政策、非制度因素与"精英教育"取向等。显然，解决这些问题的根源和责任都在于政府。

　　总之，通过以上对中国义务教育供给制度历史演进和现实困境的回顾，系统总结其发展轨迹、特征和内在缺陷，能够为当代城乡义务教育供给体制创新提供历史经验和理论支持。

第三章 政府供给与南京城乡义务教育均衡化的实证考察

第一节 南京市基础教育发展历程及其特征

我们对于自然、社会的认识应该在历史中去寻找。反思历史，思考历史现象的因果关系，从中发现的规律作为实践的依据，能够更好地理解和改造我们的时代。制度经济学认为，任何一种公共产品供给机制的形成都是以特定的历史和社会环境为约束条件的，中国义务教育供给制度的形成与演变即是如此。道格拉斯·C·诺斯（1995）说，"今天的选择受历史因素的影响"。作为一种制度演化的历史路径，1949年前义务教育实施过程中所形成的复杂的关系结构必将对1949年后义务教育制度变迁产生深刻影响。在相同的境遇下，会出现类似的、甚至是相同的制度安排。

一、基础教育起源与初步发展

（一）基础教育起源与城乡失衡初现

清光绪元年（1875年），法籍传教士倪怀纶（译名）在南京石鼓路天主教堂始创小学。光绪十年（1884年），美国基督教北美长老会传教士李满夫人在南京汉西门四根扦子（现莫愁路）创办明德女子小学，后由小学、初中发展为完全中学。光绪十三年（1887年），美国基督教卫理公会女传教士沙德纳（译名）在南京估衣廊创办小学，最初仅6名学生，由沙德纳亲自执教，时人又称之为"沙小姐学堂"，后改为女布道学堂。该校于光绪二十五年（1899年）添办中学。光绪二十八年（1902年）定名为汇文女子中学。小学遂更名为汇文女中附设畚清女学（现南京洪武北路红十字会小学）。

光绪二十八年（1902年），江宁府在南京创办了江宁第四模范小学堂、上元高等小学堂、北区第十二小学堂（现南京市天妃宫小学），是南京官办小学之始。光绪二十九年（1903年），柳诒徵等从日本留学归国创立思益小学，在学制、课程、教材上仿效日本，物理、化学、算术等学科之仪器标本、图书多购自外洋。在教法上也有所改进，当时即为邵阳督宪魏光焘、两江总督张之洞及端方所赏识，曾召思益小学诸生面试，学业优良，遂按月拨款资学。是年，还建立养正小学堂、谦益小学堂。光绪三十年（1904年），官府还创办了第二模范学堂。光绪三十一年（1905年），建立江宁县立第四高等学堂（现南京市珠江路小学）和初等小学堂（现南京市考棚小学）。光绪三十一年（1905年），创办私立启悟小学。

光绪三十二年（1906年），端方任两江总督，见江宁、上元两县官办小学甚少，提出将江宁府城（南京）划为东南西北四区，每区设初等小学10所，共40所，由官府筹款兴建。但这一计划并未完全实现。1906年，创办了江宁振淑实业女学（现南京市马道街小学）、上元树声学堂、同仁小学、第二模范小学（现南京市秣陵路小学）、义学（现南京市小西湖小学）和私立津逮学堂（现南京市长乐路小学）。光绪三十三年（1907年）创办崇文小学（现南京市府西街小学）、江宁公学（现南京市夫子庙小学），至此共有小学20所。之后思益小学与崇文小学合并，改称两等小学堂。养正、谦益两所小学停办。至清末，南京有小学18所（表3-1）。

表3-1 清末南京小学情况

初办时校名	创办时间	创办人
明德女子小学	1884年	李满夫人
畲清女学	1887年	沙德纳
江宁第四模范学堂	1902年	朱仲文
上元高等小学堂	1902年	
北区等十二小学堂	1902年	
思益小学堂	1903年	柳诒徵等
幼幼蒙学堂	1904年	
私立启悟小学堂	1905年	
江宁第四高等学堂	1905年	马六皆
初等小学堂	1905年	
江宁振淑实业女学		
津逮学堂	1906年	卢恒通
义学堂	1906年	唐鉴
上元树声学堂	1906年	
第二模范小学堂	1906年	
同仁小学堂	1906年	
崇文小学堂	1907年	
江宁公学	1907	濮仲寅

资料来源：徐传德.南京教育史[M].北京：商务印书馆，2006

20世纪初,在清末新政的推动下,南京和全国其他地方一样,改革书院,创办学堂。1901~1911年,南京先后创办了大、中、小学等各类新式学校100余所,逐步形成了近代教育体系(徐传德,2006)。新式学校的创办,近代教育体系的形成,为随后民国时期的南京基础教育初步发展奠定了物质基础。

从战国时期齐国设立稷下学宫到汉武帝设立太学,开创中国官方办学的先河,后世各朝代除了官办太学、国子监等中央官学,还逐步在地方创办了官办府学、州学和县学,这些官办学校主要为科举制度培养应试人才。而近代的小学在封建时代相当于蒙学,由民间创办,其教育经费均由民间自行筹措,官方是不予财政供给的。清末南京已经开始提出由官府筹款兴建小学,无疑是开了基础教育的政府供给的先河。

清朝末年至民国早期,江苏省各县教育经费主要来源为"附税(忙漕、屯滩、牙契、附税)、屠宰税、各项杂捐、特捐、滞纳罚金、征收费盈余、款产租息、学费收入等项,其多寡各县不等"(蒋维乔,1925)。据1914年调查,南京教育经费并不充裕。由于江宁一县近在省城,故"县教育费尚未与省行政费划清,现由省教育费中每年暂行补助一万四千元,此外杂捐约二万四千元,合得三万八千余元"。此数字与当时同属一省的上海县相比,不到其三分之一。即与吴县、无锡相比,亦不多(舒新城,1961)。教育经费是义务教育抑或基础教育政府供给的主要指标,在近代教育兴起的初始阶段,教育经费的大量投入是必不可少的。在政权更替的动荡年代,南京城区的近代基础教育刚刚起步,需要大量经费,而南京农村地区,基础教育更不可能得到充裕的政府供给。可见仅从学校数量和经费供给方面看,南京基础教育的城乡不均衡,在此时已经初见端倪。

(二)基础教育初步发展与城乡失衡显性化

1912年后,南京市小学教育有了发展。1918年,南京高等师范学校创办附属小学。著名教育家俞子夷出任南高师附小主任,自一年级起率先试行"设计教学法",后又进行"道尔顿制"和中小学"六—三—三学制"的实验。美国教育家杜威博士到校参观,叹为适合其理想。1923年,南高师归并于东南大学,附属小学改称为国立东南大学附属小学。是年,美国教育评估专家麦柯尔教授来华,经过国内各重要城市,最后还是以南京和北京为研究中心,而东南大学附小则是其研究的基地。

1924年6月,全国教育展览会在南京召开,由东南大学附小主持小学教育组展览事宜。该校参加展览有小学默读、算术、社会、自然各种测验,各种量表及各种研究的报告等 50 余类。东南大学附小的教育改革，对当时全省和全国的小学教育均产生很大影响，各地教育人员来宁参观者日必数起。所进行的各种试验，不少可供小学教育界采用。1927 年 3 月，陶行知辞去东南大学教授职务后创办晓庄师范和附属晓庄小学，他以"生活即教育、社会即学校"的教育理论办学，提倡"教学做合一"，教师身体力行，学生动手动脑，"在干中学"，并提倡"小先生制"，培养学生自治能力。1930 年 4 月，由于政治原因，蒋介石用武力封闭了晓庄学校，陶行知被迫出走，晓庄小学也因而停办。这一时期的南京小学教育，在进行科学研究和改革方面开全国风气之先，在全国处于领先地位。

这一时期，义务教育在南京乃至全省的推行，面临的最大困扰依然是经费问题。迫于财政压力，江苏省无力对南京的义务教育增添新的财政支持。就在讨论义务教育经费问题的省教育行政会议上，时任省长无奈地承认："开会以来，非不行也，时变未定。民国未苏，社会有怨咨之声，经济多竭蹶之象，环境所限，进行遂难，此固不独同堂诸君所叹息抱憾者也。"对于义务教育，他也坦言："扩张有待将来"而以"规画宜先现在"（《申报》，1921 年 7 月 21 日，"国内要闻·苏教育行政会议开会纪要（第五次）"）聊以自慰。1927 年 6 月，南京特别市教育局成立后，市教育局共接办的市立小学 48 所。其中江宁县市乡公立小学 3 校，江宁市立小学 38 校，代用小学 2 校，私立小学 5 校。其中完全小学 15 校（包括女子完全小学 3 校），前期小学 33 校（包括女子小学 2 校），学生 6814 人，教师 297 人。其时，尚有私立小学数十所，私塾 1000 余所，未算在内。市教育局迁移因校址分布不均匀的 6 校，将全市学校重新布局。将全市划为东、南、西、北、中 5 个学区，并对学童过多的 16 所学校适当增加了班级，每区设实验学校 1 所，小学若干所。以实验学校为中心，对该区的小学教育进行辅导和示范。1927 年，在南京有实验小学校 4 所，即中区、东区、南区、北区各 1 所。此后，南京市的小学有一些调整，市立完全小学增加了 2 所为 17 所，市立初级小学减少了 17 所，为 16 所，共有市立小学 33 所，另外的私立小学已立案 15 所，未立案的 32 所。

1929 年，南京市因建都后人口大增，学龄儿童增加甚多。学校虽然在增加，仍感供不应求。且校舍破陋急需修建。时任国民党中央委员戴传贤提出以 100 万元为"首都"市立学校建筑费案。经国民党中央政治会议通过，于 1929 年 8 月增添小学 26 个，并建筑中区、东区、南区、西区四所实验学校和兴中门、邓府巷等校的新校舍，1930 年，南京市共有市立小学 38 所，私立小学已立案的 16 所，未立案的 32 所，共计 86 所，学生 15829 人。另有私塾 600 余所，塾生 10713 人。共计 26542 人。全市学龄儿童 46456 人，入学儿童约占 57%。

1932 年，南京市增设义务小学 25 所，义务小学完全不收学费，并酌量供给课业用品，四年毕业，其程度相当于普通小学的初级班。毕业后如需深造，仍得投考普通小学的高级班肄业。义务小学均采用半日制，每级学生分二班，上下午轮流上课，每日上课 3～4 小时。后义务小学改称简易小学，并逐渐改为全日制。

1932 年以后，南京市小学发展较快。1933 年，因省市划界，南京市又接收新市区内原有乡村小学 27 所，并旋即扩充至 40 所。1935 年，教育部决定采取分期普及义务教育的办法，设一年制、二年制短期小学，并逐渐完成四年制义务教育的普及。南京市是国内首先实施义务教育的省市之一。当时南京市的人口已达百万。而入学儿童与失学儿童之比例为 6：4，故扩充义务教育实为急需。1935 年，国民党中央补助义务教育费 15 万元，南京市即着手设置短期小学，共设置短期小学 53 所，乡区小学附设短期小学 50 所。市立小学和简易小学数也年有所增。共有小学 159 所，学生 68679 人，教职员 1701 人。市立小学入学儿童约占学龄儿童的 75%（私立小学未包括在内）。

1936 年，南京市小学已增至 231 所（其中市立 179 所，私立 52 所），学生 79372 人（市立小学 70365 人，私立 9007 人），教职员 2190 人（市立小学 1739 人，私立小学 451 人）。入学儿童约占学龄儿童 86%。

1937 年 12 月，南京沦陷，所有学校被迫停办，小学校舍或被占或被毁，教学设备摧毁殆尽，日本的侵略使无辜儿童失学。沦陷后 2 个多月，才逐渐恢复琅琊路、五台山 2 所小学。1938 年 3 月，伪"中华民国维新政府"成立，在莲花桥、汉口路、夫子庙、颜料坊等处筹办小学，逐步成立完全小学 10 所，初级小学 2 所。这些学校复课后，教师和学生均甚少，因而多采用复式教学。之后，除山西路小学更名为琅琊路小学，后又改名为市立第一小学外，其余各校均恢复原校名。

1940 年 3 月，汪伪国民政府为进一步推行奴化教育，积极筹办学校。但当时南京市小学校舍被占被毁的情况仍十分严重。1945 年初，南京市市立小学才增至 69 所，学生 28936 人，教职员 861 人。私立小学 9 所，学生 3213 人，教职员 94 人。

1945 年后，国民政府还都南京，停办的小学先后复校。私立小学亦渐恢复。1946 年，市区的户口骤然增加，学龄儿童也随之大大增加。根据 1946 年 8 月"首都"警察厅的调查报告，全市学龄儿童已增至 123237 人，形成严重的学荒。市教育局竭力增校增班，并指定学龄儿童众多地段的国民学校，办理半日二部制。同时实施国民教育制度，将市内原有小学划分隶属若干区，以配合地方行政单位。其中条件完备的，改称中心国民学校；条件不足的，改称国民学校。南京市当时划分为 13 个区，共有中心国民学校 57 所，国民学校 60 所，共 117 所。后各区仅设中心国民学校 1 所，其余均为国民学校。当时除教育部门办小学外，企事业单位亦创办一些小学，如私立盐务总局附设职工子弟小学、私立空军总司令部附设子弟小学、私立宪光小学（宪兵子弟学校）、私立邮政储金汇业局员工子弟小学、私立总工会下关工人子弟小学、私立京沪区铁路管理局南京员工子弟小学、私立陆军炮兵学校附设子弟小学、私立永利铔厂旭东小学以及爱国人士邵力子及夫人傅学文创办的力学小学（傅学文任校长）等。

1946 年 9 月，南京市教育局奉国民政府教育部的训令，以南京"系首都所在地，一切动态均为中外观瞻所系，推行国民教育应速设置实验区，对于各项设施分别加以实验，以资示范……"，于是以第一区珠江路中心校、大行宫中心校、邓府巷中心校、杨将军巷中心校，第五区五台山中心校、汉口路中心校，第六区琅琊路中心校、玄武门中心校、三牌楼中心校、三条巷中心校 10 校为实验区范围，先就体育、卫生及训育进行实验。教育部拨款 500 万元作开办费及实验研究费（经费由市教育局负担）。为使实验研究工作早见成效，还聘请专家分别担任训育、体育、卫生 3 组设计委员，聘请教育家吴研因、陈鹤琴等 8 人担任顾问。但实验并未取得显著成效，旋因内战爆发，教育经费拮据，通货膨胀，小学教师薪金拖欠，小学教师纷纷反饥饿、反内战，实验区工作也就不了了之。

1946 年，南京市教育局恢复建制后，市立中学发展较快。1947 年，市立普通中学由战前的 3 所增至 11 所，私立中学由 1937 年前 24 所增至 37 所，学生 24610 人。到了 1948 年，南京市公立和私立中学发展到了 74 所。至 1948 年 12 月，南京市共有公私立小学 215 所（其中市立 168 所，私立 47 所），学生 101780 人，教职员 3352 人。非市辖的公立小学 3 所，学生 2482 人（南京市地方志编纂委员会，1998）。

从以上历史回顾可以得知，1912～1945 年间，南京尤其是南京城区基础教育得到了初步发展。彼时南京城区的人口急剧膨胀，失学儿童数量甚高，此时扩充城区义务教育成为急需，政府教育经费的供给主要流向了城区基础教育。1945 年后，经济残破，百废待兴，内战的爆发又使教育经费无从筹措，恢复南京城区基础教育的大量经费尚不能落实，更别说农村基础教育了。因此，抗战胜利后，南京农村五县仅有江宁兴建了几所中学。1945 年底，江宁县在湖熟镇创办了昌明中学，两年后板桥镇和陶吴镇建立了两所私立学校。1948 年，恢复了江宁县创办最早的县立江宁中学（江宁县地方志编纂委员会，1989）。其余几个农村县的中学数量很少，都只有 1～2 所。南京基础教育不均衡，在此时更加显性化了。

二、"有学上"问题的基本解决

1949 年 4 月，南京解放。中国人民解放军军事管制委员会按照党中央"维持现状，逐步改造"的城市政策，开始接管全市所有市立小学，教职员大部分留用。1949 年 5 月，共接收公立小学 179 所（内有市立小学 171 所，国立中央大学附小 2 所，机关企业附小 6 所，即浦口扶轮小学、南京扶轮小学、首都第一、第二交通职工子女小学、金陵兵工厂工人子弟学校、首都警察子弟学校），教职员 2214 人（包括市立小学 2122 人），学生 59779 人（含市立小学 1325 班，学生 58387 人）。1949 年 6 月下旬开始对私立小学进行登记，私立小学参加登记的有 90 所，教职员 652 人，学生 13070 人。全市共有市立和私立小学 269 所，教职员 2866 人，学生 72849 人。这些私立小学（包括外国教会办、私人办和少数民族办的）除少数办学条件较好外，大多经费匮乏，设备简陋。

1949 年 10 月，雪枫干部子弟学校从苏北淮阴随军南下到南京办学。1950 年 3 月，更名为华东干部子弟学校，直属华东军政委员会领导。1952 年夏，鉴于学校已完成了战争特定条件下的历史任务，决定学校胜利结束。学校中学部学生分配工作或转入大专和中专学习；小学部迁至无锡与无锡市干部子女学校、苏南干部子女班合并，组成无锡市五爱小学。

20 世纪 50 年代初，为减轻城市负担疏散部分人口去农村，1951 年，南京市人口由原来的 120 万左右减至 93 万余人。但全市的小学生数还逐年有所增加。1951 年为 92422 人，1952 年全市推行普及教育，小学生增至 115163 人，入学儿童占全市学龄儿童数 85.37%。由于小学发展过快，与中学发展不相适应，大部分小学毕业生无法升学。1953 年，南京市各中学共招收初中生 7250 人，而报考人数为 15312 人（包括外埠来宁参加考试者），大批小学毕业生辍学在家。同时，因小学师资不足，吸收大批有文化的家庭妇女加入教师行列。这批教师业务水平较差，致使教学质量下降（徐传德，2006）。

1950 年后，南京市小学贯彻了"向工农子弟开门"的方针，学生中工农成分的比例逐步增长，1949 年下半年，全市城区小学生中工农子弟仅占 27.8%，到 1950 年下半年已增至 33.8%。过去没有入学条件的超龄儿童也都进了学校。在郊区，由于公办学校甚少，不能满足翻身农民送子女上学的迫切要求，农民便自办了一些小学班，并自己解决校舍、设备和经费、师资等问题，这是 1949 年后民办小学的发端。

从 1950 年起，政府逐步接办了外资津贴的教会小学和不具备办学条件的私立小学 25 所。对被接办的小学，其人员、校产基本不动，只根据规定调整了教职工薪金，修缮了校舍，补充了设备，因此教职工均很欢迎。1951 年，市教育局根据政务院的决定和华东教育部的指示，确定对教会小学的处理原则：①学校由中国人民（政府或私人）自办；②教会与学校分开，宗教与教育分开。其后，原益智小学、育群小学和祷英小学均由政府接办；汇文小学、中华女子中学附属小学、育才小学、卫斯理小学、明德小学、类思小学、信义小学、益世小学、浦口小学、道胜小学等，均由私人办理，政府予以帮助；三育小学、汉中堂小学、培基小学尚未具备自办条件，暂缓处理。1952 年，教会小学全部被政府所接办。

1953 年，中共中央提出"整顿巩固，重点发展，提高质量，稳步前进"的方针，南京市教育局对小学教育一方面开展劳动教育，动员小学毕业生回乡参加生产劳动；一方面从壮大公立小学，改造私立小学和扶持民族小学等方面着手，使小学教育稳步向前发展。

南京市政府根据城市的发展，合理地调整了学校布局，由教育部门投资新建学校，增设班级，以解决日益增多的儿童入学问题。陆续新建了 66 所小学。同时，动员厂矿企事业单位举办小学，这对于节约国家基建投资，满足少年儿童就近入学等起积极的作用。

1949 年 4 月后，南京对原有的私立小学经过初步整顿和改造，部分私立小学逐步改为公立或与公校合并。至 1953 年，全市尚有私立小学 36 所，对继续私办的小学，政府采取积极扶持的政策，对办理有成绩的加以奖励；对经费困难的给予补助；对办理不善的加强政治领导和提高教育、管理水平；对文化低、年龄较轻的私立小学教师，则鼓励其求学深造、另调师范毕业生补充，以提高私立小学的教学水平。至 1956 年，全市私立小学全部改为公办。

南京私立小学中还有少数民族创办的回民小学，至 1949 年 4 月时仅存 8 所，即清源小学、敦穆小学、务本小学、育华小学、南郊清真小学、吉清小学、崇穆小学和西园小学。南京解放后，务本小学、育华小学、南郊清真小学因无经费来源而停办，其他回民小学也岌岌可危。为扶持少数民族学校，政府除按一般私立小学补助办法给予教师生活补助费和学校图书、体育、卫生设备费外，还设置了回民子弟教育补助费，帮助回民学生解决学费、书本费等问题。并给予部分清寒的回民学生冬衣和被褥补助。1953 年，政府还拨专款恢复了务本小学。

1954 年，城市中也出现民办小学。这是当时二区（白下区）文教科为解决适龄儿童入学问题与当地居委会协商，取得群众的支持和赞助，创办的群立民办小学，有 5 个班级。随即三区（秦淮区）、五区（鼓楼区）亦各办 1 所。但城区民办小学或民办班为数甚少，而郊区又有所发展。1956 年，城区为 3 校，13 个班级；郊区为 44 校，48 个班级，共学生 2746 人，教职工 63 人。到 1956 年，全市小学共 354 所，在校学生 16 万人，城区 95%、郊区 85% 的学龄儿童入学，基本普及了小学教育，掀开了南京教育史新的一页（详见南京市档案馆相关馆藏资料）。

1949 年，全市有普通中学 71 所（公立 12 所，私立 59 所），有教职员 1729人，其中专职教师 1107 人。1953 年，南京市教育局就三年恢复时期的教育工作，尤其是对 1952 年教育事业发展问题进行了总结，并根据中共中央提出的"整顿巩固、重点发展、提高质量、稳步前进"的方针，控制学校数量发展。1954 年，全市有普通中学 36 所。1955 年，参照苏联中学制度，南京新建完全中学 1 所，定名为市第十三中学。1956 年，南京又新建 12 所中学，此外，挖潜增开二部制初中 82 个班。同年，在私营工商业的社会主义改造高潮中，仅存的钟英中学等 9所私立中学全部改为市立。1956 年，南京城区、郊区普通中学为 51 所，在校生52400 人，其中教育部门办 50 所，其他部门办 1 所。至此，南京的基础教育基本实现由国家统筹，政府供给。

1957 年 6 月，教育部发出通知，提倡群众办学。通知指出："中小学是地方性和群众性的事业，我国地广人多，经济落后，中小学教育不可能完全由国家包下来。当前必须采取多种多样的办学形式，才能适当满足儿童入学和升学的要求"。南京市动员城市居民、工矿企业、机关团体集资兴办学校。于是群众办学出现了高潮。1958 年，民办小学突飞猛进，发展到 963 所，学生 79595 人，教职员 1797 人。民办教育的发展弥补了公办教育的不足，使学龄儿童入学率大为提高。但不少地区缺乏办学条件，盲目兴办学校，质量较差。

1962 年，南京市全日制中小学规模适当压缩，农村普通中学由 43 所调整为34 所，民办小学由 1960 年的 963 所减至 186 所，在校学生由 79595 人减到 37690人。1970 年后，南京继续发展普通中学，小学办初中，初中增添高中班，加之全市有 30 多家厂矿企业办中学或子弟学校，至 1977 年，南京市仅普通完全中学就达 171 所。

1964 年，中央公布了毛泽东关于教育工作的"春节谈话"和刘少奇"关于推行两种教育制度两种劳动制度"的指示后，南京市教育局除支持民办小学外，在农村又推行耕读小学。耕读小学主要由大队或自然村自办，教师实行半耕半教（不脱产），学生实行半耕半读（可放牛、割草、带弟妹上学）。耕读小学采取因时、因地、因人制宜等多种教学形式，有半日制、早中晚班、识字组、放牛组、珠算组，采取巡回教学等，小型分散，灵活机动，颇受农民的欢迎。

1965 年，中共江苏省委、省人民政府颁布了《关于推行半耕（工）半读教育制度规划（草案）》，南京市耕（工）读小学发展到 432 个班，学生 10253 人，教师 532 人（其中工读小学 50 个班，学生 4124 人，耕读小学 382 个班，学生 6129 人）。耕（工）读小学的创办对农村扫盲、城市儿童培养一技之长、解决就业问题等起到良好的作用。1965 年，南京市区共有小学 559 所，6230 个班，学生 297177 人。与 1949 年接收时相比较，学校数超过 3 倍，班级数超过 3.4 倍，学生数超过 4 倍。

1966 年"文化大革命"开始，南京市小学教育的数量和质量均有所下降。以 1975 年与 1965 年相比，学校从 599 所减至 472 所，减少 15%；班级从 6230 个减至 5242 个，减少 16%；学生从 297177 人减至 235867 人，减少 21%；教学质量下降。

1949~1976 年间，南京市基础教育的政府供给主要是解决"有学上"的问题，远远谈不上城乡义务教育（基础教育）的均衡发展。即便是城区的教育质量也难以均衡，农村自不待言。

三、初等义务教育基本普及

1976 年后，南京市的小学教育逐步走上正轨。

1978 年 5 月 31 日，当时的南京市革命委员会批转市教育局《关于办好重点中小学的意见》，确定南京市第一批重点小学 7 所，即大石桥小学（现南京师范大学附属小学）、北京东路小学、琅琊路小学、游府西街小学、秦淮小学（现南京市夫子庙小学）、石鼓路小学、建宁路小学（现南京市天妃宫小学）。大石桥小学同时被确定为省重点小学。1978 年 6 月 22 日，大石桥小学恢复南京师范学院附小校名，归南京师范学院领导。

1981 年，全市认真贯彻执行《中共中央国务院关于普及小学教育若干问题的决定》，对小学教育工作进行了统一规划，提出了入学率、巩固率、毕业率的基本要求，规定市、区县、乡各级党委和政府要确定专人分管教育工作，并把教育列入党和政府重要议事日程，以加强领导，解决好人力、和财力等方面的实际困难。全市普及小学教育工作进展较快，1982 年，南京市区小学教育已实现基本普及，学龄儿童入学率达 98.3%。1982 年，教育局根据省教育厅"关于办好实验小学的意见"，确定南京师范学院附属小学（现南京师范大学附属小学）、北京东路小学、游府西街小学、夫子庙小学、石鼓路小学、琅琊路小学、建宁路小学（现天妃宫小学）、江宁县实验小学、江浦县实验小学、六合县实验小学 10 校为南京实验小学。实验小学是小学教育改革试验的基地。

1983 年，溧水、高淳两县划归南京。南京市所辖县共为 5 个，即江宁、江浦、六合、溧水、高淳。辖区的扩大，南京市小学数由 1982 年 1640 所增加到 2404 所，小学在校生数由 34.98 万人增加到 42.74 万人。溧水县实验小学和高淳县城区小学的划入，使全市实验小学增至 12 所。

1982 年，市区小学教育已经实现基本普及，学龄儿童入学率达 98.3%，比省规定的年限提前了 3 年。江宁县在 1983 年经省、市检查验收，全县小学入学率达到 99%，毕业率达 96%，普及率达 99%，和江浦县、六合县同时成为江苏省首普普及初等教育县。溧水县和高淳县的普及初等教育工作也分别在 1985 年和 1986 年经过省、市验收合格。从普及时间和普及程度上看，城市和农村存在差异。1986 年，南京市在基本实现普及初等教育的基础上，认真贯彻执行《中华人民共和国义务教育法》，制订了《南京市"七五"教育发展计划及布局调整方案》《南京市办好小学标准》。1987 年，市政府颁发了《南京市施行九年制义务教育规定》，全市各区县结合各自情况，制订了实施义务教育的规定和措施。1988 年，市人民政府颁发了《南京市施行九年制义务教育规定》，全市各区县结合各自情况，制订了实施义务教育的规定和措施。1988 年，市人民政府制订了《南京市实施九年义务教育规划》，采取了自上而下，上下结合，抓好试点，全面推开的方法。1988 年，召开了南京市实施九年制义务教育工作会议，介绍推广了试点单位江宁县的"规划到乡、算账到校、宣传到户、责任到人"的做法和经验。会后，各区县、乡（镇）政府都从本地区的实际出发，普遍开展了大量细致的调查分析和论证，制定了实施本地区义务教育的规划。同时，市政府采取了几项主要措施，全市举办乡镇文教助理培训班，初步形成乡镇实施义务教育的骨干队伍；调整学校特别是农村小学的布局，选择最佳办学点，方便少年儿童入学；增加教育投入，等等。至 1989 年，全市实施九年义务教育取得了一定成绩，全市有小学 2090 所，在校学生 42.85 万人。城区学龄儿童入学率、巩固率达 100%，郊区达 99%，五县达 98%，小学毕业生升学率为 85%。

1989 年，南京市政府完成了和 12 个县（区）政府签订义务教育责任书的工作。当年，还根据国家教委、省教委的办学条件标准，从南京实际出发，制定了《南京义务教育办学条件标准》。

如果仅仅从入学率等指标来看，因为有普及小学教育的基础，初等义务教育不难普及，但是如果从办学条件各方面对照标准全面衡量，实施九年自义务教育还有很大距离，尤其在农村，要改善办学条件，要提高教育质量还有大量的工作要做。因此，一方面要继续大力改善小学的办学条件，更要努力保证初中的达标。1990年，全市有6个乡（镇）实现了九年制义务教育。1991年，有12个乡（镇）仍然按计划实施初中阶段的义务教育。

1990年，继续做好义务教育的实施工作。1990年初颁发了《南京市实施义务教育办好小学标准》。为保证义务教育的质量，1990年6月，市教育局组织城区23所小学（实验小学及部分办学条件较好的小学）与23个贫困乡的中心小学建立挂钩联系。贫困乡的小学可随时到挂钩学校听课、咨询。城区学校则定期组织教师上门辅导、交流、上示范课，并在力所能及的情况下给予贫困乡小学一些图书、教学设备等方面的物资帮助。为继续做好小学"达标"验收工作，全市举办了由区（县）分管领导参加的义务教育学习班，并在六合县龙袍乡召开了"实施初等义务教育试验检查会"。

1991年，认真实施义务教育。当年初全市召开由区县、乡、校领导参加的全市农村义务教育工作会议，组织参观雨花台乡、江心洲乡、江宁镇、上峰镇，进一步动员增强实施义务教育的责任感和紧迫感，保质保量地实施义务教育。5月，开展了"《义务教育法》宣传月"活动，各区县组织了义务教育实施情况检查。同年，为帮助农村小学提高质量，市教育局牵头组织城区90所小学与农村90个乡镇中心小学挂钩联谊，互帮互学。到年底，全市有56个乡镇实施义务教育，比原定目标超过16个；城区有16所中学、44所小学，基本达到义务教育办学条件标准。

1992年，全市义务教育按计划、稳步实施。全市基本普及了初等义务教育。为了帮助农村小学加快义务教育实施步伐，城区100所条件较好的小学，继续与100个乡镇中心小学开展"百校挂百乡"的活动；同时，南京退离休教育工作者协会组织一批退离休教师下到一些小学开展教学咨询和教学示范活动。

1993年，全市小学教育教学工作继续以办好每所小学为目标，以巩固发展初等义务教育为重点，抓好分类指导，分层推进；以提高教育教学质量为中心，进一步强化学校管理，抓好教师队伍建设，练好基本功；全面提高学生素质，努力实现"两基"（基本实现普及九年义务教育，基本扫除青壮年文盲）、"两全"（全面贯彻党的教育方针，全面提高教育质量）的目标。

1994年，5县的义务教育由过去的8年（小学5年，初中3年）向9年（小学6年，初中3年）过渡。农村儿童的入学年龄也将随之由7周岁或6周岁半逐步过渡为 6 周岁。这一年，实施义务教育的最大特点是素质教育不断深化。由于狠抓"新课程"方案的实施工作，举办小学校长培训班，对部分小学实施"方案"的情况进行调研，抓好以点带面的工作，提高了素质教育质量工作的进程。此外，还配合有关部门进行了小学语文、数学学习标准的检测和研究、小学校内考试改革的研究、小学科技活动课程的研究，在将活动课程列入课表的同时，组织少儿书画比赛、文艺会演、科技小发明、小制作和小论文的评选等。同年，小学教育工作"新课程"方案的落实实施，加强了学校管理，提高了教师素质，使基础教育工作有进展，薄弱环节有突破，办学特色有发展，教学质量有提高，使小学素质教育得到了进一步深化。

1995 年，全市适龄儿童入学率为 99.67%，小学在校生巩固率为 100%，毕业率为 96.04%，所有达到毕业水平的小学都能升入初中；初中在校生巩固率为 96.87%，毕业生的升学率为 68.82%。经江苏省评估，当时南京 15 个区县全部达到九年制义务教育标准，人口覆盖率达到 100%，分别提前 7 年和 3 年实现国家教委和江苏省确定的目标。1995 年，全市有小学 1704 所，班级 11603 个，在校小学生 417178 名。有教职工 23100 人，其中专任教师 20456 人，学历达标率 91.35%。

1976~1995 年，南京市义务教育发展历程实际上也是南京市在贯彻执行《中华人民共和国义务教育法》的过程，这是当时的重大政治任务，有着严格的考核标准，尤其是与地方领导的政绩紧密相关。到 1995 年，南京市 15 个区县全部达到九年制义务教育标准，人口覆盖率达到 100%，实际上这也是一个南京城乡义务教育实现均衡的过程。政府对于义务教育的供给一般分为三个方面，即教育资源的投入、教育资源的合理配置以及教育机会的分配，这三个方面不可偏废。如果在教育资源投入之时不考虑教育资源的合理配置以及教育机会的分配，就会造成严重的不均衡。这一阶段政府由于必须按照义务教育考核标准实施，对于义务教育的供给在这三个方面本着均衡原则的，实际上也基本达到了均衡的效果。但是由于这一时间段横跨农村基础教育供给"国家统筹"阶段（1949~1985 年）和"以乡为主"阶段（1986~2000 年），因此，县、乡两级政府的财政状况就严重影响义务教育政府供给，尽管南京市对于义务教育的供给本着均衡原则，但南京城乡义务教育在九年制义务教育达标之后，城乡差距开始形成。

四、城乡义务教育全面发展

1996 年以来，南京市义务教育发展实现了全面提升，从城乡对比角度又可以分为两个阶段，即南京城乡义务教育差距扩大阶段（1996～2008 年）和南京城乡义务教育差距缩小到基本均衡阶段（2009 年至今）。从表 3-2 中可以看出，南京市不仅义务教育而且教育的其他方面发展都取得了长足进步。

表 3-2　南京与世界中等发达国家及江苏省部分教育指标比较一览表

指　标	1998 年中等发达国家教育发展指标	2005 年江苏省教育发展指标	2006 年南京市教育发展指标
学前教育毛入学率	78.85%	74%	96.53%
小学毛入学率	98.95%	99.79%	100.48%
中学毛入学率	91.20%	71.01%	107.28%
高等教育毛入学率	51%	33.5%	55.3%
每万居民的大学生数	375 人	166 人	935 人
成人识字率	97.54%	92.12%	93.04%
人均预期教育年限	15.81 年	12.3 年	14 年
国家财政性教育经费支出占国内生产总值的比重	5.9%（公共教育经费占国民生产总值的比重）		1.4%
预算内教育经费支出占财政支出的比重	17.092%（公共教育经费占政府开支的比重）		13.94%
小学生均预算内教育事业费支出			3721.57 元
初中生均预算内教育事业费支出	1357.397 美元（生均公共教育经费）		3545.96 元
高中生均预算内教育事业费支出			5056 元

资料来源：南京市教育局内部资料

总体上说，这一阶段有以下几个特征：

投入水平大幅提升。南京从尽快缩小城乡教育差距，提高全市教育整体水平出发，调整教育经费的投入结构，进一步向农村倾斜，建立了保障农村义务教育发展的经费投入机制，通过转移支付、专项补助的方式安排农村教育经费。1996～2000 年，南京市先后启动了"农村小学提升工程（包括'六有工程''校校通'

'三新一亮'等)""小学信息化普及工程""振兴初中行动计划""创建示范初中"和"创建教育现代化先进乡镇"五大工程,全市中小学办学条件都得到明显改善。农村教育总投入 71.3 亿元,比 1990~1995 年的 34.2 亿元总投入增加 37.1 亿元,增幅为 108.5%。其中,市级财政转移支付五年累计 6 亿元,高于全省教育总投入增长幅度 76.5%,位居全省前列,比 1996~2000 年五年间的 2.1 亿元增加 3.9 亿元,增幅 185%。

管理体制进一步理顺。南京市在落实县级政府主要责任的同时,充分调动乡镇政府举办义务教育的积极性,进一步巩固和完善"政府负责、分级管理、区县为主"的农村义务教育管理体制;在区县级财政制定预算之时,把农村教师工资、生均公用经费和农村中小学校舍维修改造经费等义务教育经费全额纳入,确保教师工资、相关教师津贴按时足额发放,尽快解决农村教职工医疗保险问题,提高教师社会保障水平,确保各类学校的正常运转和办学质量的稳步提升。加大对当时"一区(六合)两县(溧水、高淳)"的教育扶持力度,保证郊县新增教育财政投入的 70%用于"一区两县"的教育发展。

教育布局不断优化。从 2007 年开始,南京市出台了《关于明确 2007 年"五个中心"建设目标任务加强目标完成情况考核的通知》,明确从 2007 年开始建设"全国重要科教中心"。结合城市改造、新区建设和农村小城镇建设,按每万人一所小学、每三万人一所初中、每十万人一所高中的要求,对全市中小学校园用地进行全面规划,使中小学布点更加合理、规划更加科学。在农村,加快"小学向行政村集中、初中向集镇集中"建设,接收并入一批办学规模小、学科师资不全、群众认可度不高的村小,加大中心小学和定点初中建设力度,全市小学由 2000 年的 1100 所调整为 385 所,初中由 205 所调整为 148 所。同时,为农村配备了 100 多辆校车,用于接送小学生上学放学。在农村开展了小学寄宿制试点工作,解决农村"留守儿童"就学问题。

教师队伍更加稳定。为稳定农村教师队伍,南京在农村实行"教师优岗计划"。对在农村学校任教工作量饱满、教育教学质量高、获得普遍好评的骨干教师给予相对优厚的待遇或奖励。市学科带头人在农村乡镇任教的,每月发放优岗津贴 600 元,特级教师发放 1200 元,农村中小学高级教师 200 元。为提高农村师资水平,市教育局每年投入经费 400 万元,实施了"农村千名教师培训计划",每年培训农村中小学教师 1000 名。在留住农村中小学教师的同时,还出台政策鼓励城里名师往农村"倒流",采取"定居""支教""城乡手拉手"等办法为农村中小学提供优质师资。

2000～2005 年，南京市义务教育阶段人口覆盖率保持在 100%，小学学龄儿童入学率保持 100%，义务教育巩固率达 99.61%，初中毕业生升学率达到 98.65%。全市小学、初中教师学历合格率分别为 99.73%和 98.50%。创建现代化小学 244 所，现代化小学达标率达到 65%。盲聋哑儿童义务教育同步普及，适龄残疾儿童入学率 99%以上。外来务工人员子女享受义务教育同城待遇，入学率为 99.8%，总人数 6.2 万人，其中 85%以上在公办学校就读。2007 年底，全市 90%的中小学按照省标三类标准，达到省级合格学校标准，省实验小学、省示范初中达省标二类标准；90%以上的中小学（含职业学校）达市颁"五室"建设合格标准，部分学校达示范标准。提前全面实现城乡一体义务教育阶段免收杂费、课本费政策。采取了很多措施，做好农村义务教育学校债务化解工作，全面解决农村义务教育债务问题，让农村教育轻装前进，缩小城乡之间教育差距，推进义务教育高位均衡发展。

第二节　南京市城乡义务教育均衡化演进路径（1984～2015 年）

根据对城乡义务教育非均衡发展的历史和实证考察，作者认为，形成城乡教育经费投入、存量资源投入、教师资源投入、教育质量四方面差距的根本原因在于义务教育资源投入总量的不足。因此，实践中一般用教育经费这一指标来衡量教育资源投入的多寡。在全国城乡义务教育总体处于非均衡状态，甚至有些地方非均衡还在继续扩大的背景下，南京市是如何逐渐消除城乡差距的？本节将从教育经费这一指标入手，对南京市城乡义务教育均衡化历程进行系统考察和分析，以揭示这一变迁过程的轨迹、动因和具体表现。

一、"以乡为主"机制与城乡差距形成（1984～1995 年）

（一）"以乡为主"机制与具体举措

这一阶段，农村义务教育经费主要通过向农民、乡镇企业和个体企业征收各种税费来筹措，具体措施如下：

1985 年，中央颁布了《关于教育体制改革的决定》，提出了教育体制改革的方向和目标。1985 年 6 月，南京开始根据中央政策征集教育基金。南京市教育局在江浦县（现浦口区）召开了农村分级办学、分级管理现场会，推广该县总结的"财务县乡分管、人事县乡共管、教育事业业务由县统管"的做法。1985 年 10

月，南京市委市政府出台《贯彻执行<中共中央关于教育体制改革的决定>的意见》，提出"乡镇要办好小学、初级中学和成人教育中心"。1985年12月，市政府又发出《关于改革城区中学领导体制的通知》。至此，全市基本建立了基础教育"分级办学、分级管理"的管理体制，农村实现了县、乡、村三级办学，县乡两级管理、两级统筹；城区中学由市管单一的管理体制改为市、区两级分管的体制。

自1986年开始，新的基础教育管理体制产生了明显的积极效应，各级党委政府都将教育纳入当地经济建设和社会发展的总体规划，社会各界和人民群众参与办学的积极性提高，通过多渠道筹措教育经费，各区县中小学学校办学条件明显改善，特别是农村中小学的办学条件有了较大改观。

1988年，征收教育基金改为征收教育事业费附加。同年，市政府根据省政府关于调整城乡教育事业费征收比例的规定，调整农民的征收率，凡由农民直接负担的，按人均年收入1%～1.5%征收，凡由乡村企业或者合作组织负担的，按照人均年收入的1.5%～2%征收。

到1994年，南京市政府进一步调整教育事业费征收的比例，农村乡镇企业和个体企业按照销售收入的4%征收，农民按上年人均纯收入的1.5%～2%征收。教育事业费征收数逐年增加，其占财政拨付教育事业费的比例超过25%，是仅次于国家财政拨款的最大教育经费来源。

总的来看，这些举措在当时的历史条件下是很有必要的，及时解决了农村中小学办学经费问题，但是客观上也加重了农民的负担。

（二）市区教育经费投入状况

1950年以后，人民政府拨给普通教育的经费逐步增长。1953～1957年和1981～1989年，尤其是1983年以后增长的幅度较大；普通教育经费占市区财政支出比重有升有降，1953～1957年占25.63%，1976～1980年占13.60%，1981年开始回升（1982年占16.36%），1984年以后又下降（1989年占10.22%），主要是普通教育经费增长率低于财政支出增长率。中小学按在校人数平均的年教育用费是曲线上升的。中学方面，1953～1957年为88.35元，而1974～1976年为45.43元，主要是盲目发展高中，高中学生增加一倍，而经费增加甚少，1981～1989年为207.21元；小学，1950～1952年为25.71元，1958～1965年为22.33元，1981～1989年为102.38元。针对上述情况与问题，1987年8月，南京市人民政府根据上级规定制订的《南京市施行九年制义务教育的规定》指出："市、县（区）财政以上年度教育事业预算数为基数，保证当年义务教育事业费的增长高于财政经常性收入的增长比例，并使在校学生生均教育费用逐步增长，教育拨款在财政总支出中的比例（按同口径计算）逐年有所增加，市、区机动财力中应有一定比例的资金用于义务教育"；"城市建设和维护资金中，每年用于义务教育部分不得低于 5%"等。由此，1984 年起，南京普通教育经费投入逐年增加，中小学按在校人数平均占有教育用费呈直线上升趋势，1984～1995 年，中学生均用费为 454.58 元，小学生均用费为 231.21 元（表 3-3）。

表 3-3　1984～1995 年南京市区教育经费中小学生人均费用

年份	中学经费数/万元	中学占普教经费/%	中学学生数/人	中学生均费用/元	小学经费数/万元	小学占普教经费/%	小学学生数/人	小学生均费用/元
1984	1746.70	48.85	94840	184.17	1226.60	34.30	159307	77.00
1985	2178.90	47.62	96403	226.02	1632.30	35.67	154712	105.51
1986	2459.00	45.90	97029	253.43	1891.80	35.31	161835	116.90
1987	2569.00	45.11	101220	253.80	1989.40	34.94	163983	121.32
1988	3006.90	43.15	105208	285.81	2512.40	36.05	171687	146.34
1989	3376.10	43.75	100125	337.19	2676.10	34.68	173150	154.55
1990	3836.10	42.48	114131	336.11	3256.10	36.46	216402	150.47
1991	5817.29	57.51	116579	499.00	4469.71	44.19	197775	226.00
1992	5715.81	45.77	117853	485.00	4850.88	38.84	194035	250.00
1993	8080.40	46.48	118133	681.30	6876.45	39.72	193251	355.83
1994	11368.40	41.21	123207	922.71	9926.30	35.99	193088	521.37
1995	12623.70	40.88	127460	990.40	10574.40	34.24	192457	549.20

资料来源：根据 1984～1995 年《南京市教育事业统计经费汇总表》整理

　　预算内经费支出。按事业项目支出 1950 年以后南京市普通教育经费的绝大部分用于中小学。1950～1995 年（不含 1968～1972 年数字）中小学经费总数占普教经费总数 82.41%（中学 45.49%、小学 36.92%），其中，中学 1951 年占 25.18%，1995 年占 40.88%，增长幅度较大（经费增长 148 倍、学生增长 7.64 倍），说明教育事业为适应社会主义现代化建设的需要，逐步向高层次发展；小学经费也有明显增长，但占经费的比重却有所下降。如 1995 年小学经费支出数比 1951 年增长 57.8 倍、占普教支出的比重却减少 17.57%，究其原因，一是 20 世纪 70 年代开始实行计划生育，控制人口增长，1995 年小学生数比 1951 年仅增长 1.35 倍；二是小学经费增长幅度低于中学经费的增长幅度。

（三）市属五县教育经费、设施状况

原南京市属江宁县、江浦县、六合县、溧水县、高淳县 1984～1995 年教育经费及其占财政支出比重和中小学生人均费用状况见表 3-4。

比较表 3-3 和表 3-4 可以发现，南京城区和下属五县的教育经费都有很大程度的增长，1995 年，南京市区中学生均费用为 990.40 元，小学生均费用为 549.20元；同年度下属五县中学生均费用为 589.00 元，小学生均费用为 339.00 元，但两者相比，差距较大，南京城乡义务教育差距已经形成。当然不可否认的是，尽管市区与郊区义务教育差距已经形成，但是表 3-5、表 3-6 显示的数据表明，下属五县在这一阶段在义务教育方面依然取得了长足进步，五县基本实现"一无两有"。同时，从表 3-3 中也可以看出，南京市所属五县财政拨款仅有 837 万元，不到总经费 2720 万元的 1/3。其实，这也是南京市城乡义务教育差距形成的原因，即城区由于经济实力远远强于下属五县，对义务教育的投入即便是占财政支出的比例不如郊区高，生均费用也远高于郊区。这一时期是农村基础教育供给"以乡为主"的阶段，农民对义务教育投入的负担是在加重的，但是仍然不足以缩小城乡义务教育差距，反而差距越来越大。这一时期，基层的普遍呼声是改革义务教育供给机制，建立"经费省级统筹，管理以县为主"的义务教育供给体制。

表 3-4　1984～1995 年原南京市属五县教育经费及其占财政支出比重和中小学生人均费用表

年份	教育经费数/万元	教育经费占财政支出/%	中学经费/万元	中学生数/人	中学生均费用/元	小学经费/万元	小学生数/人	小学生均费用/元
1984	2479.79	24.17	944.57	118498	79.71	937.00	244968	38.28
1985	3008.50	27.43	1134.60	124929	91.29	1183.00	233880	50.61
1986	3118.10	24.46	1317.40	129310	101.83	1181.00	230559	51.24
1987	3376.30	24.23	1423.60	125731	113.23	1321.00	220484	59.95
1988	3991.90	24.42	1628.10	124634	130.63	1646.00	222166	74.10
1989	4694.50	24.60	1805.90	120728	149.58	2077.00	221994	93.57
1990	5443.40	25.54	2215.10	116034	190.90	2381.00	216402	110.03
1991	5760.60	24.66	2430.10	119693	203.03	2653.40	203970	130.09
1992	7265.90	25.36	3138.47	124050	253.00	3295.30	191587	172.00
1993	9937.19	25.30	4133.57	122636	337.06	4657.06	186566	249.62
1994	14000.50	29.06	5935.70	118309	502.00	6723.50	202919	331.00
1995	15545.50	28.42	6377.30	108273	589.00	7608.30	224631	339.00

资料来源：根据 1984～1995 年《南京市教育事业统计经费汇总表》整理

1986 年，原南京市所属五县基本实现教育设施"一无两有"（无险房、有教室、有课桌凳），先后修复和扩建校舍 54.19 万平方米，添置双人课桌 2.69 万张、课凳 5.06 万条。为此，多渠道筹资和安排经费 2720 万元。表 3-4 反映南京市属五县校舍面积也逐年增加。

表 3-5 1986 年原南京市属五县实施"一无两有"基本情况

项目	江宁	江浦	六合	溧水	高淳	合计
1、实现"一无两有"情况						
修建校舍面积/万平方米	14.38	3.82	22.55	9.11	4.33	54.19
拆建危房	8.44	2.08	13.09	5.90	1.43	30.94
扩建校舍	0.99	1.16	4.40	1.40	0.41	8.36
大修校舍	4.95	0.58	5.06	1.81	2.49	14.89
购置双人课桌/万张	1.48	0.20	0.85	0.10	0.06	2.69
购置双人课凳/万条	2.16	0.22	2.50	0.11	0.07	5.06
2、筹集修建（购置）经费/万元						
财政拨款	201.00	95.00	308.00	119.00	114.00	837.00
教育部门筹集	25.95	17.25	26.50	80.20	16.27	166.17
一次性集资	541.84	62.83	735.21	331.30	45.78	1717.90
小计	768.79	175.08	1069.71	530.50	176.05	2720.13

资料来源：根据南京市教育局内部资料整理

表 3-6 1986～1995 年原南京市属五县校舍面积

年份	校舍总面积	中学生均面积/平方米	小学生均面积/平方米
1986	120.29	3.65	3.16
1987	134.72	5.82	2.79
1988	137.46	3.81	3.86
1989	137.35	4.44	3.58
1990	148.31	5.15	3.37
1991	151.56	5.75	3.84
1992	160.31	5.79	4.15
1993	166.05	6.20	4.38
1994	171.05	6.81	4.02
1995	182.81	8.26	3.77

资料来源：根据 1985～1995 年《南京市教育事业统计资料》整理

二、"县乡自给"机制与城乡差距扩大（1996～2008 年）

从时间段上来看，尽管 2006 年国家通过财税改革改进了义务教育拨款方式，但这一效果并未立竿见影，2002 年前，南京市城乡义务教育差距就一直延续到 2008 年才真正"见顶"。从地域概念上讲，南京农村主要是除原六城区以外的原四郊五县，即当时的栖霞区、雨花台区、大厂区、浦口区、江浦县、江宁县、六合县、溧水县、高淳县。其中原四郊即现在的栖霞区、雨花台区、浦口区部分和六合区部分（原大厂区）地处城市边缘，经济发展迅速，包括教育在内的各项指标与城市比较接近，甚至在学校硬件装备等指标上超过了城区学校，而老五县相对而言依然是南京教育的"短板"。因此，以老五县作为农村教育的调研对象更具有典型性。对城乡教育差距的分析也主要建立在老五县与原六城区比较的基础上。

（一）"县乡自给"机制与具体举措

1995 年以后，随着农村乡镇集体经济发展格局的变化，一些乡镇筹措教育经费的能力有所下降，向群众集资办学也出现较大困难。2002 年，国家推行农村税费改革，取消了农村教育集资等政策，并要求逐步停止面向农户的教育事业附加费，农村义务教育投入机制发生了较大的变化。南京市原来农村教育经费由县包干到乡镇、由乡镇多渠道筹措的办法遇到了一些实际困难。个别经济困难的乡镇甚至出现了拖欠教师工资的现象。为了解决这一个问题，南京市进一步强化县级政府办好基础教育的责任和统筹权，实现"四个统一"（即由县政府统一规划学校的发展、统一管理教师队伍、统一发放教师工资、统一负责学校公用经费），建立了农村义务教育的运行保障机制。

（二）经费投入方面

南京国家财政性教育经费收入占全市当年地区国内生产总值的比例逐年提高，2005 年为 1.39%，2006 年为 1.40%，2007 年为 1.53%。但是，南京教育经费投入占 GDP 的比例总体偏低，不仅达不到《中国教育改革和发展纲要》提出的"20 世纪末（2000 年之前）达到 4%"的要求，更没有达到我国平均 3.01% 的水平。这一低比例不仅与南京创建"教育名城"和"全国重要科教中心"的目标不符，更使得农村教育的总体投入偏低。

1. 教育经费预算内拨款

2006 年，原六城区预算内教育拨款为 119 021 万元，生均 5608 元，老五县预算内教育拨款为 103303 万元，生均 3021 元，城市生均拨款为农村的 1.86 倍。

2. 生均公用经费支出

城乡生均公用经费支出差距较大，且从小学到高中差距有逐渐拉大的趋势。如 2007 年，小学生均公用经费支出原六城区是 956 元，老五县是 639 元，原六城区是老五县的 1.5 倍；初中生均公用经费支出原六城区是 1131 元，老五县是 614 元，原六城区是老五县的 1.84 倍；而高中生均公用经费支出原六城区为 770 元，老五县为 342 元，差距惊人，达到 2.25 倍（图 3-1）。

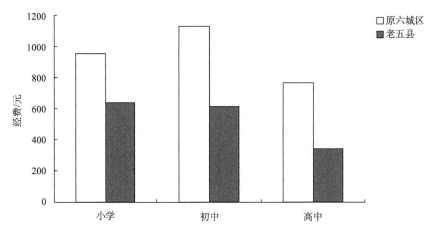

图 3-1　2007 年南京市城乡基础教育生均预算内公用经费支出情况

数据来源：南京市教育局内部资料

由于农村教师待遇比较低，工资之外没有专项资金用于福利，故农村学校为提高待遇留住教师，普遍采取了一种不得已而为之的办法，将生均公用经费的一部分用来发放教师福利。这使农村学校本已捉襟见肘的生均公用经费更加紧张，也使学校正常运转难以维持。加上义务教育免收学杂费、课本费政策的实施，农村学校经费来源仅剩生均公用经费，农村教师的实际待遇出现了下降趋势，并且与实行阳光工资后的公务员收入差距更大。

（三）办学条件方面

衡量教育资源投入主要用教育经费这一指标来衡量，教育经费的投入不足，直接影响到办学条件。

1. 生机比、生均图书等指标

农村与城市学校最显而易见的差距就表现在办学条件上。全市教育事业统计年报数据显示，由于南京素质教育的深入推进，城乡学校音体美器材配备的达标率已几乎相当。但是，在生机比、生均图书、生均实验设备以及校园网学校比例等指标上城乡差距较大。生机比和生均实验设备这两个指标普通中学和小学城乡几乎相差50%。原六城区普通中学生机比为4.1∶1，老五县为6.08∶1；原六城区小学生机比为5.8∶1，老五县为8.45∶1（表3-7）。根据统一验收标准，在2006年、2007年的中小学合格学校及"五室"建设验收中，原六城区有60.19%的学校达到了示范学校标准，而老五县仅有4.15%的学校达到示范学校标准，两者相差巨大。

表 3-7　2008 年南京城乡中小学办学条件情况表

学校	地区	生机比	生均图书/册	生均实验设备/万元	建立校园网学校比例/%
普通中学	老五县	6.08∶1	33.4	0.11	90.91
	原六城区	4.1∶1	34	0.29	93.94
小学	老五县	8.45∶1	20.41	0.11	83.91
	原六城区	5.8∶1	28.8	0.15	95.74

资料来源：《2008年南京市教育事业统计资料》

2. 校均拥有塑胶跑道、塑胶场地数

校均拥有塑胶跑道数、校均拥有塑胶场地数这两个指标城乡差距也非常明显。原六城区校均拥有塑胶跑道数为0.89片，塑胶运动场地数为0.96片，而老五县校均拥有塑胶跑道数为0.26片，塑胶运动场地数为0.28片，城乡差距居然高达3~4倍（图3-2）。教育部开展阳光体育冬季长跑活动，要求每个学生"每天锻炼一小时，健康工作五十年，幸福生活一辈子"。而农村学校操场中还有很多是"普九"时期建造的煤渣场地，学生锻炼存在安全隐患，也容易受天气影响，

难以推广长跑活动。

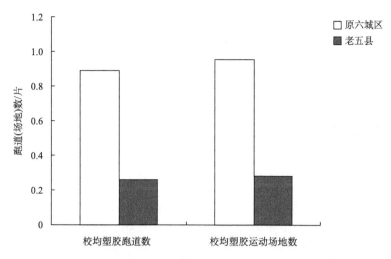

图 3-2　南京市城乡校均拥有塑胶跑道及运动场地数对照图
资料来源：《2008 年南京市教育事业统计资料》

3. 校舍抗震安全面积

在2008年全市中小学校舍抗震安全隐患排查中，在排查中结论评定为"差"的老五县校舍面积为 17658 平方米，而原六城区则仅为 152 平方米；在结论中被评定为"需进一步抗震鉴定"的老五县校舍面积为 786 095 平方米，原六城区为 599 535 平方米；另外，从校舍结构类型看，老五县学校校舍中砖混和砖木结构类型校舍面积为 1 603 224 平方米，而原六城区则为 725 065 平方米。从上述数据可以看出，农村学校的校舍的安全隐患要远远大于城市学校。

（四）师资水平方面

1. 教师待遇城乡差距大

由于南京实施"农村教师优岗计划"，配套出台了一系列提高农村教师收入的规定，同职称的农村教师的工资常常会高于城市教师一些。但是，由于城乡经济条件的差异，工资外的福利待遇城乡差距巨大。老五县的农村教师除工资外，中心校以下的教师福利每年仅有 2000 元左右；而原六城区教师的福利常常是农村教师的若干倍。

虽然，南京在农村教育的师资配备和管理上加强了行政导引，也运用了一定的经济杠杆作用，但待遇的巨大差距使得农村教师，尤其是教学水平、学历和职称较高的教师人心思走，师资大量向城市单向流动。大量农村优秀教师被掏空，教师学科结构失衡，结构性缺编现象严重。如2000年，浦口桥林镇中学70多名教师中，有1/3流入到城区学校。尤其是一些音体美小学科教师流失严重，甚至到了不能开齐课的程度。

2. 教师年龄结构趋向老年化

由于农村学校一般地处偏远，加上待遇不高，在中年骨干教师流失的同时也很难吸引新的师资力量加入，农村学校教师已经出现严重断层，且年龄结构趋向老年化。以浦口兰花小学为例，其教师平均年龄为46.8岁，50岁以上的老教师占到53.57%；浦口陡岗中学40周岁以上的教师占50%以上。这种趋向老年化的教师队伍对新鲜事物接受能力弱，普遍不愿意接受继续教育培训，尽管工作的主动性尚可，但教师队伍缺乏活力。

3. 教师学历层次偏低

如果仅就师资学历达标而言，由于多年注重提高师资队伍的整体水平，全市中小学教师学历达标率已经较高。如果就高标准、高质量的要求而言，相比之下，农村中小学专任教师的学历层次整体偏低。

普通高中教师中，原六城区教师研究生学历比例为7.36%，老五县为5.89%；普通初中教师中，原六城区教师本科及以上学历为81.26%，老五县为71.07%，其中原六城区教师研究生学历比例为3.13%，老五县仅为0.72%，城市是农村的4倍多；小学教师中，原六城区教师本科及以上学历教师比例为42.04%，老五县仅为25.78%，城市高出农村近17个百分点。小学具有研究生学历的教师整体都不是很多，但是就比例而言，城市已经超过农村15倍。

4. 教师职称结构偏低

南京城乡中小学教师的各级职称结构整体比例也比较均衡，只是农村教师在高级职称方面的比例要远远低于城市。这从一定程度上说明农村学校教师队伍总的学术水平要低于城市学校，所能适应的教学、科研任务的能力也要低于城市学校（表3-8）。

表 3-8　城乡教师学历及职称情况表

学　校	地　区	本科及以上学历比例/%	研究生学历比例/%	中学高级职称/%
初中	老五县	71.07	0.72	11.94
	原六城区	81.26	3.13	24.65
小学	老五县	25.78	0.05	1.30
	原六城区	42.04	0.85	1.86

资料来源：《2008 年南京市教育事业统计资料》

（五）1996～2008 年南京市城乡义务教育差距扩大的原因

造成农村教育发展相对滞后的原因是多方面的，既有历史、现实的原因，也有外部经济因素、政策因素以及教育本身的原因。根据调研的实际情况，原因主要有 3 点。

1. 城乡经济发展水平差距拉大

经济是教育发展之母，经济发展水平的程度决定教育供给能力的大小。由于南京目前的城乡财政能力和居民家庭收入存在一定差距，导致了城乡义务教育供给水平上的不平衡。仅从居民家庭收入看，城镇人口与农村人口人均可支配收入差距比为 2.03：1，2000 年，南京城镇人均可支配收入为 8233 元，而农村人均纯收入为 4062 元，收入差距额为 4171 元。而到 2007 年，两者收入差距额为 12297元，收入差距比扩大为 2.53：1，具体地，城镇居民人均可支配收入为 20317 元，农村人均纯收入只有 8020 元。[①]可见，城乡居民的人均可支配收入的城乡差距在逐渐拉大，这必然会导致城乡居民用于义务教育的支出产生同向差距。

2. 公共教育政策的以"城市为中心"的取向

在相当长的一段时间内，在城乡二元结构、高度集中的计划体制下，形成了"城市中心"的价值取向，这一忽视地区差别和城乡差别的价值取向表现为城市的公共政策优先满足甚至只反映和体现城市人的利益，城市的各种公共服务和配套设施建设在人们的心中都是非常良好的。随着社会主义市场经济制度的建立和日益完善，这种价值取向虽已逐渐淡出，但其影响在一些政策中还是存在的。

---

① 数据来源：南京市统计局《南京市历年常用职工居民生活指标》。

3. 现行农村教育投入管理体制落实不到位

1986 年的《中华人民共和国义务教育法》中规定，"义务教育事业，在国务院领导下，实行地方负责，分级管理。"随着农村经济体制改革的逐步深入，特别是农村税费改革的全面推进，2001 年国务院召开了全国基础教育工作会议，全面改革了农村基础教育管理体制，明确提出了农村义务教育"实行国务院领导，由地方政府负责、分级管理、以县为主的体制"。这种教育投入体制的特点是：教育经费分担的责任主体不明晰、层次较低。区县、街道分担义务教育经费的比重过大，90%以上的义务教育经费由地方基层政府分担，其结果只能使基础教育的发展取决于区县政府的财政收入状况和各区县的经济发展水平，存在一定的不足和缺陷。

2006 年颁布修订的《中华人民共和国义务教育法》对义务教育的管理体制进行了更为准确的规定，"义务教育实行国务院领导，省、自治区、直辖市人民政府统筹规划实施，县级人民政府为主管理的体制"。义务教育经费投入实行国务院和地方各级人民政府根据职责共同负担，由各级人民政府根据国务院规定分项目、按比例分担，省级政府负责统筹落实的体制。新体制强化了省级政府对义务教育经费投入和教育资源配置的统筹作用。但实际运行中，各级政府往往强调"以县为主"投入，省级政府没有承担经费投入和统筹教育资源配置的主要责任，致使农村义务教育经费的投入主体依然没有改变。由于各地的经济发展不平衡，总存在着一定的甚至是比较悬殊的差距，那么在这种教育资源配置的模式下，义务教育陷入非均衡发展状态也就不可避免了。

三、"一体化"战略与城乡基本均衡（2009～2015 年）

党和国家历来高度重视农村教育事业的发展，连续在一号文件中对发展农村教育事业进行部署。2008 年 10 月，党的十七届三中全会通过的《中共中央关于推进农村改革发展若干重大问题的决定》中，又专门提出要大力办好农村教育事业的总体要求，这为农村教育事业发展描绘了一幅宏伟蓝图，也为南京农村教育工作的开展提供了新的政策机遇。

（一）城乡义务教育"一体化"战略出台及其具体措施

在新的历史发展起点上，2009 年，南京以教育名城建设和教育跨江发展战略为抓手，坚持城乡教育统筹发展，通过加大农村教育投入、提高农村教育教学质量、改善农村办学条件等多项举措提高了农民的教育幸福指数，农村郊区教育事业获得明显的发展，教育发展水平有了较大提升。

教育跨江发展战略中一项重要的工作就是实施"跨江发展双十工程"，即"十所学校跨江发展'手拉手'"与"十大江北教育振兴工程"。

1. 携手结对，对口帮扶，全方位帮助江北教育提档升级

1）教育跨江发展战略启动

2007 年 4 月，南京市教育局举办了"推进教育跨江发展启动仪式"，分别与浦口区、六合区人民政府签订了推进教育跨江发展工作协议书，玄武区教育局、鼓楼区教育局也分别与六合区教育局、浦口区教育局签订"携手结对"的合作协议。随后，对口帮扶区在教研、科研、师训、电教以及学生互动等多方面开展了实质性帮扶，结对帮扶学校已远远超过"双十工程"中要求的 10 所，达到了 47 所之多。

2）帮扶形式

（1）接受师干培训。2008 年，鼓楼区、玄武区学校共接受浦口区、六合区对口帮扶学校 32 批次，约 300 人左右的师资培训和行政干部培训。六合区帮扶学校选派管理人员到玄武区南师附小、原人民中学、原梅园中学、月苑小学等学校跟岗学习，全方位跟进，对口跟踪了解学校的管理、办学特色等，双方制定长期交流学习计划，并对培训效果进行考核。

（2）主动送教上门。鼓楼区、玄武区两区教研处、科研处以及学校主动组织教研员、骨干教师送教上门，强化教育科研合作，积极推进教研、科研、电教、师训四位一体资源整合。仅 2007～2008 学年第一学期玄武区就派出教师送教上门达 46 节。鼓楼区不仅按学科组织全体教师到浦口区开展学科联片教研活动，还组织区教科所直接参与浦口区相关中小学的课题研究及教科研基地的活动。这些举措提高了江北教育科研整体水平，促进了江北教师的专业成长。

（3）给予物质捐赠。玄武区孝陵卫小学、长江路小学、昆仑路小学等学校对口资助六合冶山、竹镇、新集等贫困生 54 人，捐赠计算机 35 台，图书 17 130 册，音体美器材 10 件，折合人民币共计约 20 多万元。另外还大量捐赠课桌、办公桌等办公设备，在一定程度上改善了对口支援学校的教学与办公条件。

（4）城乡小伙伴手拉手。结对帮扶的学校的学生之间开展了丰富多彩的活动，促进了学生的健康成长，促进了结对学校的和谐共进。玄武区洪武北路小学、半山园小学等校组织学生与结对学校留守儿童结成城乡小伙伴，定期通信、互访，联合开展综合实践活动；鼓楼区赤壁路小学、南昌路小学与结对学校开展"手拉手，同迎奥运共成长"主题活动。

2. 十大江北教育振兴工程

由于市、区教育局高度重视，合力推进，教育跨江发展各项工作进展顺利。

1）江苏省青少年校外实践基地建设工程

浦口区政府征地 200 亩，总投资 1.3 亿元，进行行知基地建设。投入 5000 万元，一期工程已封顶，二期工程桩基已结束。原计划 2007 年底建成投入使用，总建筑面积达 4.7 万平方米。2007 年 11 月，全国关心下一代工作委员会委授予江苏省青少年校外实践基地建设工程"全国青少年校外活动示范基地"荣誉称号并挂牌。

2）全国汉语国际推广江北基地学校建设工程

浦口区行知小学作为我市江北地区唯一一所汉语国际推广基地学校，已被国家汉语国际推广办公室正式确立为首批汉语国际推广基地学校。经过一年建设，被确定为国家对外交流、开放窗口。2006 年 12 月，参加了北京孔子学院大会。2007 年，共接待来自美国、加拿大等地 1000 余名外国学生来校进行中华文化浸濡活动。

3）内地民族教育特色工程

投入资金，着力改善新疆高中班生活设施和办学条件；总结经验，不断提高新疆高中班教学质量。2007 年，新疆高中班高考成绩优异，高考升学率 99.1%，本科录取率 96.1%。少数民族类考生高考录取率在全国遥遥领先，受教育部表扬。

4）境外教育合作项目引进工程

积极支持扬子二中与澳大利亚有关学校合作，引进澳方课程进行教学。并已实现招生，引进外籍教师任教，深受广大家长、学生欢迎，也填补了江北地区无境外合作办学的空白。

5）中小学校园用地规划工程

根据南京市第十二次党代会的精神，南京市教育局在充分调动江北区域内外各种资源的基础上，高标准、高起点制定了江北教育事业发展整体规划，对未来江北教育事业发展进行了提前谋划。2007年底，南京市《中小学校园用地控制规划》经市政府批准。根据规划，结合江北地区功能地位和发展规划，南京市教育局积极推进江南优质教育资源过江落户。琅琊路小学明发分校于2007年秋季开学；南京第一中学明发分校2007年秋季开学；2007年，北京东路小学红太阳分校进行深度设计。南京市教育局对《南京市中小学校园用地控制规划》执行情况开展了督查，与江北两区进一步研究了江北学校相关规划问题。

6）优质高中建设工程

南京市共投资2.3亿元，完成扬子二中易地新建工程。2007年9月实施整体搬迁，招生开学，江浦高级中学扩建任务完成论证工作。2007年，六合实验中学通过"江苏省三星级普通高中"验收，南京第十四中学创建"三星级普通高中"起步。

7）中小学办学条件标准化（合格学校）建设工程

浦口区、六合区两区投入经费1000多万元对江北87所中小学进行办学条件标准化建设。在2007年底市级验收中，两区所有中小学均达三类合格学校标准。

8）南京市青少年现代工业文明教育基地建设工程

南京市投资1000万元，完成了南京青少年现代工业文明教育基地一期工程。2006年暑期接待了3000多名中小学生，开展工业文明教育。积极与驻地企业联系，为中小学生创造更多的社会实践机会。

9）职业学校提升工程

以江浦职教中心、六合职教中心为基地，启动创建国家级示范重点职业学校工作。2007年，投入800万元，购置设备，重点建设计算机、机电两个省级示范专业。两中心分别征地80亩、60亩，并进行扩建，以加大两中心的辐射能力。江浦职教中心建成6000多平方米建筑。六合职教中心实施扩建工程，2008年接受验收。

10）社区教育推进工程

原六合区玉带镇、长芦街道社区教育通过市级实验区验收，原六合区横梁镇社区教育通过省级实验区验收。

3. 结合教育实际各项工作，渗透对教育跨江发展的支持

1）加强教师进修学校硬件建设，提高服务教师专业发展的能力

在市教育局启动的"教师进修学校技术装备提升工程"中，市财政按照 70%、60% 的比例，对六合区、浦口区两区进行了重点支持，分别投入 200 万、180 万，新建了微格教室、配置了远程研训系统、数字录课系统，使进修学校的办公和教学条件得到了较大的改善。2007 年，启动沿江"教师进修学校技术装备提升工程"，并继续予以资金支持。

2）建立培训经费专项补贴制度

对六合区、浦口区两区开展的教师脱产轮训、暑期英语教师"引智培训"等项目及教师全员培训给予一定的经费补贴，仅 2007 年就投入 80 万。

3）培训名额适当向两区倾斜

2007 年暑期，南京市教育局对六合、浦口两区开展的教师脱产轮训、暑期英语教师"引智培训"等项目适当倾斜，尽量为江北两区的农村地区教师提供更多的培训机会。暑期完成的培训有：① "千名教师全员进城培训"。2007 年 7 月 24 日，江北两区 1445 名农村中小学、幼儿园教师集中在金陵中学河西分校参加为期八天的集中培训。② "江北教师就地留学"。南京市教育局组织了浦口区、六合区 240 名中小学英语教师集中在本地进行为期两周的"就地留学"培训，有 4 名外籍教师执教。③农村骨干教师"优岗计划"。浦口区、六合区分别选派了 100 多名音体美英教师参加为期 7 天的省级培训。④组织浦口区、六合区 80 名初中教务主任赴华师大进行为期一周的培训。⑤浦口区、六合区职教中心学校校长参加 2008 年国家校长高级研修班培训。

4. 积极支持六合、浦口两区创建教育现代化

2008 年 3 月 10 日和 3 月 26 日，南京市教育局时任徐传德局长带领时任相关副局长和有关处室负责人，分别到六合区、浦口区调研，和两区主要负责同志就

创建教育现代化工作交换了意见，市教育局将投入 1.9 亿元，全力支持两区的教育现代化创建工作。通过创建活动，江北两区的办学条件、办学质量和水平得到大力提升。

（二）"一体化"战略的实施效果

通过对 2012 年南京市教育局南京城乡义务教育统计数据的解读，可以看出自 2009 年南京实施教育名城建设和教育跨江发展战略之后，南京城乡义务教育均衡化发展的进展和成果。

1. 经费投入

2012 年南京市初中和小学生均预算内教育事业费城乡差距大大缩小。浦口区的普通初中生均支出为 18693 元，江宁区为 13068 元，六合区为 15075 元，溧水区为 12754 元，高淳区为 1214 元。在城区四区中，鼓楼区为 14189 元，玄武区仅为 11650 元，均不如诸如六合区这样的郊区高。说明南京市对农村教育投入逐渐加大，城乡之间教育经费逐步实现均衡（表 3-9）。

表 3-9　**2012 年各级教育生均预算内教育事业费支出及增长情况表**（单位：元）

区 县	普 通 初 中			普 通 小 学		
	2011 年	2012 年	增长/%	2011 年	2012 年	增长/%
玄武区	11616	11650	0.29	10661	10703	0.39
秦淮区	24909	24935	0.10	11303	11792	4.33
建邺区	15606	17389	11.43	10872	10897	0.23
鼓楼区	13447	14189	5.52	9429	9687	2.74
浦口区	15556	18693	20.17	12014	13484	12.24
江宁区	12533	13068	4.27	9089	9199	1.21
六合区	14875	15075	1.34	8141	8954	9.99
溧水区	11386	12754	12.01	8272	9048	9.38
高淳区	10301	12141	17.86	10570	10710	1.32

资料来源：《南京市 2012 年教育事业经费统计汇总表》

2. 师资水平

按照教育部的规定，衡量城市和农村初中小学师资水平达标情况主要有两个指标，即"教师高一级学历"和"每校都有县级及以上骨干教师"。从表 3-10 中可以看出，2012 年，南京城市和郊区初中小学师资水平已经实现均衡。郊区初中小学师资水平评价指标中，5 个郊区中仅有"教师高一级学历"这一指标还有 3 个未达标。2012 年之后，随着高校本科生、研究生的毕业数量增加，南京市教育主管部门加大了 5 个郊区的高学历教师的招聘力度，到 2015 年，未达标的 3 个郊区的这一指标也已经达标。

表 3-10　2012 年南京城市和郊区初中小学师资水平达标情况

区属		A 达标学校总数/所 B 达标学校比例/%	小学		初中	
			教师高一级学历（小学 70%，初中 60%）	每校都有县级及以上骨干教师	教师高一级学历（小学 70%，初中 60%）	每校都有县级及以上骨干教师
城市	玄武	A	24	11	11	11
		B	100	100	100	100
	秦淮区	A	16	4	4	4
		B	100	100	100	100
	建邺区	A	15	9	9	9
		B	100	100	100	100
	鼓楼区	A	30	7	7	7
		B	100	100	100	100
	下关区	A	16	5	5	5
		B	100	100	100	100
郊区	江宁区	A	23	26	26	26
		B	76.7	100	100	100
	浦口区	A	33	21	21	21
		B	82.50	100	100	100
	六合区	A	40	20	20	20
		B	97.56	100	100	100
	溧水区	A	16	15	15	15
		B	64	100	100	100
	高淳区	A	28	9	9	9
		B	100	100	100	100

资料来源：《南京市 2012 年教育事业统计资料》

3. 办学条件

按照教育部的规定，城区和郊区小学办学条件达标指标包括：生均占地（小学 18 平方米，初中 23 平方米）；生均校舍（小学 4.5 平方米，初中 6 平方米）；生均场地（小学 4 平方米，初中 300 米田径场）；生均图书（小学 20 册，初中 30 册）；音体美室各有 1 个；计算机生均 0.1 台；师生比（小学 1∶21　初中 1∶16）。表 3-11、表 3-12 反映了 2012 年南京城区和郊区初中、小学办学条件基本达标，趋于均衡。但是在生均占地和生均场地两个指标上，例如城区的秦淮区的小学生均占地达标的学校仅为 12.5%，城区反而不如郊区达标率高，因为城市寸土寸金，学校周边缺乏进一步的发展空间。这既是城乡义务教育均衡发展面临的城乡倒置问题，同时也为义务教育优质资源放大提供了内驱力。

表 3-11　2012 年南京城区和郊区小学办学条件达标情况

区属		A 达标学校总数/所 B 达标学校比例/%	生均占地（小学 18 平方米，初中 23 平方米）	生均校舍（小学 4.5 平方米，初中 6 平方米）	生均场地（小学 4 平方米，初中 300 米田径场）	生均图书（小学 20 册，初中 30 册）	音体美室各有 1 个	计算机生均 0.1 台	师生比（小学 1∶21，初中 1∶16）
城区	玄武	A	11	24	20	24	24	24	23
		B	45.83	100	83.33	100	100	100	95.83
	秦淮区	A	2	16	6	16	16	16	16
		B	12.5	100	37.5	100	100	100	100
	建邺区	A	15	15	15	15	15	15	15
		B	100	100	100	100	100	100	100
	鼓楼区	A	17	30	30	30	30	30	30
		B	56.70	100	100	100	100	100	100

续表

区属		A达标学校总数/所 B达标学校比例/%	生均占地（小学18平方米，初中23平方米）	生均校舍（小学4.5平方米，初中6平方米）	生均场地（小学4平方米，初中300米田径场）	生均图书（小学20册，初中30册）	音体美室各有1个	计算机生均0.1台	师生比（小学1:21，初中1:16）
郊区	江宁区	A	23	29	29	30	30	30	30
		B	76.70	96.70	96.70	100	100	100	100
	浦口区	A	32	39	39	39	40	40	40
		B	80	97.50	97.50	97.50	100	100	100
	六合区	A	37	41	41	40	41	41	41
		B	90.24	100	100	97.56	100	100	100
	溧水区	A	23	25	24	25	24	25	21
		B	92	100	96	100	96	100	84
	高淳区	A	28	28	28	28	28	28	28
		B	100	100	100	100	100	100	100

资料来源：《南京市2012年教育事业统计资料》

表3-12 2012年南京城区和郊区初中办学条件达标情况

区属		A达标学校总数/所 B达标学校比例/%	生均占地（小学18平方米，初中23平方米）	生均校舍（小学4.5平方米，初中6平方米）	生均场地（小学4平方米，初中300米田径场）	生均图书（小学20册，初中30册）	音体美室各有1个	计算机生均0.1台	师生比（小学1:21 初中1:16）
城区	玄武	A	6	11	11	11	11	11	10
		B	55	100	100	100	100	100	91
	秦淮区	A	2	4	3	4	4	4	4
		B	50	100	75	100	100	100	100

区属		A达标学校总数/所 B达标学校比例 /%	生均占地（小学18平方米，初中23平方米）	生均校舍（小学4.5平方米，初中6平方米）	生均场地（小学4平方米，初中300米田径场）	生均图书（小学20册，初中30册）	音体美室各有1个	计算机生均0.1台	师生比（小学1∶21初中1∶16）
城区	建邺区	A	9	9	9	9	9	9	9
		B	100	100	100	100	100	100	100
	鼓楼区	A	7	7	7	7	7	7	7
		B	100	100	100	100	100	100	100
郊区	江宁区	A	24	26	12	26	26	26	26
		B	92.30	100	46.20	100	100	100	100
	浦口区	A	18	21	21	20	21	21	21
		B	85.70	100	100	95.20	100	100	100
	六合区	A	19	20	14	19	20	20	20
		B	95	100	70	95	100	100	100
	溧水区	A	15	15	15	14	15	15	14
		B	100	100	100	93.33	100	100	93.33
	高淳区	A	9	9	9	9	9	9	9
		B	100	100	100	100	100	100	100

资料来源：《南京市 2012 年教育事业统计资料》

4. 办学质量

按照教育部的规定，城区和郊区办学质量均由六个指标构成，即"按照国家规定的义务教育课程方案开齐开足课程""小学、初中巩固率不低于99%""小学、初中学生体质健康测试及格率达到90%以上""义务教育阶段不存在重点校和重点班，公办义务教育择校现象得到基本遏制""中小学生过重的课业负担得到有效减轻""学生学业合格率达95%以上"。"义务教育阶段不存在重点校和重点班，公办义务教育择校现象得到基本遏制"这一指标，城区4个区均为4分，未达到满分5分。"小学、初中学生体质健康测试及格率达到90%以上"这一指标，城区中的秦淮区和郊区中的江宁区得分较低。从对表3-13、表3-14的分析可以看出，城区和郊区各区均已基本达标，办学质量基本实现均衡，某些指标郊区还优于城区。

表3-13　2015年南京市各城区办学质量

内容	分值	玄武区	秦淮区	鼓楼区	建邺区
		得分	得分	得分	得分
按照国家规定的义务教育课程方案开齐开足课程	3	3	3	3	3
小学、初中巩固率不低于99%	3	3	3	3	3
小学、初中学生体质健康测试及格率达到90%以上	3	3	1.5	3	3
义务教育阶段不存在重点校和重点班，公办义务教育择校现象得到基本遏制	5	4	4	4	4
中小学生过重的课业负担得到有效减轻	3	3	3	3	3
学生学业合格率达95%以上	3	3	3	3	3

资料来源：南京市教育局统计资料

表3-14　2015年南京市郊区各区办学质量

内容	分值	江宁区	浦口区	六合区	溧水区	高淳区
		得分	得分	得分	得分	得分
按照国家规定的义务教育课程方案开齐开足课程	3	3	3	3	3	3
小学、初中巩固率不低于99%	3	3	3	3	3	3
小学、初中学生体质健康测试及格率达到90%以上	3	1.5	3	3	3	3
义务教育阶段不存在重点校和重点班，公办义务教育择校现象得到基本遏制。	5	5	5	5	5	5
中小学生过重的课业负担得到有效减轻	3	3	3	3	3	3
学生学业合格率达95%以上	3	3	3	3	3	3

资料来源：南京市教育局统计资料

第三节　南京城乡义务教育均衡发展的实证检验

一、南京与同类别城市的对比检验

2015 年，教育部《教育现代化进程监测评价指标体系研究》专题组之城市教育现代化发展评价研究联合课题组发布的《全国 15 个副省级城市教育现代化监测评价与比较研究报告（2015）》对 15 个副省级城市教育现代化发展水平做了评价比较研究。这个报告是由国家教育发展研究中心、上海教育科学研究院、成都教育科学研究院作为主要负责单位，与 15 个副省级城市教科院所合作进行的。

该报告中的监测评价指标包括 4 个一级指标、15 个二级指标和 57 个三级指标。在 4 个一级指标中，教育普及发展指数反映城市教育现代化发展的受教育机会的充分性与入学水平，是教育现代化发展的基础环节；教育公平推进指数反映城市教育现代化发展的内部协调性和入学机会、资源配置上的公平性，进一步彰显了教育现代化发展的更高追求目标；教育质量要素指数反映了城市教育人才培养的素质、素养和能力水平，突出体现了教育现代化发展的内涵；而教育条件保障指数则从硬件建设和基础保障方面为提升教育普及程度、推进教育公平和提高教育质量提供了必要前提，一定程度上也反映各地对发展教育的重视程度。4 个一级指标对应了国家教育规划纲要确定的教育现代化内涵，符合党的十八届五中全会确定的教育发展目标与任务。南京市在该报告涉及义务教育的大多数指标中均排位靠前（表 3-15，图 3-3，图 3-4）。

表 3-15　15 个副省级城市教育普及发展指数中"义务教育巩固水平"排名

地区	义务教育巩固水平排名
沈阳市	11
大连市	8
长春市	13
哈尔滨市	15
南京市	2
杭州市	10
宁波市	14
厦门市	3
济南市	5

续表

地区	义务教育巩固水平排名
青岛市	4
武汉市	6
广州市	9
深圳市	12
成都市	1
西安市	7

资料来源：2015 年教育部《教育现代化进程监测评价指标体系研究》课题组资料

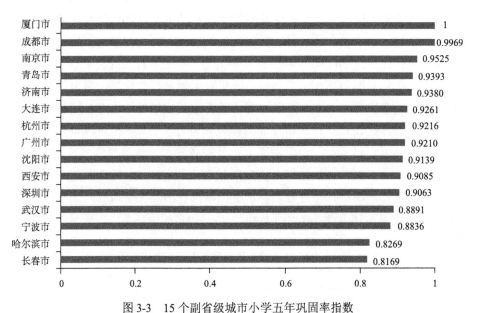

图 3-3　15 个副省级城市小学五年巩固率指数

资料来源：2015 年教育部《教育现代化进程监测评价指标体系研究》课题组资料

从表 3-15、图 3-3、图 3-4 可以看出，南京市九年义务教育巩固率指数在 15 个副省级城市中排名第 2。义务教育巩固水平由小学五年巩固率和初中三年巩固率 2 个指标构成。南京市在这两个指标中的排名分别为第 3 名和 2 名，得分比较接近，说明南京市关于巩固九年义务教育所供给的政策工具在义务教育各个阶段都取得了较好的效果。从上表和图中也可以看出，成都市九年义务教育巩固率指数在 15 个副省级城市中排名第 1，但是成都市在小学五年巩固率和初中三年巩固率两个分指标的排名分别为第 2 名和 5 名，差异较大。这也从另一个方面说明了南京市义务教育与其他同级城市相比更为均衡。

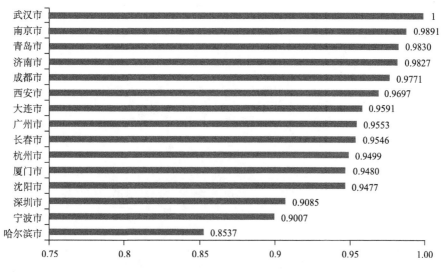

图 3-4　15 个副省级城市初中三年巩固率指数

资料来源：2015 年教育部《教育现代化进程监测评价指标体系研究》课题组资料

从表 3-16 可以看出，15 个副省级城市教育公平推进指数中有关 "义务教育均衡" 的指数包括市域内义务教育校际均衡指数、市域内义务教育县际均衡指数、市域内义务教育城乡一体化指数等 3 个二级指标，南京市在这 3 个指标上的排名分别为第 4 名、4 名和 5 名，差异较小；宁波市在这 3 个指标上的排名分别为第 2 名、1 名和 9 名；青岛市在这 3 个指标上的排名分别为第 1 名、2 名和 10 名；其他 12 个城市这 3 个二级指标之间的差异更大，再次说明了南京市义务教育与其他同级城市相比更为均衡。

表 3-16　15 个副省级城市教育公平推进指数中 "义务教育均衡" 排名

地区	市域内义务教育校际均衡指数排名	市域内义务教育县际均衡指数排名	市域内义务教育城乡一体化指数排名
沈阳市	7	13	14
大连市	3	10	8
长春市	13	11	12
哈尔滨市	15	14	11

续表

地区	市域内义务教育校际均衡指数排名	市域内义务教育县际均衡指数排名	市域内义务教育城乡一体化指数排名
南京市	4	4	5
杭州市	6	3	6
宁波市	2	1	9
厦门市	11	7	1
济南市	8	8	13
青岛市	1	2	10
武汉市	9	9	7
广州市	12	5	4
深圳市	10	6	深圳市无农村学校
成都市	5	12	3
西安市	14	15	2

资料来源：2015 年教育部《教育现代化进程监测评价指标体系研究》课题组资料

表 3-17　15 个副省级城市教育质量要素及排名

地区	教育质量要素指数	排名
沈阳市	0.8459	7
大连市	0.8399	8
长春市	0.8246	10
哈尔滨市	0.7778	13
南京市	1.0000	1
杭州市	0.9209	2
宁波市	0.8947	3
厦门市	0.8180	11
济南市	0.7303	14
青岛市	0.8740	5
武汉市	0.8542	6
广州市	0.8871	4
深圳市	0.7888	12
成都市	0.8287	9
西安市	0.7024	15

资料来源：2015 年教育部《教育现代化进程监测评价指标体系研究》课题组资料

　　根据教育质量要素指数相关指标数据测算结果，15个副省级城市中教育质量要素指数排在前五位的分别为南京市、杭州市、宁波市、广州市和青岛市，从表3-17可以看出，南京市名列第1，教育质量要素水平明显高于其他城市。

　　从表3-18可以看出，南京市在15个副省级城市教育条件保障指数总排名中名列第1。在二级指标装备投入和教育信息化排名中分列第2名和1名。从指标关联分析看，教育质量要素水平与教育条件保障水平相关度较高，教育质量要素指数前4位的城市，其条件保障指数也在15个副省级市中排在前4位，教育保障是质量的必要条件，但是政府供给的合理有效政策工具的作用也是至关重要的。沈阳市在15个副省级城市教育条件保障指数的总排名是第10名，但是在二级指标"经费投入排名"中名列第1，在二级指标装备投入和教育信息化排名中都是第11名，排名很低，说明大量的经费投入并没有取得明显效果，这与政府供给的政策工具是否有效高度相关。而从表3-18可知，在二级指标"经费投入排名"中，南京市仅列第13名，也就是说，南京市的经费投入与其他15个城市相比是较低的，但是南京市把有限的经费投入通过政府供给的有效政策工具合理使用，不搞"大水漫灌"，而通过"定点滴灌"来最大限度地发挥经费的作用，从而实现了教育质量要素指数在15个副省级城市名列第1。这就是"南京经验"背后的奥秘。

表3-18　15个副省级城市教育条件保障指数及二级指标排名

地区	教育条件保障指数	总排名	经费投入（二级指标）排名	装备投入（二级指标）排名	教育信息化（二级指标）排名
沈阳市	0.7940	10	1	11	11
大连市	0.8209	9	7	6	4
长春市	0.7016	13	15	13	14
哈尔滨市	0.5938	14	10	15	15
南京市	1	1	13	2	1
杭州市	0.9002	3	2	3	6
宁波市	0.8906	4	6	1	5
厦门市	0.8323	8	9	7	8
济南市	0.8510	6	8	12	7
青岛市	0.7554	11	3	9	9
武汉市	0.8399	7	14	8	10

续表

地区	教育条件保障指数	总排名	经费投入（二级指标）排名	装备投入（二级指标）排名	教育信息化（二级指标）排名
广州市	0.9646	2	5	5	3
深圳市	0.8885	5	4	4	2
成都市	0.7513	12	11	10	12
西安市	0.4033	15	12	14	13

资料来源：2015 年教育部《教育现代化进程监测评价指标体系研究》课题组资料

二、问卷调查与多元回归模型验证

任何所谓的"模式"都必须得到基层实践工作者的认可，才能真正看作可取的"经验"。为进一步了解南京市城乡义务教育均衡发展的实际情况，作者向江宁、高淳、溧水、六合、浦口 5 个区初中、小学的行政人员及教师发放了《南京市义务教育均衡发展调查问卷》。在基层问卷调查的基础上，提过构建南京市城乡义务教育资源分配趋势均衡多元回归分析模型，从统计学角度验证"南京经验"。

（一）问卷的设计及信度效度检验

根据 2015 年最新统计数据，江宁、高淳、溧水、六合、浦口 5 个区共有初中、小学行政人员及教师 17 239 人，其中浦口区 3687 人，江宁区 6293 人，六合区 3017 人，溧水区 2081 人，高淳区 2161 人。根据统计学要求，样本量应该是量表条目的 5～20 倍，本次调查问卷共设 24 个选择条目，按照最大 20 倍计算，发放问卷数应不少于 480 份。鉴于问卷中还有若干个开放性问题，为了最大程度反映南京市城乡义务教育均衡发展的实际情况，验证"南京经验"，决定各区抽取学校数不少于 20 所，每所学校完成问卷不少于 20 份，各区调查问卷完成总量不低于 400 份，最后共发放问卷 2256 份，回收有效问卷 2203 份，有效问卷数量已经超出 5 个区初中、小学行政人员及教师总人数的 1/8。为了保证问卷具有较高的可靠性和有效性，首先在问卷未正式形成之前进行了测试，根据分析结果进一步筛选问卷各题项，以调整问卷结构，并对试测结果进行信度和效度分析，尽量提高问卷的信度和效度。

因为本问卷是事实性的问卷，所以信度分析采用了重测信度法。这样做的原因是同样的问卷可以对同一被测者间隔 2 周或 1 个月时间进行重复测试，然后再计算两次测试结果的相关系数，更为客观和精确。本问卷为最大程度排除无关影响，重测间隔为 1 个月。学界一般认为，信度系数 0.65～0.70 是最小可接受值，0.70～0.80 就已经相当好了，0.80～0.90 属于非常好。经对 2 次重测结果的计算，本问卷的信度系数为 0.801，具有较高信度。效度检验采用德尔菲法，即采用通信方式咨询专家小组成员的意见，经过几轮咨询，使专家小组的意见趋于集中，最后做出符合实际的结论。专家之间不互相讨论，不发生横向联系，只与调查人员发生联系。一般选取 20～50 位专家进行咨询，本书中的问卷咨询了 35 位专家意见，符合数理统计要求。

（二）基层问卷调查结果的分析

1. 非开放性问题的分析

城乡义务教育政府供给改进的"南京经验"之所以称得上是"经验"，其显性结果主要表现在两个方面：一是义务教育资源分配，二是教师队伍的水平及稳定。

第一方面主要体现在校园环境、学校的数量和布局能否满足就近入学的需要、当地学校的总体布局和学校公用经费是否充裕等指标。在"您所在的小学或初中校园环境好吗？"这一问题中，选择"很好"的有 518 人，选择"比较好"的有 958 人，合计占总人数的 67%；在"您认为本地小学和初中的数量和布局能满足就近入学的需要吗？"这一问题中，选择"满足"和"基本满足"的分别有 602 人和 1037 人，合计占总人数的 74%。在"您认为当地学校的总体布局"这一问题中，选择"非常合理""合理""比较合理"的分别有 155 人、804 人、807 人，合计占总人数的 80%，以上充分说明"搭建教育城乡统筹发展的基础平台"这一"南京经验"中"布局调整""扶农工程"的效果显著。

在"您所在学校公用经费情况"这一问题中，选择"非常充裕""充裕""基本充裕"的分别有 141 人、648 人、1208 人，合计占总人数的 91%；在"您所在学校教师工资及相关福利"这一问题中，选择"每月能够保证非常及时发放""基本能够保证及时发放"和"基本能够及时发放，但偶尔会推迟些"的分别有 1150 人、664 人、258 人，合计占总人数的 94%，这些都说明"构建农村教育'洼地'崛起的政策机制"中的"经费保障"得到充分贯彻落实。这一情况也可以从另一个二选一的反向问题选择中得到再次证明，"您所在学校经费（包括公用部分、教师部分）之所以充裕，原因是"和"您所在学校经费（包括公用部分、教师部分）之所以紧张，原因是……"。有 591 人选择了"您所在学校经费之所以充裕，原因是义务教育经费充裕与当地财政收入高没有关系，主要是上级财政所提供的转移支付能够基本、甚至是完全能够保证经费充裕。"仅有 66 人选择了"您所在学校经费（包括公用部分、教师部分）之所以紧张，原因是义务教育经费紧张与当地财政收入低没有关系，主要是上级财政所提供的转移支付没有能够基本保证经费使用。"这也再次证明南京市多渠道筹措资金，加大投入，确保农村教育发展的各项政策落实到位是得到基层普遍认可的。

教育事业发展的关键在教师。第二方面主要体现在师资队伍稳定、义务教育师资流向主城区、农村区县与主城区学校之间的老师教学水平差距等指标。在"您当地学校的师资队伍稳定状况"这一问题中，选择"非常稳定""稳定""基本稳定"的分别有 144 人、708 人、1001 人，合计占总人数的 84%；在"您对本区义务教育师资流向主城区较好的学校这一现象的看法"这一问题中，选择"根本不严重，只是个例"和"不严重"的分别有 670 人和 898 人，合计占总人数的 71%。在"本地小学、初中与我市主城区学校之间的老师教学水平差距大吗？"这一问题中，选择"很小""比较小"和"一般"的分别有 264 人、551 人、811 人，合计占总人数的 74%。说明"南京经验"中的优岗计划、免费培训、教科研跟进、城乡携手和教育跨江等政策工具对稳定师资队伍，避免义务教育师资单向流向主城区以及缩小农村区县与主城区学校之间的老师教学水平差距效果明显。

调查问卷中还设置了概括性的问题，以便于具体问题的回答互相印证。在"目前本区内义务教育各个学校的义务教育发展水平"这一问题中，选择"没有差距""有点差距，但不大""存在差距，但在合理范围内"的分别有 68 人、686 人、805 人，合计占总人数的 71%；在"您认为全市城乡义务教育学校之间的义务教育发展水平"这一问题中，选择"没有差距""有点差距，但不大""存在差距，但在合理范围内"的分别有 43 人、489 人、671 人，合计占总人数的 55%；在"您认为近些年本区内义务教育资源分配趋势均衡吗"这一问题中，选择"一直很均衡""越来越均衡""基本保持不变"的分别有 72 人、907 人、937 人，合计占总人数的 87%；在"您认为近些年全市城乡义务教育资源分配趋势均衡吗"这一问题中，选择"一直很均衡""越来越均衡""基本保持不变"的分别有 65 人、841 人、988 人，合计占总人数的 86%；在"您对本市政府在缩小城乡学校差距方面所做的工作及其效果满意吗"这一问题中，选择"满意""基本满意""一般"的分别有 208 人、697 人、721 人，合计占总人数的 74%。在以上问卷项目中，被调查者基本认可南京市城乡义务教育是在向着均衡化方向发展。

2. 非开放性问题的相关分析和多元回归分析模型的建立

1）非开放性问题的相关分析（表 3-19）

相关分析是研究两个变量之间关联程度的统计方法。它主要是通过计算相关系数来反映变量之间关系的强弱。皮尔逊相关系数常称为积差相关系数，适用于研究连续变量之间的相关程度。相关系数 r 的值的大小代表变量之间相关程度。$|r|=0$，完全不相关；$0<|r|\leqslant0.3$，微弱相关；$0.3<|r|\leqslant0.5$，低度相关；$0.5<|r|\leqslant0.8$，显著相关；$0.8<|r|\leqslant1$，高度相关；$|r|=1$，完全相关。分析结果如表 3-19 所示。

表 3-19　变量 22（全市均衡）与其他变量的相关性

变量	皮尔逊相关系数	显著性（双侧）	N（有效问卷数）
变量 6	0.804**	0.000	2203
变量 7	0.608**	0.000	2203
变量 8	0.876**	0.000	2203
变量 9	0.850**	0.000	2203
变量 10	0.891**	0.000	2203
变量 11	0.869**	0.000	2203
变量 12	0.896**	0.000	2203
变量 13	0.758**	0.000	2203
变量 14	0.870**	0.000	2203
变量 15	0.847**	0.000	2203
变量 16	0.907**	0.000	2203
变量 17	0.820**	0.000	2203
变量 18	0.427**	0.000	2203
变量 19	0.837**	0.000	2203
变量 20	0.845**	0.000	2203
变量 21	0.925**	0.000	2203

**表示在 0.01 水平（双侧）上显著相关。

"变量 22"即"近些年全市城乡义务教育资源分配趋势均衡"。变量 22 与其他 16 个变量的皮尔逊相关系数，除了与变量 7 的相关系数为 0.608（显著相关）、与变量 13 的相关系数为 0.758（显著相关）、与变量 18 的相关系数为 0.427（低度相关）以外，均在 0.8 以上，为高度相关。

在统计学中，"显著性（双侧）"值小于 0.05 即可以判定两组变量具有相关性了，本书中，变量 22 即"近些年全市城乡义务教育资源分配趋势均衡"与其他 16 个变量的显著性（双侧）值均为 0.000，意思是变量 22 与其他 16 个变量不存在相关性的可能性小于 1/1000，也就是说，变量 22 与其他 16 个变量之间是显著线性相关的。皮尔逊相关系数的两个*号表示两组变量在 0.01 置信水平（双侧）上显著相关，表示两者无显著线性相关的可能性小于等于 1/100，变量 22 与其他 16 个变量的皮尔逊相关系数旁都是两个*号，也同样说明这 16 组变量之间都是高度相关的。

从以上相关分析来看，本书所发放的问卷中的 16 个非开放性问题均与变量 22 即"近些年全市城乡义务教育资源分配趋势均衡"是相关的，说明问卷的编制者对影响南京市义务教育资源的政府供给因素是非常了解的，问卷具有较高的科学性和实用性，但是变量之间的相关分析只能说明其他 16 个变量与变量 22 之间是正相关关系，但是并不能说明其他 16 个变量在多大程度上促进了变量 22 即"近些年全市城乡义务教育资源分配趋势均衡"，因此，需要进一步引入多元线性回归分析来验证。

2）非开放性问题的多元回归分析及模型的建立

线性相关条件下，两个或两个以上自变量对一个因变量的数量变化关系，称为多元线性回归分析。

由于这里的自变量进入方式采用的是系统默认，即强行进入法，可以看到回归模型的选入变量是变量 6～变量 21，即所有变量均进入方程（表 3-20）。

表 3-20　自变量进入方式

模型	变量进入	方式
1	变量 21、变量 18、变量 7、变量 13、变量 12、变量 11、变量 14、变量 6、变量 17、变量 8、变量 15、变量 16、变量 20、变量 10、变量 19、变量 9[a]	进入

a.所有变量均进入方程.

表 3-21 给出了衡量该回归方程优劣的统计量。R 为复相关系数，它表示模型中所有自变量与因变量之间的线性回归关系的密切程度大小。它的取值介于 0 和 1 之间；R 越大说明线性回归关系越密切。可决系数 R^2 等于复相关系数的平方，这里等于 0.912。调整的 R^2 为我们要重点关注的统计量；它的值越大，模型拟合效果得越好；表 3-19 中调整的 R^2 为 0.908，说明回归模型得出的线性方程对原始数据全部信息的反映程度为 90.8%。说明本书中的多元线性回归模型的解释力相当强了。这也可以通过 SPSS 统计软件绘成的"回归标准化残差直方图（图 3-5）"和"回归标准化残差的标准 P-P 图（图 3-6）"得到证明。

表 3-21　模型汇总 [b]

模型	R	R^2	调整 R^2
1	0.955[a]	0.912	0.908

a. 自变量：变量 21、变量 18、变量 7、变量 13、变量 12、变量 11、变量 14、变量 15、变量 6、变量 17、变量 8、变量 16、变量 20、变量 10、变量 19、变量 9

b. 因变量：变量 22

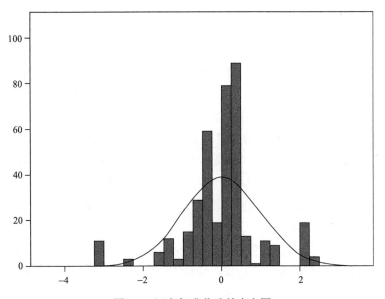

图 3-5　回归标准化残差直方图

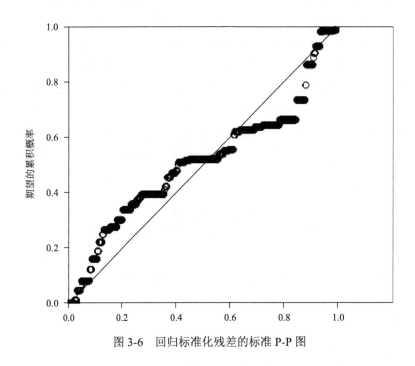

图 3-6　回归标准化残差的标准 P-P 图

　　通过 SPSS 统计软件绘成的"回归标准化残差直方图（图 3-5）"和"回归标准化残差的标准 P-P 图（图 3-6）"，可以直观看出变量之间的关系形态。从"图 3-5"我们可以看出，曲线呈相当标准的正态分布，显示出"钟"形曲线。残差是拟合值与真实值之间的偏差。一般来说，残差服从正态分布的话，说明残差是随机、不存在趋势和规律的，不会因为预测值的变化而变化，这从"回归标准化残差的标准 P-P 图（图 3-6）"的图像显示也可以进一步证明。在 16 个变量其中 4个变量的显著性水平远远超出"显著性"小于 0.05 的标准，与因变量 22 即"全市城乡义务教育资源分配趋势均衡"相关较小的情况下，还能看出当残差大致落在对角线附近的时候是服从正态分布的，那我们就可以推断用多元线性回归方程来拟合这 16 个变量是准确的。

　　在统计学中，"显著性"值小于 0.05 就可以判定两组变量具有相关性了，从表 3-22 可以看到，变量 6、变量 16、变量 17、变量 20 这 4 个变量的显著性水平分别为：0.538、0.653、0.816 和 0.691，已经远远超出"显著性"小于 0.05 的标准了，可以认为这 4 个变量对变量 22 即近些年全市城乡义务教育资源分配趋势均衡的贡献率不大。其他 12 个变量"显著性"值均小于 0.05，可以认为这 12 个变量与因变量 22 即"全市城乡义务教育资源分配趋势均衡"不同程度相关。

表 3-22　回归系数 ᵃ

	回归系数	显著性水平
常数	−0.478	0.007
变量 6	−0.028	0.538
变量 7	0.046	0.015
变量 8	0.165	0.002
变量 9	−0.238	0.000
变量 10	0.175	0.000
变量 11	−0.119	0.002
变量 12	0.329	0.000
变量 13	0.269	0.000
变量 14	0.134	0.001
变量 15	0.120	0.000
变量 16	0.021	0.653
变量 17	0.008	0.816
变量 18	−0.078	0.000
变量 19	0.190	0.000
变量 20	−0.017	0.691
变量 21	0.257	0.000

a.因变量：变量 22 即"全市城乡义务教育资源分配趋势均衡"

表 3-22 中，变量 7 即"本地小学和初中的数量和布局能满足就近入学的需要"对应的回归系数是 0.046，意思是变量 7 每增加 1 分，变量 22 即"近些年全市城乡义务教育资源分配趋势均衡"就可以增加 0.046 分。也就是说，本地小学和初中的数量和布局越能满足就近入学的需要，全市城乡义务教育资源分配趋势就越均衡。

变量 8 即"当地学校的总体布局是否合理"对应的回归系数是 0.165，意为"变量 8"每增加 1 分，变量 22 将增加 0.165 分。变量 8 实际上是"变量 7"的综合反映，当地学校的总体布局越合理，全市城乡义务教育资源分配趋势就越均衡。

变量 9 即"本地小学、初中与我市主城区学校之间的办学条件（包括校舍和设备等）差距大吗"对应的回归系数是–0.238 分，意思是本地小学、初中与我市主城区学校之间的办学条件（包括校舍和设备等）差距越大，全市城乡义务教育资源就越不均衡，变量 9 每增加 1 分，变量 22 就减少 0.238 分。

变量 10 即"本地小学、初中与我市主城区学校之间的老师教学水平差距"对应的回归系数是 0.175，意为变量 10 每增加 1 分，变量 22 增加 0.175 分。证明本地学校与主城区学校之间的老师教学水平差距越小，全市城乡义务教育资源分配趋势就越均衡。

变量 11 即"对本市政府在缩小城乡学校差距方面所做的工作及其效果的满意度"对应的回归系数是–0.119，意思是地方政府在缩小城乡学校差距方面的工作越不力、效果越不好，城乡学校差距越大，变量 11 每增加 1 分，变量 22 就减少 0.119 分，充分说明地方政府的供给在缩小城乡学校差距方面的重要作用。

变量 12 即"本地学校的工资、福利待遇与主城区其他学校比较"对应的回归系数是 0.329，也就是说，"变量 12"每增加 1 分，变量 22 增加 0.329 分。充分说明了郊区学校的工资、福利待遇对留住人才的激励作用，从而影响全市城乡义务教育资源分配趋势均衡。

变量 13 即"所在学校教师工资及相关福利的及时发放"对应的回归系数是 0.269，意为变量 13 每增加 1 分，变量 22 增加 0.269 分。变量 13 与变量 12 实际上是反映的同一个问题的不同方面，再次说明郊区学校的工资、福利待遇对留住人才的激励作用以及对全市城乡义务教育资源分配均衡的影响。

变量 14 即"所在学校公用经费是否充裕"对应的回归系数是 0.134，意为变量 14 每增加 1 分，变量 22 增加 0.134 分。说明所在学校公用经费的充裕程度也是全市城乡义务教育资源分配均衡的重要因素。

变量 15 即"所在学校经费（包括公用部分、教师部分）之所以充裕或紧张的原因"对应的回归系数是 0.120，意思是变量 15 每增加 1 分，变量 22 增加 0.120 分。因为这一选项与当地财政收入高低有关，说明地方政府对义务教育均衡的认识程度影响当地财政影响对学校经费投入，从而影响全市城乡义务教育资源分配均衡。

变量 18 即"造成义务教育师资流向主城较好学校现象的主要原因"对应的回归系数是–0.078，这一变量的均值得分是 2.8653，赋值靠近选项 3，该选项是"与主城区教师收入高有关，但主要还是主城区学校的其他条件好"，说明农村教师与主城区教师的收入差距越大、农村学校和主城区学校的其他条件差距越大，全市城乡义务教育资源就越不均衡，变量 18 每增加 1 分，变量 22 就减少 0.078 分。

变量 19 即"目前本区内义务教育各个学校的义务教育发展水平的差距"对应的回归系数是 0.190，说明变量 19 每增加 1 分，变量 22 就增加 0.190 分。说明要提高区内义务教育各个学校的义务教育发展水平，使校际之间的义务教育发展水平差距缩小，从而使全市城乡义务教育资源分配更加均衡。

变量 21 即"近些年本区内义务教育资源分配趋势均衡度"对应的回归系数是 0.257，说明变量 21 每增加 1 分，变量 22 就增加 0.257 分。变量 21 是对"变量 19"的进一步考证。

变量 7、变量 8、变量 9 体现义务教育各个学校的布局和条件；变量 10、变量 18 体现师资水平；变量 12、变量 13、变量 14、变量 15 体现义务教育经费；变量 11、变量 19、变量 21 体现义务教育政府作用。

通过对非开放性问题的多元回归分析，得到回归方程模型如下：全市城乡义务教育资源分配趋势均衡=0.046×变量 7+0.165×变量 8–0.238×变量 9+0.175×变量 13+0.134×变量 14+0.12×变量 15–0.078×变量 18+0.19×变量 19+0.257×变量 21–0.478。

基于多元回归方程模型反映的影响南京市城乡义务教育资源分配趋势均衡的要素，南京市通过搭建教育城乡统筹发展的基础平台、构建农村教育"洼地"崛起的政策机制、创建空间和条件，促进城乡学校特色发展、打造城乡携手、资源共享的立体格局、建立政府助学基础教育全覆盖体系等 5 个方面的举措基本实现了全市城乡义务教育资源分配趋势均衡。

3. 开放性问题的分析

在调查问卷的最后设置了开放性的问题。在"你认为目前义务教育中，城乡教育不均衡主要表现在哪些方面"和"你校目前发展的瓶颈问题有哪些"这两个问题的回答中，问题主要集中在："特色建设进入高原期，特色品牌的打造任重道远；教师交流效果不佳，教师绩效考核的激励作用不明显；学校文化建设、环境建设投入不足；名师打造力度不够，骨干教师的作用发挥不明显；学生全面发展，分层推进有阻力；教师管理的机制效能低，教师教育观念有待更新，对质量观认识不到位"等 6 方面。

在"请你简要谈谈如何进一步缩小城乡义务教育学校之间不均衡现象"这一

问题的回答中，问题主要集中在："政府鼓励年轻优秀教师到农村去，可以提高农村学校教师待遇吸引年轻的优秀教师，教师待遇要全市统一；加快招生制度的改革，让优秀学生能就近上学，取消择校生；加大校本培训、教科研培训力度；增强促进教师专业发展的动能，创新促进教师发展的平台，改进教师评价体系；以学生终生学习和全面发展为主要办学目标，真正切实实行教师流动；完善招生体系，禁止乱招生；重点学校与农村学校真正做到就近资源共享，优势互补分片形成教育园区，联合办学（区内所谓城乡学校联合成一整体）师资共享应落到实处。"

被调查者对以上开放性问题的回答实质上反映了南京市城乡义务教育政府供给在实现外延均衡后的发展方向问题。充分说明南京市城乡义务教育均衡发展应该实现范式转换，即从外延发展到内涵发展。内涵发展是义务教育均衡发展在更高层次的体现，是对外延发展的超越，两者在教育生态系统结构、目标选择和发展模式上具有根本区别。外延发展离不开物质要素的外部输入，以增加硬件建设、改善基础设施、扩展教师资源等方式为主，重在扩大数量、规模和速度，实现城乡义务教育资源优质化、均衡化；内涵发展则以教育系统内部要素的开发为主，重在实现质量和内涵优质，它通过转换教学理念、加强教学管理和课程开发、提升教师的教学能力、经验和职业精神，以及推进素质教育等途径，来改善教育文化品性、人文意蕴和个体特色等软实力，全面提升内部办学环境和效率。

第四节 "南京模式"的经验总结

一、"南京模式"的价值取向：基于城乡一体化的优质均衡

无论是区域对比检验还是问卷调查验证，均能说明南京城乡义务教育在主要指标上呈现出相对均衡的状态，也很清晰地反映了近年来南京市城乡义务教育发展中一贯坚持的价值取向，即基于城乡一体化的优质均衡。城乡一体化作为我国推进城乡统筹发展的战略要求，是从根本上缩小城乡教育发展差距的重要目标和手段。当前我国城乡教育一体化尚处于起步和探索阶段，南京的实践经验为我们探讨其演进特征、规律和实施策略提供了有益的借鉴。

（一）城乡一体化与城乡教育一体化

1. 城乡一体化：义务教育供给机制改革的新取向

所谓城乡一体化，一般认为应包括城乡的体制一体、经济链接、社会趋同和

空间融合，核心在于城乡协调发展（吴业苗，2013）。之所以要推动城乡一体化，显然是要破解城乡二元经济和社会结构，通过建立双向沟通的良性互动机制，促进城乡义务教育资源有效流动和共享，最终实现一体化协调发展。就实践而言，以城乡一体化来指导义务教育供给机制改革，具有四个方面的意义：一是消除城乡居民在基本公共服务特别是义务教育上的不平等待遇；二是打破城乡义务教育二元结构，为解决"三农"问题以及新型城镇建设提供人力资本支持；三是缓解城市义务教育资源压力，消除为"求学"而迁移的农民工流动；四是实现更为公平的城乡义务教育发展格局，为城乡社会和谐奠定基础。可以说，通过城乡一体化来促进义务教育供给机制改革，不仅要实现城乡义务教育一体化和均衡化的目标，也是构建"城乡经济社会一体化"格局的重要内容和前提条件（褚宏启，2010）。

2. 城乡教育一体化的内涵与外延

"城乡教育一体化"由城乡一体化引发和衍生而来，是城乡一体化的下位概念，也是城乡教育差距的相对概念。由此，城乡教育一体化可理解为：在"教育公平"价值取向之下，通过打破城乡二元体制格局，通过义务教育资源供给制度改革，促进城乡义务教育系统各部分之间互相联结、互相帮扶、优势互补，逐步实现城乡义务教育共生共荣、协调发展的动态演进过程（李玲，2012）。城乡教育一体化的外延则包括以下三个层次：从宏观教育体制来看，涵盖城乡教育管理制度、人事管理制度、经费投入制度、人才培养体制和评价机制等的一体化；从中观教育类别和层级看，包括学前教育、义务教育、职业教育等的一体化；从教育系统和要素看，包括师资、基础设备和硬件、教学和管理模式、资源配置和教育信息的一体化。

3. 城乡教育一体化的主要内容

在教育公平核心理念下，城乡教育一体化呈现以下特征：一是城乡教育达成目标共识，即缩小城乡差距，促进教育公平和质量提升，最终实现城乡学生的全面、均衡发展（周晔，2014）；二是城乡教育观念一致性，在消除学校、教师、学生等分歧和偏见的基础上，实现教育理论、培养理念、教学和管理模式、课程设置等方面的深度交流；三是城乡教育机构和教师地位互认，师资可以在城乡间自由良性流动且能得到权益保障；四是城乡教育资源共享，即实现教育经费、硬件资源、师资、管理和信息等资源等在城乡间合理均衡配置，有效流通与共享共用（张乐天，2011）；五是城乡教育优势互补，即城乡教育在经济、文化、生态等方面的个性特色与优势相互渗透、补充、传播与推广，现阶段应强调城市教育对农村教育的帮扶和带动。

（二）城乡一体化与"优质均衡"目标实现的内在机理

根据以上分析，城乡教育均衡化的实现具有不同的层次，每个层次的目标指向与实施效果不同。就较低层次的硬件条件而言，即便是经济社会发展水平不高的地区，只要及时改变教育资源供给机制，在经费、设备、师资等方面向农村倾斜，短时间内便可以大幅度地缩小城乡差距。但是，从长远来看，城乡教育均衡化必须依靠城乡一体化这个大系统的带动、支持与保障。

城乡教育一体化强调的是义务教育资源在城市和农村之间公平有效的配置，不仅是指相关资源配置向农村地区倾斜，也包括基本公共服务均等化（医疗、养老等）和配套改革（户籍制度、社会环境、社会管理、就业机会等），最终实现"人的城镇化"（姚永强，2013）。城乡一体化具有系统整合与良性互动特性，即独特的城乡教育系统自组织功能，不但能够实现义务教育生态系统内部的城乡一体化，也能够促进社会生态系统层面的城乡一体化，而后者能够为前者提供全面、持续而稳定的系统外资源支持和机制保障。因此，一方面要正确理解和处理城乡一体化和义务教育城乡均衡化的内在关系，从总体上谋划区域经济、社会和教育的城乡一体化；另一方面，要从技术上提升统筹城乡一体化发展的力度，致力于城乡发展的良性互动，不断缩小两者差距，最终实现城乡公平与和谐发展。在这个视角上看，均衡是城乡教育一体化的目标，统筹是城乡教育一体化的技术手段。

城乡教育一体化具有自身的演进规律，就其发展主体和阶段而言，可分为自发型的城乡教育一体化、政府干预型的城乡教育一体化、高度自主型的城乡教育一体化三种类型。现阶段，我国城乡教育一体化尚处于由第一阶段向第二阶段过渡的时期，很大程度上是政府主导的强制性制度变迁（杨卫安和邬志辉，2014）。这就需要各级政府加大义务教育资源城乡统筹力度，这既是缩小城乡教育差距的必要手段，也是促进城乡教育进入自主自治一体化阶段的有力保障。

（三）城乡教育一体化的"南京模式"

我国的城乡教育一体化在实践中形成了一些各具特色的发展模式，如南京模式、成都模式、重庆模式、上海模式等。成都市形成了以人为本的城乡教育一体化的理念体系、良性互动的城乡教育一体化的结构体系、面向市场的城乡教育一体化的控制体系、三位一体的城乡教育一体化的保障体系的"四大基本要素"；

重庆市根据"大城市、大农村、大库区"的特殊市情，提出了六大措施；上海浦东新区通过加大教育投入、优化教育资源配置、推进教育信息化建设等策略走出了一条卓有特色的城乡教育一体化发展之路。

1. "南京模式"的价值取向

城乡义务教育一体化在理念上要求破除城乡二元结构，纠正长期形成的"以城市为中心"、"城市偏向"的政策价值取向，真正树立城乡平等的价值理念，把公平正义作为义务教育供给制度变革的出发点和归旨。在此理念指导下，南京市充分发挥政府的主导作用，利用政策杠杆，改变过去"城乡两策，重城抑乡"的政策取向，建立城乡一体化义务教育发展机制，每年在经费、师资、资源、设备等方面刻意向农村"倾斜"，确保城乡学校资源配置一体化，因此在短时间内大幅度地缩小了城乡差距。

在具体做法上，该市早在 20 世纪末就建立了城市教育反哺农村教育的发展机制，坚持资源向农村地区和农村学校倾斜、向低位和薄弱学校倾斜、硬件均衡与软件均衡相结合的原则，推进城乡教育互动一体发展。对区域内城乡学校统一管理体制、统一规划布局、统一办学标准、统一办学经费、统一教师配置、统一办学水平，实现了"七个一样"即校园环境一样美、教学设施一样全、公用经费一样多、教师素质一样好、管理水平一样高、学生个性一样得到弘扬、人民群众一样满意。与十多年前相比，全市教育资源配置明显优化，各类教育办学效益大幅提高，城乡优质教育资源覆盖率已达 68%，为全市经济建设和社会发展提供了有力的智力支持，充分发挥了"教育第一基础"对城市发展的支撑作用。

与此同时，南京市坚持的"一体化"并不是绝对的"无差别化"。一方面，该市在经费、师资等方面坚持向农村倾斜，建立健全义务教育阶段城乡一体化发展机制；另一方面，根据不同区域实际情况实现共同发展、特色发展，鼓励和支持学校多样化、特色化办学，为学生发展提供适合和个性化的教育。这是因为，一体化也需要适应城乡不同的空间形态和经济结构，即使具有同质性的义务教育标准化、均衡化，也绝不是平均主义的，不是"削峰填谷"，"削高就低"，而是要依靠强力投入填平弱势学校的鸿沟，保持硬件设施的基本投入和师资配置的相对均衡。

2. "南京模式"的顶层设计

义务教育均衡发展是一个系统化的工程，在实践中要求把城乡义务教育作为一个整体看待，统筹发展规划和资源配置，统筹政策设计和制度安排，统筹城乡一体化发展的目标、速度、规模和质量（田汉族，2016）。因此，在政策制定和机制设计中，南京市尽量避免"就农村谈农村"的孤立主义倾向，从城乡各自的小循环、小系统走向城乡统一的大循环、大系统，树立城乡"一盘棋"的总体思想，努力发挥城市辐射带动优势和城乡之间的关联优势，促使城乡资源共享共赢。总之，城乡义务教育一体化不能仅实行局部的"碎片化"修补，需要全局性的统筹规划。在具体操作中，南京市主要从两个方面进行顶层设计：

一方面，通过颁布《加快推进全域统筹建设城乡一体化发展的新南京行动纲要》，从市委、市政府高度对城乡义务教育一体化发展进行政策引领，主要内容包括：①统筹做好城乡义务教育学校布局工作，科学合理制定布局规划，有效配置教育资源，城镇地区要同步落实新建居住区配套学校建设，乡村地区要保障学生就近上学需要；②统筹推进义务教育学校标准化建设，完善各类学校建设标准，明确标准化建设内容，集中力量解决好城镇大班和乡村薄弱校问题，特别是要加强乡村小规模学校和乡镇寄宿制学校建设；③统筹抓好城乡教师队伍建设，实行乡村教师收入分配倾斜制度，努力提高待遇和收入水平，统筹城乡师资配置，合理核定教职工编制，加强城乡、区域统筹和动态管理，完善教师招聘机制和职称评聘政策，合理设置城乡学校岗位比例，着力解决乡村教师结构性缺员和城镇师资不足问题。

另一方面，树立"一盘棋"意识，通盘考虑，超前部署，实现科学规划和转型发展。在实现义务教育资源均衡配置后，重心逐渐转移到教育质量提升方面，具体做法：①以立法形式优先保障教育用地供给。在城镇化发展过程中，为了避免地方经济发展用地挤压教育发展用地，南京市及时修订法律，依法保护用地。经省第十二届人大常委会第九次会议批准，《南京市中小学幼儿园用地保护条例》于2014年6月1日起施行，从法律层面对全市中小学幼儿园教育用地实现了有力保护，尤其是对城乡新建中小学、幼儿园的设置规模和占地面积明确了"硬杠杠"；②编制教育专项规划谋划未来发展格局。南京市在全国率先启动了《南京市中小学校园用地控制规划》编制工作，尽管农村区县规划基础薄弱，但是依然克服困难，将农村区县全部纳入规划范围，做到一校一图、一区一册，为每一所学校设定未来发展目标，对全市一段时期内教育发展目标和任务进行了准确定位。编制了《南京市总体规划——教育专项规划》、《南京市乡村地区基本公共服务设施配套标准规划指引》等规范性文本，对全市城乡学校进行统筹规划，科学布局；③开发信息系统提高管理水平。为了提高校园用地规划的现代化管理水平，南京开发了"南京市中小学地理信息系统",该系统有效实现了南京全域范围内中小学规划成果数据与基础地理数据的管理、共享和发布,在促进全市教育资源合理配置、教育设施均衡发展等方面发挥了重要作用。

二、"南京模式"的过程保障:制度完善与要素供给

南京市和全国其他地区面临的情况类似,农村基础教育薄弱是城乡义务教育不均衡的主要原因。因此,南京市以教育名城建设和教育跨江发展战略等一系列举措为抓手,坚持城乡教育统筹发展,实现了城乡义务教育从不均衡到基本均衡(张俊平,2015)。在要素供给与制度完善方面,南京市的主要做法有以下六个。

(一)搭建义务教育城乡统筹发展的基础平台

布局调整。为大力推行均衡教育,提高学校生源和教学投入集中度,"十五"期间,全市先后召开了三次教育布局调整会议,确立了农村"高中向县城集中、初中向乡镇集中、小学向中心校集中"思路,提出了"每一万人一所小学、每三万人一所初中"的农村中小学调整的标准。1999~2010年,全市中小学幼儿园数由2265所减少到1063所,减少了1202所;占地面积由1698.15万平方米增加到1770万平方米,增加71.85万平方米;校舍面积由466.6万平方米增加到714.03万平方米,增加247.43万平方米;中小学校均班级数,小学由9.4个增加到21.68个,增加12.28个,中学校由15个增加到27.58个,增加12.58个。这一系列的数字是枯燥的,但是数字背后体现的是南京教育布局调整的动作和成效。通过逐步、到位的布局调整,南京市中小学整体档次明显提高,薄弱学校锐减,学校间差距缩小,实现了教育资源的优化配置。

扶农工程。21世纪以来,南京以项目进行引领,先后实施了"农村小学提升工程""振兴初中行动计划""六有工程""校校通""三新一亮""'五室'建设"以及"农村幼儿教育扶持计划""农村中小学办学条件标准化建设工程""农村教育提优工程"等多项扶农工程,全面提升农村教育办学条件,加快农村教育信息化建设,进一步缩小城乡教育差距。根据2005年南京市五部门联合颁布的《南京市中小学办学条件标准》,97%以上的农村中小学办学条件达到了三类建设标准。目前,全市农村中小学办学条件实现"五个100%":100%达到国家规定的办学条件标准,100%无陈积危房并做到当年新增危房当年消除,100%达到省"课桌新、板凳新、讲台新、电灯亮"的"三新一亮"标准,100%达到省"有卫生

食堂、标准化的宿舍、水冲式厕所、卫生饮用水和整洁的校园等"的"六有工程"要求，100%完成信息技术"校校通工程"。

此外，南京还注重区域教育结构的优化和整体水平的提高，开展了以乡镇为单位的"教育现代化乡镇"和以区县为单位的"教育现代化区（县）"的创建活动，并且把幼儿教育、成人教育也纳入创建活动之中，全面提升农村教育水平。全市53个乡镇和街道办事处中的51个达到了教育现代化创建活动的规定标准。十三个区县已全部被评为教育现代化区县。在各项创建活动中，市级财政以奖代拔，加大农村教育投入，进一步调动区县、乡镇提升教育水平的积极性。

课程改革。基础教育课程改革是全面推进素质教育的重要环节，也是当前农村教育工作中提升办学内涵一项非常重要的内容。2002年，南京所有小学、初中起始年级即全部进入新课程改革实验，比全省提前2年，比全国提前3年。"十一五"期间，全市在经费分配、资源建设和专业指导等方面向农村倾斜，通过加强农村课程改革，提高农村基础教育质量。建立了学科课程改革实验基地，推广了溧水县东庐中学"讲学稿"等一些适应农村教学、行之有效的教学法，积极探索农村中小学探索素质的道路。南京结合新课改，建立72个课改试验基地，通过创建特色教育，让农村和城市学校树立壮大各自优势，从而在城乡统筹中形成学校特色，这也是对教育均衡发展的有力推进。

（二）构建农村教育"洼地"崛起的财政扶持机制

经费保障。为切实加强农村教育的发展，南京多渠道筹措资金，加大投入，确保农村教育发展的各项政策落实到位。统计数据表明，1998～2000年，三年的农村基础教育的投入1.44亿元，2001～2003年，农村基础教育的总投入达3.46亿元；2006年以来，每年向农村教育转移支付由"十五"期间的9000万左右提高到"十一五"的1.7个亿，三年累计投入达5.1亿元。2006年、2007年又投入3亿元，使95%的农村中小学办学条件建设达到了新颁布的《普通中小学办学条件标准》。从2005年起，全市调整教育经费投入结构，对全市郊县板块中发展相对落后的"一区两县"（六合区、高淳县和溧水县），加大教育费附加的转移支付力度，确保新增郊县教育经费中的70%用于"一区两县"。

优岗计划。为稳定农村骨干教师队伍，南京从"十五"期间开始实施"农村教师优岗计划"，对坚持在农村学校任教的骨干教师按月发放一定的"岗位津贴"。从2006年开始，全市实施新一轮"优岗计划"，凡是在职的农村学校特级教师、市学科带头人、中小学高级教师和优秀青年教师，均每月发放200～1200元的"岗位补贴"，且高于城区的标准。全市每年投入近亿元用于提高农村教师待遇，惠及 17000 多名农村教师，全市农村中小学班主任津贴标准由原来每月 12 元提高到每月 120 元。为促进高学历人才到农村任教，对分配到农村中小学任教的本科教师给予每月 100 元工作补贴。在新实行的义务教育教师绩效工资中，对同一行政区域内地处偏远、条件艰苦的农村学校教师，提供了农村教师补贴。

免费培训。加强农村教师队伍的培养、培训，提高农村教师的综合素质，是全市高质量实施素质教育，加速教育现代化进程的战略选择。为鼓励农村教师安心施教，南京建立了农村教师培训专项补贴制度，特别鼓励年轻教师干好本职，勤于业务，精于教学。自 2004 年以来，每年从市级教师培训经费中安排 400 多万元支持农村教师培训。其中每年专门拿出 200 多万元经费，直接用于举办千名农村教师免费进城培训，英语教师"就地留学"培训等，每年拿出 200 多万元对农村地区自办的紧缺学科、小学科教师培训班给予补贴。在一定程度上缓解了区县经费不足的困难，提高了区县师训工作的积极性。南京坚持开展"千名农村教师进城免费培训工程"，每年专项投入 500 多万元免费对全市农村教师 100%地进行新一轮培训，着力提高农村教师队伍的专业水平，促进城乡师资资源的均衡。

教科研跟进。高水平的教育教学科研能够引领教育教学活动高水平展开。在农村教师队伍建设中，突出教研、科研的重要地位，加大对农村教研科研帮扶力度。全市改进教研方式，坚持重心下移，采用总体规划与个体自愿结合，组成 15 个教学研究联合体，建立"小学乡村阅读联盟"，定点扶持农村薄弱地区、薄弱学校，贴近实际提高教研和教学效果。培育溧水县东庐初中等农村教研先进典型，探索和推进农村教研品牌建设。提高农村学校市级教育科研课题立项比例，"十一五"期间，市级农村教育科研课题立项数 182 项，省级课题立项 39 项。确立"十一五"规划重大招标课题《南京推进新农村教育的机制和策略研究》，拨付 3 万元研究经费进行攻关研究。加大农村学校教科研基地建设，建成农村学校教科研基地 24 所。南京教研科研"支持农村、服务农村"，有力促进了农村教师队伍建设水平的根本性提高。

（三）创建空间和条件，促进城乡学校特色发展

城乡教育是两种各具特色的教育，有着不同的特点、任务、外部环境和历史传统。城乡教育统筹发展不能为了"统筹"而统一化甚至同质化，南京市在城乡教育统筹发展中着眼于城乡教育各自的固有特征，充分尊重城乡教育个体之间不同的教育风格、发展模式，积极实施"学校特色发展战略"，扎实实施特色学校

创建活动。

小班教育。秉承"为了每一个"的理念，从 2001 年起南京开始了小班化教学试验，试验学校从 14 所小学，发展为 100 所小学、27 所初中。经过实践与探索，南京的小班化教育的教育环境实现了"设施的现代化，风格的个性化，功能的学习化"，实现了"学生发言的人数多，自主建构知识的时间多，合作分享的机会多，获取信息的反馈多，得到的认可欣赏多，接受的个别辅导多"的新教育过程，实现了"综合评价，过程评价，积极评价，学生、家长、教师的合作评价"的新教育评价，这些都促进了学生的全面而富有个性的发展，促进了教师的专业成长，促进了学校办学品位的提升。小班化教育已成为不少城乡居民择校的新选项。部分农村学校实施小班化教学后，学生也不再进城择校，而是留在家乡享受充分的、关注的教育。小班化教育作为南京市基础教育改革新的亮点和推进素质教育新的着力点，已经成为城乡优质教育新的增长点。

名校推新。南京有一批办学历史悠久、办学成效卓著的百年老校。为了让百年老校在对百年办学传统、特色、文化进行梳理的基础上，审视现在的办学实践，并在未来教育发展中具有可持续发展的动力，南京开展了百年名校推新工程。对包括江浦实验小学、高淳高级中学等在内 25 所学校，进行了课题研究、校本课程开发、校园文化凝练等，借此推动百年名校确立新理念、创造新范式、培育新人才。

（四）打造城乡携手、资源共享的立体格局

城乡携手。以"共享促均衡"理念为指导，加强城乡学校的互助合作与交流，探索建立以示范学校为核心的"理念共生、资源共享、成果共存、考核一体、待遇平等"的"城乡教育发展共同体"。2006 年底启动了以教育教学工作研讨交流及新理念、新知识、新技术学习为主要内容，以教师素质提升、专业发展为目标的"百校千师携手共进"计划，遴选百所优质学校、千名骨干教师与老五县实行区与区（县）、校与校的结对帮扶。此外，要求市区教师参加各级评先评优和职称评定时，必须具有一定年限的农村学校工作经历。通过选派教师支教、安排受援学校教师来校短期学习、联合组织集体备课、共同开展教科研课题研究、共享校本研修资源和课程改革成果等多种方式，积极推动城乡教师之间交流，促进农村教师的专业成长。近年来，南京坚持"政策引导、区域统筹、因地制宜"的原则，积极推进教师"区管校用"试点，推进义务教育学校教师和校长流动。鼓励教师和校长由热点学校向非热点学校、由城镇学校向农村学校流动；流动方式采

取"帮扶交流"、"集团交流"、"城乡交流"等多种形式。据统计，三年来全市中小学教师轮岗交流共计 7800 人，每年流动比例超过市委市政府所规定的不低于专任教师总数 15%的目标。

另外，利用现代网络技术，组织百所学校网上"手拉手"。全市城区 105 所学校与农村 105 所学校结成手拉手学校，围绕现代教育技术与学科整合，共同进行集体备课、教学研究、校本研训等。一批学校将多年积累的个性化的优质教育教学资源库向对口农村学校无偿开放。

教育跨江。江北是南京教育发展相对薄弱的地区，为形成"整体提升江南、快速发展江北、两岸教育互动、风格特色鲜明"的教育格局，2007 年，中共南京市委第十二次党代会提出了"教育跨江发展战略"，为整体提升江北地区教育实力提供了难得的机遇。南京通过"教育跨江发展双十工程"（"十所学校跨江发展'手拉手'""十大江北教育振兴工程"），充分调动市、区、镇（街道）及社会各方的积极性，完善教育基础设施建设，全面提高师资队伍建设水平，加大了对江北地区教育支持力度，加速了江北教育资源整合，实现了长江两岸教育均衡、互补、共同发展。投资 6000 万建成江苏省青少年校外实践基地和南京市青少年现代工业文明教育基地；部分小学作为全国汉语国际推广江北基地学校，经过建设，被教育部确定为国家对外交流、开放窗口。

（五）建立政府助学基础教育全覆盖体系

从 2003 年起，南京在全国率先实行"义务教育助学券"制度。通过发展，适用范围由原来城乡低保家庭子女扩至农村低收入纯农户家庭的子女，减免项目也扩大为杂费、课本费、作业本、信息技术教育费、社会实践活动费、体检费等六项，六年累计投入 3243.75 万元。

对符合规定的在公办学校接受义务教育的民工子女，与本地户籍少年儿童一样享受免费政策。2006 年秋季，对全市义务教育阶段的学生，包括符合规定条件在南京就读的进城务工农民子女，比原计划提前 4 年享受城乡一体免收杂费政策。2006 年、2007 年全市义务教育阶段约 65.2 万人次农村学生全部免收杂费，每年减免资金达 1.7 亿元。对接纳民工子女就读的公办学校，按照小学每生 120 元/年，初中每生 180 元/年的标准实行经费补助；从 2008 年春开始对在公办学校就读的农民工子女免收课本费；从 2003 年起累计投入 1200 万元专项经费扶持民办的民工子弟学校，帮助它们改善办学条件。南京接纳外来进城务工农民子女接受义务教育人数共 6.27 万，公办学校接纳比例达 89%，在宁外来务工子女已享受到"同城待遇、同班学习、同步发展"的"三同教育"。

2007 年起，南京正式落实"高中助学券"政策，对城乡低保户农村低收入纯农户子女每生每年补助 1000～1700 元；对城乡中职学校在校一、二年级学生每人每年发放助学金 1500 元。2008 年秋季起，南京开始实行"幼儿助学券"制度，对城乡低保家庭及经济特困家庭在园幼儿每人每年政府资助 1600 元。

南京率先在全国开通 15 年基础教育全过程、普惠型、多层次的政府扶困助学的"绿色通道"，有效地保障了适龄儿童就学机会，也加快了从"学有所教"到"学有优教"的升级。

（六）发挥名校辐射功能，以"增量"方式扩大优质资源覆盖率

从 2006 年起，南京就建立了教育发展目标责任制，由市教育局与各区教育局一把手签订年度教育发展考核责任书，名校帮扶农村弱校是责任书的重要内容，市、区、街镇从上到下，建立三层教育责任考核网络，政府、部门、学校各司其职，层层落实。通过多种方式，帮助农村学校提升教育发展水平，加速推进城乡义务教育均衡发展。

一是名校举办分校。早在 2002 年，南京就利用名校的品牌和管理，着手在全市统筹布局优质教育资源，在江宁、浦口等地创办了股份制民办学校，创出了一条优质教育资源放大的新路。名校举办的分校为南京农村地区提供了优质的教育服务。

二是开展小班化实验。从 2001 年秋季开始，根据世界先进教育经验及教育规律，同时也是调控生源谷峰谷底，南京在 14 所普通小学率先试行小班化教育。2005 年秋季，南京 8 所普通初中加盟试点。至 2017 年，南京共有 150 多所小班化实验学校，其中农村学校占一半多。市财政按照班级数每年在规定的生均公用经费基础上，另外拨付 1 万元/班给学校，用于学校发展。小班化教育并不只是班级人数上简单的减少，也不只是教育形式和教学模式的简单调整，而是重建了学校文化，其核心是对人性的尊重。中考中一大批初中小班化教学实验学校成绩超过全市平均分，学生差分率总体低于市均水平。小班化学校成长迅速，已然成为老百姓认可的"家门口的好学校"。

三是名校托管弱校。在全市推进名校举办分校的同时，南京也同时启动了城区热点学校与郊区农村学校委托管理工作，"名校托管弱校"的发展模式逐渐成熟并取得成效。名校托管弱校后，各被托管的学校法人依然独立，依然使用原来校名，但一体化托管办学的学校，充分发挥了优质学校管理的示范、辐射功能，

输出管理团队与骨干教师团队，推动管理团队、骨干教师团队在托管学校间的合理流动。"名校托管弱校"助推了全市区域、城乡教育一体均衡发展。

应该说，放大优质教育资源、推进城乡教育一体化发展既是推进完善政府公共教育服务体系的创举，又是促进均衡发展、迅速扩张优质教育资源的制度创新，更是突破了"既得利益"对教育改革的约束，彰显了名校的社会责任感，这也成为南京市打造教育名城的重要基础条件和重要成就。

总之，在政策体制上创新，在投入上保障，在发展中求均衡，在均衡中求公平，这就是城乡义务教育政府供给改进的南京模式。这一实践经验得到了基层和公众的认可，也经得起与其他同级城市的对比检验。

三、"南京模式"的实践价值：一体化与城乡融合

城乡义务教育一体化是破除城乡二元体制实现义务教育公平的战略选择，也是教育公平的时代诉求（刘玮，2015）。南京作为东部发达城市，以统筹城乡发展为总体战略启动城乡一体化进程，并把城乡教育一体化作为推进城乡融合的重要举措，在标准制定、整体规划、资源配置、管理体制、教育质量提升等方面进行了一些探索，对其他地区的教育改革实践具有一定的借鉴价值。

（一）"南京经验"的主要特征

概括起来，"南京经验"具有以下主要特征：一是在战略目标设置上，积极推进城乡义务教育公共服务均等化，充分发挥教育标准的导向、诊断和基准作用，以一体化、标准化建设促进城乡义务教育均衡化发展；二是在动力机制上，南京城乡教育一体化以"四化同步"和统筹城乡发展的社会变革为背景展开，并被摆在推进城乡一体化的优先位置；三是在布局形态上，以统筹发展中心城市、县域城市、小城镇和新农村建设为基本思路，通过实施城乡教育一体化为"就地城镇化"战略服务；四是在推进策略上，充分发挥政府主导作用，通过构建教育发展目标责任制、三级政府（市、区、街道）教育责任考核网络等手段，积极探索促进城乡义务教育共同发展的路径和机制；五是在实施进度上，目前已经完成基础投入方面的均衡化，开始向"优质均衡"阶段转换，即从外延均衡转向内涵均衡、从同质化均衡转向特色均衡、从基础均衡转向优质均衡、从依附均衡转向自主均衡。

（二）"南京经验"的实践价值分析

就具体实践而言，南京市在推进城乡义务教育一体化过程中正确处理了城乡非均衡发展的主要矛盾，理顺了各系统间的内在关系，从而为战略规划的实施奠定了坚实基础。

一是处理城乡一体化与城乡教育一体化的关系。经济社会发展决定了教育发展，不仅为其提供原动力，而且其发展的模式和水平也决定了教育的发展模式和水平。反过来，教育也会影响经济社会发展的速度和质量。由此，两者形成了相互依赖、相互影响的辩证关系。正确处理两者关系是跨越城乡教育一体化过程中多种障碍的根本途径。基于"南京经验"，当前要克服城乡分治的路径依赖和思维定式，以"优质均衡"为价值目标，把城乡义务教育作为一个大系统和整体，实现统筹发展、和谐发展。

二是妥善处理城乡教育一体化和城乡教育均衡化的关系。两者都是城乡义务教育发展的重要战略，是实现教育公平问题的重要举措；同时，两者也是目标与手段的关系，城乡教育一体化是教育发展的理想和目标，而城乡教育均衡化是实现目标的一种手段（张放平，2011）。城乡教育一体化追求的不是城乡分割、分离、分治下的城乡教育均衡发展，而是追求"融合且平等"，即通过统筹城乡发展，建立城乡教育双向沟通、良性互动机制，以实现城乡教育均衡发展。

三是协调处理基本公共教育服务均等化、标准化与特色化的关系。推进城乡教育一体化的重点体现在义务教育服务的均等化上，在实践中体现为以标准化引领义务教育均衡发展。根据生态学原理，为适应城乡不同的空间形态和经济结构，即使具有同质性的义务教育标准化、均衡化，也绝不是平均主义的，不是"削峰填谷"、"削高就低"，而是要依靠强力投入填平城乡、区域和校际差距，保持教育资源基本投入和师资配置的相对均衡，并根据实际情况推动共同发展和特色发展，鼓励多样化、特色化办学，为学生成长提供适合的、个性化的教育。

四是统筹协调城市教育和农村教育的关系。城市和农村教育是以城市和农村各自教育系统的专门化、差异化和独特化为前提的，两者在本体功能上是一致的，区别在于教育工具性的差异。因此，在实践中要尊重这种固有差异和本原特质，在保持适度差异的基础上实现充分、个性、特色发展。总之，城乡教育一体化不是城乡教育同质化，不是要消灭农村教育，而是发掘农村教育特色和真正需要，通过加大城乡资源整合和对接力度，充分发挥城乡教育各自的优势，实现城乡教育"双强共荣"（王建，2016）。在这个意义上，城乡教育一体化比单纯的"城乡教育均衡发展""缩小城乡教育差距"等拥有更多内涵和更高要求。

本 章 小 结

本章以南京市为例，剖析义务教育均衡化发展历程、路径和绩效，并总结历史经验和教训。

本章的主要内容包括：①对中国东部地区城乡义务教育已基本实现均衡的典型——南京市义务教育的发展历程进行源流考察。从一开始，南京基础教育起步之时城乡不均衡就已初见端倪；民国时期南京基础教育经过初步发展之后，基础教育不均衡已经开始显性化；1949 年后，南京基础教育发展主要立足于"有学上"问题的解决；通过 1976 年后的发展，南京初等义务教育实现基本普及；1996 年以来南京市义务教育实现了不断的长足进步。②通过对南京市城乡义务教育发展的实证考察，发现南京市城乡义务教育从不均衡到基本均衡经历了三个时期："以乡为主"机制与城乡差距形成（1984～1995 年）、"县乡自给"机制与城乡差距扩大（1996～2008 年）、"一体化"战略实施与城乡差距缩小直至基本均衡（2009～2014 年）。③对南京城乡义务教育发展从不均衡到基本均衡的演进路径进行了解析，主要原因在于义务教育发展体制机制和要素供给的共同改进，这一变革塑造了"南京模式"。此后，通过与同级城市的典型指标对比检验以及基层问卷调查验证，检验"南京模式"的制度绩效。④最后，对"南京模式"进行经验总结，从价值取向、过程保障以及实践价值三个方面对经验进行了概括，据此提出，应以城乡一体化推进优质均衡作为义务教育供给机制改革的新取向，并提供要素供给与制度完善的过程保障。

总之，南京作为教育发达城市，通过推进城乡教育一体化促进义务教育均衡化，在标准制定、整体规划、资源配置、管理体制、教育质量提升等方面进行了诸多探索，对同一发展阶段的地区乃至全国其他地区都有着重要的启示和借鉴意义。

第四章　城乡义务教育政府供给制度的演进路向：基于城乡一体化的"生态化均衡"

第一节　确立义务教育"生态化均衡"发展机制的背景和依据

一、农村义务教育供给"新机制"的设计缺陷及其表现

1985 年以来，农村义务教育供给责任逐渐由乡村、县过渡到多级政府共同负担，实现了乡村自给向公共财政保障的制度转化之路。然而，诸多理论和实证研究都表明，2006 年起，实施的农村义务教育经费保障机制（简称"新机制"）的改革仍然是一次仅仅关注经费机制的"增量改革"，并没有突破城乡分立的固有框架，城乡义务教育非均衡发展态势并未实现逆转（王蓉，2008）。

（一）城乡义务教育供给"新机制"的设计缺陷

2006 年，实施的农村义务教育"新机制"通过自上而下的行政手段建立起中央、省、县三级政府分担机制，实现了稳定的农村义务教育投入制度。这一"新机制"的确立有三个方面的积极意义：一是首次实行义务教育"免费"，减轻了农民的经济负担，巩固了"普九"成果；二是改变了农村义务教育始终与乡镇、县财政实力捆绑的机制，实现了经费来源多元化和稳定化；三是强化了中央和省级政府的财政责任，为实现城乡义务教育均衡化提供了制度可能。然而，从制度层面来看，"新机制"及其后续改革并没有突破分级办学、分级管理、以县为主的经费投入与管理体制框架，仍然是一种城乡分立的机制设计，偏离了城乡义务教育一体化发展的战略初衷（陈静漪，2012a）。

一方面，财政分权机制具有明显的"挤出效应"，地方政府支出行为偏离导致农村义务教育支出不足。"新机制"虽然提高了中央和省级政府对农村义务教育的财政责任，但对县级支出"激励不足"，即县级政府即使有财政能力但也不愿主动投入。究其原因，一是在现行行政体制安排下地方官员考核和升迁由上级负责，当地居民无法对政府行为进行有效制约和监督。因此，拥有财政支出自由裁量权的地方官员会将更多财力安排到有利于考核和升迁的项目上（范丽萍，

2010)；二是"新机制"没有调动乡镇和县级政府提高农村义务教育质量的积极性，甚至在某种程度上使得农村义务教育的基层载体虚化，根源仍然在于教育投资所固有的长周期和区域外溢属性，导致中央、省级政府目标中的权重高于地方政府目标中的权重（高彦彦等，2010)；三是按照传统财政分权理论，负责义务教育供给的政府级次越低其效率就越高，但"新机制"把义务教育事权由乡镇上划到县，筹资责任则由县级以上多级政府分担，这必然加大教育决策和管理成本，导致供给效率的损失。

另一方面，"新机制"实质上是一个围绕经费供给的"单向度"体制改革，缺少上下游配套措施，且运行成本高昂（吴根平，2014)。一是忽视与国家宏观财政与行政等刚性体制的兼容，"中央—省—县—乡镇"的经费垂直拨付和管理链条过长，易导致县乡镇政府财力与事务责任不对称，如中央和省级部门转移支付资金被截留和挪作他用的行为时有发生。二是"普九"之后，大多数农村地区的义务教育实现了从生存型向发展型的转型，经费供给改革边际收益趋于递减，改革重点应该转移到师资、生源、管理等"质量"层面。但"新机制"并未真正触及"城乡分立"体制，农村义务教育仍处于一个游离于城市之外的相对封闭的循环系统，城乡教育资源优化配置因遭遇体制壁垒而无法实现。与此同时，城市凭借优越条件和地位，还在不断"抽取"农村中小学优秀生源、教师和管理人员。

（二）"新机制"实施后的城乡义务教育差距

尽管"新机制"后农村义务教育经费供给快速增长，但城乡义务教育总体差距并未有效缩小，在生均经费差距方面甚至有扩大倾向。2015 年通过义务教育发展基本均衡县（区）评估达到 1302 个，但距离 2020 年目标还有 66.41% 的差距，而落后地区通过均衡化评估的难度会越来越大。总体而言，全面实现城乡义务教育均衡化依然任重而道远。

1. 农村义务教育经费投入总量不足、增速不稳且区域结构不合理

"新机制"实施后农村义务教育经费总投入不断增长，但总量依然不足且增速不稳。"新机制"实施第一年，农村小学生均经费增长了 27.3%，第二年增长率回落到 19.4%；农村初中生均经费变化相对稳定，但 2009 年，增长率也出现了回落。就中小学生均教育经费差距而言，2009 年较 2000 年城乡差距分别扩大了 40% 和 65%。与此同时，2009 年，全国县域内小学在校生较 2000 年减少了 2903.91 万人，减幅高达 25.94%。因此，农村生均经费增加不仅是因为总经费增

加，更重要的原因可能是农村在校生的迅速减少。这说明"新机制"并没有有效地消除教育经费投入上的城乡二元结构问题。此外，农村义务教育经费区域间投入比例和结构不合理，2010～2014年中部地区始终低于东部地区和西部地区，呈"中部塌陷"状态。

2. 农村义务教育办学条件和质量较差，城乡间"内涵化"差距巨大

2006年，"新机制"是在"地方负责，分级管理，以县为主"的责任划分格局下展开的，缺少行政、财政等宏观体制改革配套，因此并未动摇原有的政府间财力与事权责任结构，基建、硬件设施和教职工等事务仍然由县乡政府负担（倪红日和张亮，2012）。由此，城乡义务教育在资源供给、教育质量等方面的差距未能有效缩小，"每一所学校符合国家办学标准"的目标也没有实现。特别是教学设备、生活条件等方面差距依旧明显，2014年，城乡小学生均教学仪器设备值分别为1333.04元，农村为708.15元，仅为城乡水平的53.1%。尤其突出的是师资问题，大部分农村地区存在师资总体超编和结构性缺编问题，很多教育观念和教学方法陈旧的低学历教师集中在中西部地区和农村学校，很难满足课程教学改进实际需求。

3. 城乡义务教育质量差距较大，"优质均衡"任重道远

由于生均经费、师资水平、管理水平以及相关教育资源方面的城乡差距依然十分巨大，城乡义务教育质量差距十分明显。一是城乡、校际间的师资水平、课程开设、教学实施等差异显著，全口径统计的城乡中小学生学业成就水平差距显著；二是教学、课程、素质教育等教育质量均衡工作仅在东部地区或发达城市展开，全国范围内的优质均衡发展任重而道远；三是义务教育人口城镇化率已显著高于城镇化水平，大量农村学龄人口涌入城市，导致城市教育资源紧缺而农村教育资源被大量闲置。

二、城乡义务教育供给机制改进的必然路向：生态化均衡

在教育现代化战略目标下，我国一直致力于统筹城乡义务教育资源均衡配置，这是实现城乡义务教育教育均衡化的主要内容和重要手段（吕普生，2013）。自1985年以来，城乡义务教育供给机制不断调适、完善的变迁过程，呈现出以下特征：供给主体上，从中央主导转向中央和地方协同实施；统筹取向上，从粗放的效率驱动型供给转向集约的结构调整型供给；从供给内容来看，从双要素简

单供给转向多要素综合供给；从统筹方式来看，从政府单一推进转向政府和社会协同推进。

总体上看，城乡义务教育供给机制调整对于缩小城乡义务教育差距起到了一定的政策功效与作用，但现阶段城乡义务教育统筹发展仍存在一些问题：一方面，改革总是着眼于教育系统内部，而忽视系统外配套改革，属于典型的"头痛医头，脚痛医脚"。现代社会的教育工作越来越离不开经济和社会的发展，如果仅限于从教育系统内部寻找答案，将义务教育作为一个独立的问题去解决，既不现实也不可能。就是说，城乡义务教育均衡化发展问题，本质上是一个社会和经济问题，不仅要着力破除教育系统自身的体制机制障碍，还要实施全面系统的城乡一体化改革。另一方面，改革重视"碎片化"的修补，缺乏全局的统筹谋划。城乡义务教育均衡发展机制改革是一个复杂的系统工程，涉及千家万户的利益和社会系统的方方面面，必须从系统的、整体的视角，强调改革的协同性，从全局和整体上谋划、协调和推进（凡勇昆和邬志辉，2014）。"新机制"已实施改革越向前推进所触及的矛盾和利益纷争就越复杂，阻力也就越大。如果仅仅着眼于局部、"碎片化"修补，往往会遇到重重阻碍，难以达到预期效果。引起巨大社会争论的"就近入学"政策，在根本上解决优质教育资源稀缺和均衡问题之前，只能从表面上维护所谓的"教育公平"。

21世纪初，联合国教科文组织颁布了《全民教育行动纲领》（《达喀尔行动纲领》），指出当前各国实施的"全民教育"只是一种"空洞的胜利"，必须及时转向"全民优质教育"。为响应这个号召，我国《中长期教育改革和发展规划纲要（2010－2020年）》确立了"以质量为核心的优质均衡"的目标，并把"促进教育公平"和"提高教育质量"作为未来义务教育教育改革的两大核心任务。在这一目标框架之下实现城乡义务教育均衡化发展，就必须坚持全面、系统、协同与和谐的理念，以推进国家教育治理体系和治理能力现代化为导向优化教育治理思维；以"全面优质均衡发展"为宗旨推进法理型和复合化义务教育供给政策设计；以系统性思维不断完善义务教育供给政策的类别体系、作用主体和实施空间；以充足的外部改革配套和资源保障义务教育供给政策的有效执行（盛明科和朱玉梅，2014）。

根据以上分析，义务教育是一个有机的、复杂的、统一的生态系统，因此城乡义务教育供给机制改进的必然路向就是确立基于城乡一体化的"生态化均衡"，这一目标和路径的确立符合以下原理：一是教育公平理论，教育公平包括起点公平、过程公平、结果公平，而要实现更高层次上的过程与结果的公平，就必须做到教育资源的优质均衡；二是城乡发展理论，城乡教育一体化契合"城乡依存、城乡分离和对立、城乡融合"的客观规律，城市和农村作为新形势下具有一定共通性和稳定性关系的教育共同体，必然要走向生态化的和谐融合与共生共荣；三是系统论与控制论，城乡教育一体化、均衡化实质上是要构建一个颠覆旧有城乡二元结构的教育系统，城市和农村教育作为系统的天然组成部分，既与外部环境产生密切联系，也在系统内部相互影响和协调，以实现其超越各自优势的最优整体功能。因此，要树立系统思维方式，善于从部分与整体、局部与全局以及层次关系的角度来审视和研究这一新系统，及时采取纠正措施使系统稳定在预定的目标状态上（冯建军，2013）；四是和谐社会理论，教育公平是实现社会公平与稳定的重要基础，城乡义务教育一体化显然符合和谐社会的价值向度与发展规律。在和谐理念之下，既要妥善处理城乡间的利益冲突，尊重两者的个性与差异，又要促成两者的利益融合，统筹规划一体化、均衡化发展新路径。

三、确立城乡义务教育"生态化均衡"发展机制的依据

《中长期教育改革和发展规划纲要（2010－2020年）》关于城乡义务教育"优质均衡"目标和两大核心任务的确立，决定了我国城乡义务教育发展机制改进的未来路向必然是基于城乡一体化的"生态化均衡"机制，这一转换既符合义务教育内在的生态化的属性及其价值诉求，也是义务教育实践发展的必然要求。

（一）城乡义务教育均衡发展的动态性和阶梯性

义务教育均衡发展具有动态性和阶梯性，是一个从机会均衡、资源配置均衡再到质量均衡的逐渐演进的过程（吕寿伟，2011）。就形态而言，它又是一个不均衡——均衡——不均衡的螺旋上升的过程，当入学权利和机会均等目标实现，且资源配置达到基本均衡以后，必然要求更高层次的教育质量的均衡发展。翟博（2006c）认为，城乡义务教育均衡大致可以分为四个阶段，分别为低水平均衡、初级均衡、高级均衡和高水平均衡。

从追求教育公平的视角看，可分为三个阶段，即起点、过程和结果公平，每一个阶段的诉求不同，分别是入学权利和机会均等、教育资源配置均等和教育质量均衡。其中，起点公平是基础和前提，资源均衡是关键和保障，质量均衡则是根本目的和最高诉求。当前，我国城乡义务教育发展已进入第三个阶段的初期，即从过程公平向结果公平、从资源均衡向优质均衡转换的过程（冯建军，2013）。

首先，我国已经实现义务教育的全民普及，意味着城乡适龄未成年获得了均等的受教育机会，解决了"有学上"的基本问题；其次，在城乡义务教育资源均衡配置方面实现了"基本均衡"，基本实现了教育部提出的 2012 年实现区域内"初步均衡"的目标，城乡中小学办学条件差距已极大缩小；再次，义务教育发达地区，如江苏、浙江、上海、天津等地已进入城乡义务教育优质均衡发展阶段，确立了"以提高教育质量、促进内涵发展为重点，推进义务教育均衡发展"的新思路。

（二）城乡义务教育均衡发展范式转换：从外延发展到内涵发展

以质量为核心的"优质均衡"，已经超越了一般的外延式发展阶段，具备了"内涵发展"的特征和内容。城乡义务教育的均衡发展可分为外延发展、内涵发展两个阶段，前者强调规模增长、外形扩张和空间拓展，主要依靠增加教育资源投入，通过资金、设施、人力等物质条件等外部要素的积累来改善城乡义务教育之间办学环境的差异性；后者则依靠师资、管理、文化等义务教育系统内部要素和结构的优化、调整和组合，通过充分挖掘内部潜力和效能实现城乡教育质量均衡发展（冯建军，2012a）。

内涵发展是义务教育均衡发展在更高层次的体现，是对外延发展的超越，两者在教育生态系统结构、目标选择和发展模式上具有根本区别。外延发展离不开物质要素的外部输入，如增加硬件建设、改善基础设施、扩展教师资源等方式，重在扩大数量、规模和速度，实现城乡义务教育资源优质化、均衡化；内涵发展则以教育系统内部要素的开发为主，重在实现质量和内涵优质，它通过转换教学理念，加强教学管理和课程开发，提升教师的教学能力、经验和职业精神，以及推进素质教育等途径，来改善教育文化品性、人文意蕴和个体特色等软实力，全民提升内部办学环境和效率。因此，从发展动力上看，外延发展动力来自政府和社会，内涵发展动力则来自内部的管理者、教师和学生。"外援只是'输血'，只有转化为'内发'即内在发展，才能真正达成义务教育内涵均衡发展的目的"（熊川武和江玲，2010）。

就义务教育发展规律来说，办学离不开一定的物质基础，政府和社会必须提供充足的教育资源，以满足不断增长的教育机会需求，表现为教育规模的"外延式"发展。然而，当办学条件达到一定水平，"有学上"问题解决以后，就会出现"上好学"的新需求，增加优质教育资源就成为义务教育均衡化新的目标。教育资源与教育质量具有一定的正相关性，但超过这个临界点，优质教育资源并不必然带来优质教育，"豪华校园、低劣质量"的现象就是一个证明。总之，增加优质教育投入是必要的，但在当前出现义务教育资源基本均衡的情况下，就要及时调整发展策略，转向以提高质量为核心的内涵式发展道路上来，这既是对"规模扩张、质量稀释"的一种矫正，也是对外延式发展边界的突破和提升（王本陆，2011）。

（三）城乡义务教育均衡发展范式转换的时代诉求

城乡义务教育均衡发展范式的转换，既是对新时期经济社会发展的一种外在反映，也是义务教育内部系统优化和结构调整的内在需求，具体表现在三个方面。

首先，义务教育发展范式转换是适应教育生态变迁的必然选择。一是学习型社会的客观要求。由于义务教育发展业已解决了受教育者的生存能力问题，培养受教育者持续发展能力以及适应时代要求的智力结构、知识架构和价值体系，成为现代化国家的一种普遍目标。"学习不再只是一种仪式，也不仅是关联于职业需要而已"（连玉明，2004）。终身学习理念冲击了传统教育观念，要求义务教育关注受教育者的终身发展，其核心在于从单一的知识灌输转向个体综合素质培养。二是信息化革命塑造了新的学习时空。在互联网社会语境下，网络不仅是个体获取学习资源的平台，而且成为一种主要的社会教育方式。通过网络可以轻松获得传统课堂的教学内容，这就对传统教学方式和内容体系提出了创新的要求，义务教育必须适应数字化教育的需求。三是高等教育的大众化显著延长了公众的受教育期限，充分的学习时间为个体的全面自由发展提供了可能性。在这种情况下，受教育者的个体发展对义务教育教育提出了多样化、个性化需求，有效促进每一个受教育者的个性发展和全面发展就成为优质义务教育所具有的重要特征和内容。

其次，义务教育发展范式转换是体现教育现代性的有效途径。"现代性"作为一种社会文化模式，体现了近代以来人类理性精神、人性和道德的不断发展，也是当代社会不断走向成熟的文化指南（王一军，2012）。尽管在任何社会发展阶段，都存在着两种不同的思想阵营，即具有合法地位的主流文化理念模式，以及对主流文化模式提出批评的理论模式，但在"理性追求"和"人性回归"两个共同议题之下，义务教育的现代性一般都具有如下特征：①理性认知，这种内在因子有两重含义，一是暗示了教育目标是可以通过科学规划而实现的，二是教育规划本身是一个多主体沟通的过程，具有复杂性和有限预测性；②人本追求，现代社会对个体人格独立性的要求愈发显现，这就要求改变传统"灌输型"教育模式，尽可能赋予受教育者平等的主体权利，以及充分的主动性和能动性；③终身关怀，联合国教科文组织在《学会生存》中指出，"未来的教育必须成为一个协调的整体，在这个整体内，社会的一切部门都从结构上统一起来。"这就意味着，教育不能仅仅关注阶段性目标，如考试、升学等，它必须是完整的、持续的且富于创造性的。总之，教育对人的终身关怀，使之成为个体发展的持续动力以及社会进步的强大推动力。

再次，义务教育发展范式转换是克服义务教育制度自身矛盾的主要路径。当前，义务教育制度安排存在三个方面的矛盾：一是就近入学与教育公平的矛盾，"就近入学"这种制度设计看似公平，实际上陷入"地理决定论"误区，存在事实上的不公平；二是个体发展影响因素多样性与学校影响有限性的矛盾，事实证明，社区文化、家庭背景和个体价值观等因素对学生发展影响很大，而学校、教师和同学的实际影响相对要小一些（约翰·E·丘伯等，2003）；三是有限的公共教育资源与多元的消费需求的矛盾。这一矛盾是上一矛盾的延续，即学校作为公共资源能够满足教育的基本要求，但社会和家庭对学校的需求却远远超出这个范畴，这就需要学校主动开发和汲取社区文化资源和家庭教育资源，增加学校教育资源的丰富度和多样化，形成"校本"特色。

第二节　义务教育生态化均衡的内涵、价值取向和具体内容

一、义务教育系统的生态特征

生态学属性是义务教育系统本身具有的基本范畴、规范和结构特征所构成的，也是探寻义务教育系统均衡发展的特定范式和路径（贺祖斌，2004）。"世界表现为一个统一的体系，即一个有联系的体系"（马克思和恩格斯，1971）。"整体性"是生态学的基本观点，也是义务教育生态学属性的核心要素，是义务教育系统最重要的客观性质和特征。从"整体性"出发，我们可以将义务教育的生态学属性分解为以下四个方面。

（一）生态关联性

生态系统内部的各种生态因素是相互联系和作用的，即"一切事物与一切事物相关"，这是生态学最重要的发展规律（基谢列夫，1986）。所谓"生态关联性"，可从两个层面来理解：一是在空间结构上，具有横向的整体关联性；二是在时间序列上，具有历史延续性。从关联性视角来考察义务教育生态系统，能够更为全

面、系统地洞悉其内部各要素间的关系，以及义务教育系统与社会大系统的关联性。

作为大教育系统的基础部分，义务教育与社会生态因素的演变密切相关，如政治、经济、文化、科技等，而后者的综合影响构成了义务教育的发展环境，并决定了义务教育内部的结构变化。在这个关联结构中，义务教育和社会因素存在着相互联系、相互依存、共同进化的关系，并始终保持着物质、能量、信息交换。在义务教育系统内部，任一要素都与其他要素相互关联，且不能脱离其他要素而独立存在或任意发展。此外，每一个要素都有相对稳定的表现形式、地位和功能，其生存状况是系统内诸要素相互关联、协调发展的结果，而多种教育形式的的紧密结合构成了稳定的生态系统。在外在表现上，则体现为义务教育形式、层次的多样性和教育文化的多元化。

（二）生态适应性

适应，是针对生态主体和环境的关系而言，表现为主体行为或生理上的特征变化。因此，生态适应性就是生物有机体对环境的适应，既包括主体通过自身生物结构、生活习性、能源交换机制等方面的进化来适应环境，也指主体通过自身的改变来影响环境。在生物体与环境适应和互动的过程中，生物体的形态、机能和对外联系方式也在不断演化，如"趋同"和"趋异"现象（郑师章，1994）。

就教育的生态适应性而言，人、教育、社会环境三者共同构成一个不断演化但又相对稳定的生态系统，其中，人和教育机构都在与社会环境的矛盾运动中努力达到一种"适应"的状态。由于教育机构的相对稳定且带有一定的保守性，义务教育对环境的适应，大多是通过自身渐近、有序的政策、机制和组织变革来实现（范国睿，2000）。鉴于义务教育的基础性及其对人生存和发展能力的保障作用，它在很大程度上受国家发展战略和社会发展水平的制约，并需要通过积极调整自身发展模式来适应经济社会发展的需求。相应地，人（教育者和受教育者）作为义务教育系统内部的主体，也要充分考虑客观环境的影响因素，通过调整认知结构和行为模式来适应社会、学校环境变化。

（三）生态共生性

生态学个体或种间的关系可分为两类，即正相互作用和负相互作用，前者表现为种间的互利共生和种内的利他主义，后者则表现为种间的竞争、捕食、寄生以及种内的竞争和自相残杀。在生态系统演进过程中，不同物种或个体间的负相互作用减少而正相互作用相应增加，种间的适合度由此不断增加。在某一生态环境下，不同种群因分享共同的生存空间，它们之间的相互作用被称为"共生关系"，包括共荣共生、共贫共生两种极端形式和中间状态的变式。无疑，共荣共生更利于增加相互间的适合度（奥德姆，1981）。这就是说，不同种群间的相互依存、积极合作是最为有利的作用方式，它能够使生态系统成为一个和谐的有机整体。

对义务教育而言，共生关系突出表现在城乡、区域之间以及区域内不同学校之间的相互关系，且这种关系以竞争形式为主，不同地区、不同类别的中小学校在教育经费、基础设施、师资和生源等方面都面临直接的竞争关系。诚然，竞争是促进义务教育发展不可或缺的一种机制，但当前是基于资源分配不均衡基础之上的畸形的竞争，严重影响了义务教育生态系统的自然进化和机制调节。因此，要通过政策和制度变革来营造公平、公正的教育生态环境，构建基于共生平台的正当、合理的竞争机制，以此保障义务教育的可持续发展和受教育者的全面发展。

（四）生态平衡性

所谓"生态平衡"，指的是生态系统的结构和功能、物质、能量和信息的内外交换都处于相对稳定的状态。生物种群间的生态关系总是从平衡到失衡，再到新的平衡，是一个循环反复的动态发展过程。当一个正常的生态系统受到超过自身调节能力的外界干扰后，其系统平衡就会被打破，从而引致结构和功能的失衡。关注义务教育的生态平衡性的意义，在于按照一种平衡的理念和模式去衡量义务教育系统的各种生态要素和行为，以此为义务教育的政策制定和模式创新提供理论依据和实践经验。

义务教育系统的生态失衡，一般体现在系统内外的物质和能量交换，以及系统内部各要素的结构和功能两个层面。城乡义务教育的失衡，主要源于前一个因素，即社会生态系统给予城市和农村义务教育的物质和能源支持差距甚远，导致农村中小学内部结构和功能的严重失衡，表现为师资缺乏、基础设施不足、升学率低等。另一方面，义务教育和社会环境之间的作用是相互的，义务教育并非只是被动受制于社会环境的影响。20世纪90年代中期以来，农村义务教育投入严重不足的负面效应开始凸显，由于农村劳动力整体素质低下，难以适应现代工业化社会的需要，影响了农村社区的可持续发展。

二、城乡义务教育生态化均衡的内涵解析

（一）城乡义务教育生态化均衡的内涵界定

城乡义务教育本质上是一个有机的、复杂的、统一的生态系统，其均衡状况受制于构成要素的多样性、内部结构的复杂性和外在形式的多元性。但是，义务教育系统的均衡既不是指系统各要素间力量绝对平均、结构演化静止的一种状态，也非因力量对比过于悬殊、矛盾过度激化而导致系统崩溃的一种状态。实际上，义务教育生态系统中的诸因子保持一种动态的有机联系的关系，表现为统一与矛盾、平衡与失衡的状态。因此，城乡义务教育生态化均衡也是一种动态平衡，体现为系统结构、功能上物质、能量和信息交换的相对平衡。所谓城乡义务教育的"生态化均衡"，是指义务教育系统的各个构成要素在内在机制和外在生态环境的共同作用下，形成的一种彼此势均力敌、协调一致且相对稳定与平衡的发展状态。它既是一种目的性的价值取向，也是一个具体的实践过程（姚永强，2013）。

就价值取向而言，城乡义务教育生态化均衡是一种全新的教育理念和发展观，它旨在推动教育的民主化、公平化，其主要内容就是"合理配置教育资源，全面提升教师群体素质，办好每一所学校，教好每一个学生"，因此它代表了最广大人民群众的根本利益（翟博，2010a）。这种发展观不仅注重物质层面的均衡，还强调文化、精神等无形层面的对等；不仅注重起点、过程公平，更强调结果均衡，是有形与无形、初始与结果、数量与质量、局部与整体、静态与动态的协调统一（刘志军，2012）。就实践而言，城乡义务教育生态化均衡是一种要素协同、有机结合的产物，包括特色教育与学生个性发展、"治标之法"与"治本之策"、局部教育提升与扩大教育总供给、外部推动与学校内部变革四个方面。相对于其他均衡方式，生态化均衡更加注重内外结合、彼此依赖、上下互动、互促互利，强调通过深化改革提升内生动力，强化资源共享机制构建，以达到主体客体间互动协调、和谐共生，城乡中小学校特色优质均衡、健康持续发展。

城乡义务教育生态化均衡，从个体的全面、持续发展出发，解决个体发展与学校环境、社会环境之间的矛盾，从而实现个体和社会的和谐发展。因此，生态化均衡强调内部各要素的结构合理和动态平衡，以维系内部生态链的良性发展和整体合力的形成。总之，生态化均衡是一个长期、动态、辩证的螺旋式上升的发展过程，旨在追求一种更理想、高效、优质的义务教育发展状态。在这个视角上，追求生态化均衡既是社会主义的本质诉求，也是城乡义务教育内在品质的客观诉

求，更是实现人全面、自由、健康发展的根本需要。

（二）城乡义务教育生态化均衡的内在规定性

从结构上看，城乡义务教育生态化均衡是教育的历时态与共时态的有机结合和协调统一。历时态主要是指"有学上"、"上好学"以及"按需选学"的机会均衡。共时态则体现为四个范畴的"生态化"：①全面发展观，在生态化均衡语境下，既要实现主客体价值的辩证统一，也要强调服务和育人功能的辩证统一；既注重过程与结果的辩证统一，又兼顾现状并着眼于未来；简而言之，就是要面向全体学生，着眼学生一生，促进学生全面发展。②协调调控观，作为社会生态的子系统，义务教育生态系统具有协调调控的特征与能力，即能够及时适应外部环境变化，完成内部结构、规模、质量和效益的协调发展和全面提升。③生态整体观，生态化均衡既关注系统内部诸要素的个体功能，更关注有机联系基础上的整体性，即在尊重内部诸要素客观存在的基础上，充分发挥其主观能动性，使诸要素以更合理的方式结合起来，形成最优化的整体结构与合力，达到优势互补、资源共享，以及不同区域、不同类型、不同层次的特色发展。④生态和谐观，系统内部诸要素的和谐共处是义务教育生态系统得以良性运转的前提和条件，基于此，生态化均衡强调"和谐生态"观念，要求不同区域、类型、层次的教育充分发挥自身功能和作用，以构建终身教育体系，促进人、教育、社会与自然间的和谐、持续发展。

在实施策略和方式上，城乡义务教育生态化均衡充分体现了"包容性发展"的新理念。在进入 21 世纪之前的绝大部分时间内，因生产力水平和财富分配机制的限制，社会发展并不具有"包容性"。即使在当代社会，也远未达到"自由人的联合体"的状态，人们依然深陷对"物"的依赖之中（邱耕田，2011）。在这种背景下，"生态化均衡"的提出就是要倡导"包容性发展"理念，使"所有人共同享受大家创造出来的福祉"，这是实现"人的全面发展"和"社会和谐发展"的重要途径，具有极其重要的社会意义。这种价值体现在三个方面：一是发展性原则，基于我国人口多、底子薄的具体国情，只有坚持发展才能真正解决义务教育的公平和均衡问题，这是"绝对的前提""经济繁荣才能让人有选择权，才能提供平等的分配机会"，而在极端贫困之下，人们必然会为生存而争斗不息（世界银行增长与发展委员会，2008）。二是平衡性原则，这一原则的本质是强调权利与义务、受益与受损的"统一平衡"，即承担社会责任和获取利益补偿的一致性，要求"人人共享"和"人人担责"，否则就会产生城市强势群体和农村弱势群体在承担教育发展代价、享受教育发展成果上的不合理、不公平性。三是制度建设的包容性原则，制度安排是义务教育均衡化的基础和前提，只有构建面向绝大多数人的、具有普遍包容性的义务教育发展体制机制才能真正促进城乡均衡化发展。制度建设的包容性大致包括 3 个方面：首先，要建立公平、开放、多向度的利益表达机制；其次，政府要利用公权力，如通过社会救助、社会福利和社会保险等途径，来维护弱势群体的利益；再次，要全面反映和兼顾不同地区、部门、层面的群体利益，杜绝政策制定"垄断化""部门化"和"暗箱操作"等现象。

（三）城乡义务教育生态化均衡的超越性

"生态化均衡"来源于生态学、系统科学等理论体系，它既反映了公民权利和教育公平的价值诉求，也是义务教育发展观念的自我变革，是对传统教育发展观念和模式的一种拓展、超越和颠覆。这种超越性主要是指义务教育在实现系统内部创新与发展的过程中，不断突破外界生态环境限制和影响的束缚，逐渐向平衡的、和谐的、统一的发展境界进发的一种本质属性（刘新成，2010）。在这个意义上，生态化均衡是当代义务教育适应社会发展需求、推动"人的全面发展"的一种内在动力、发展理念和运行机制，它使义务教育均衡化的外沿和内涵得以不断扩展，并通过文化和符号反映在实践层面的超越性之上。

首先，"质量均衡"与"结果公平"对教育外延性扩张的超越。在我国进入"后普九时代"后，城乡、区域和学校间办学条件和物质基础的差异性不断缩小，义务教育体系日益健全，适龄未成年的受教育权得到了基本保障。在这种情况下，义务教育发展必然超越外延性扩张的发展模式，倡导"全面质量观"，重视中小学校的内涵式发展，逐渐将发展重心转移到"上好学"和"按需选学"层面，转移到更高层次的义务教育均衡化上来。

其次，全面、协调、统筹兼顾原则对分散化、弥补性发展策略的超越。分散化与精英教育理念相对应，它来源于义务教育的分层管理体制，既可以激发不同区域和学校自我创新的积极性，也导致了组织结构的封闭性、随意性以及城乡、区域教育质量的巨大差异。弥补性发展策略则是对贫困地区或弱势学校进行帮扶的一种过渡性措施，在具体举措上缺乏规划性、持续性和稳定性（丁元竹，2007）。分散化和弥补性发展模式在我国义务教育发展过程中一度起到重要作用，但在生态化均衡发展理念下，必须将城乡义务教育纳入教育法律体系保障的长期规划框架下，明确各级政府的投入责任和监管义务，使义务教育发展有一个明确、稳定的"制度预期"。

再次，义务教育系统反身性审视的自我超越。生态化均衡发展理念既是一种观念性超越，更是一种实践性超越。前者表现为教育发展主体自发的重新认识和定位教育客体，通过构建一种具有均衡性的发展图景和意愿，实现对当前教育现实的超越；后者则指通过提升义务教育政策实践的能动性，围绕社会持续进步和学生的全面发展而不断推进的政策、制度和行为创新。追求"生态化均衡"，就是要"扬弃对象原有的规定性，并赋予新的规定性，实现人的目的，为了消灭外部世界的规定（方面、特征、现象）来获得具有外部现实形式的现实性"（列宁，1990）。在这一理念指导下，义务教育系统实现了自我完善和再超越，并主动参与和谐社会建设的时代大潮之中。

三、义务教育生态化均衡的价值取向

义务教育均衡本身是一个多层次概念，不仅涵盖了城乡均衡、区域均衡、学校均衡、群体均衡和个体均衡，也包括义务教育与高等教育、职业教育等其他教育子系统的均衡发展关系，作为一个子系统，义务教育与其他教育组成部分是相互影响、关联和作用的（鲍传友，2007）。总之，义务教育的多层次均衡发展，以及义务教育与其他教育形式的均衡发展决定了教育系统的整体平衡，体现了系统性、整体性和平衡性等基本理念、价值取向和判断标准。

（一）义务教育均衡发展的系统观

根据贝塔朗菲（1987）的观点，系统是相互作用、相互依赖的诸元素所构成的具有特定功能的综合体。生态系统观源于生态学对系统分析方法的引入和应用，并将"关联性"视为生态系统最根本的规定性。这种"关联性"体现在，生态系统是一个具有整体性、发展性的系统，即系统内部各要素之间是彼此关联、统一和影响的，且这种影响机制持续存在。系统观对于城乡义务教育均衡发展的意义表现在：在过程上，既要将教育看作是一个完整的系统，也要关注该系统内部各子系统及其相互关系；在影响上，既重点关注某一因子的影响力，也要强调整体干预；在策略上，既要考虑外界对系统的直接作用，也要分析内部子系统之间的相互影响（王星，2013）。

从义务教育系统与外界的关联上看，义务教育发展不均衡，必然影响职业教育、高等教育等其他教育形式，而高等教育为义务教育培养师资，反过来会影响义务教育的发展质量，内外部之间保持能量转换、制衡和约束机制。从义务教育系统内部看，构成系统的诸要素之间，如经费、场所、教学与实验设施、师资存量和分配等，也要协调和均衡发展。片面强调或偏向任何一个方面都有损整体发展，从而导致整个生态系统的失衡。总之，无论是义务教育系统和外界因素之间，还是系统内部各个因子之间，都是相互联系、作用和影响的，不可能孤立地存在和发展。

（二）义务教育均衡发展的整体观

恩格斯认为，世界是一个统一的、有联系的体系（马克思和恩格斯，1971）。实际上，自然界就是一个"活生生的整体"，而"整体"，即生态系统本身，完全地创造并模塑着它的构成部分（何怀宏，2002）。这就是说，生态系统中的各个因子是相互联系和互相作用的，他们的和谐共处、协调一致使系统得以成为一个有机整体。如果将某一要素单独分离出来，它就不能再完整地保留原有的性质、特征和作用。因此，生态"整体观"就是把生态系统的整体利益作为最高价值诉求，作为衡量系统效应的根本尺度和终极标准。在这种理念下，一是要考虑和实现义务教育与政治、经济、社会和文化等外界要素的协调发展；二是在义务教育系统内部，要统筹城乡、区域和学校均衡发展的关系，尤其是注重城镇和乡村教育发展的整体协调性。

鉴于义务教育的基础性和奠基作用，它成为教育发展的重中之重，也是整个教育系统乃至社会系统的一个重要节点。义务教育的均衡发展将会直接影响职业教育、高等教育的均衡发展，而高等教育资源需求的"纳什均衡"也会层次向下传递，形成对义务教育教育资源均衡的社会需求（王勇，2008）。然而，由于经济社会发展不平衡、城乡二元结构和教育政策不合理等因素，城乡义务教育发展差距巨大，从而导致整个教育生态的失衡，表现为城乡受教育机会、教育经费投入、办学条件、教学质量等方面的显著差异。根据生态"整体观"原理，义务教育系统是教育生态系统的重要组成部分，城乡义务教育系统不能被人为割裂，否则就会影响整个教育系统的均衡、持续发展。

（三）义务教育均衡发展的平衡观

生态学的"平衡"，也称"均衡"，是指生态系统的物质、能量和信息流动处于循环有序的状态，从而使其结构和功能保持了相对稳定。在生态平衡的视角下，义务教育系统的生态平衡表现两个方面：一是结构、功能上的相对平衡，表达了系统内部诸要素的功能发挥状况；二是物质、能量、信息交换的动态平衡，是系统与外界因素关系的一种体现。作为人类构建和控制的一种人工生态系统，义务教育的平衡主要依靠系统内的自我协调机制和外界的人为干预，而后者的作用往往更为显著。生态平衡观对于义务教育发展的理论和实践价值在于：在空间上，强调城乡义务教育发展的协调性和均衡性；从社会发展角度，关注区域教育发展与政治、经济和文化的协调发展；在某一区域内，实现同一教育形式内部和不同教育形式发展的平衡性。

此外，义务教育的平衡是一种动态而非绝对静止的平衡，且这种平衡状况局限于一定条件下和一定的范围内（贺祖斌，2005）。换言之，这种平衡是一个较长的历史时期内不断生成的、动态的、辩证的发展过程，是一个不断循环反复但总体向上的、由平衡到不平衡再到平衡的动态过程，连续的能量和信息交流和循环形成了"回馈的环线"。雷尼尔批评了教育的"形而上学"以及对整体性的忽视，据此提出了"神圣循环"的思路，即生命形成于一系列循环运动的发展理念（汪霞，2003）。因此，为了维系义务教育生态系统的动态平衡，就要通过人为干预，保持系统内各子系统的相对稳定。动态观的指导价值在于在长期发展过程中，既要关注同一阶段的共性特点，也要关注不同阶段的个性特征；在要素关系转化过程中，既要准确把握阶段性特征，也要科学分析各种内外部的影响因素，以维持系统演化的均衡导向；在实施策略上，应充分利用系统内部自我调节的机制优势，通过竞争性制度安排实现动态、良性循环发展。

四、城乡义务教育生态化均衡的具体内容

随着城乡义务教育生态化均衡理念的提出，义务教育均衡的重点将转向城乡中小学教育质量的普遍提升，由此，传统的外延式、依附性和同质化发展模式，必须实现向内涵发展、自主发展和特色发展模式的全面转变（冯建军，2012b）。

（一）由"资源均衡"转向"质量均衡"

就全球范围而言，义务教育公平都是分步实现的，从最初的起点公平即均等的受教育权，过程公平即教育资源配置均衡，再到结果公平即教育质量的均衡发展。而我们所说的"有质量的教育公平"，就是指在更高的"结果公平"的层面上，通过推进学校内部系统改革来实现义务教育的内涵发展、自主发展和跨越发展，它是实质性教育公平的体现。当前业已基本实现的城乡教育资源均衡，仅仅

是教育公平的一个过渡环节、手段和途径，提升教育质量才是教育公平的核心和终极追求。

世界各国的经验说明，教育公平实践是在两个层面上开展的：广度上力求消除义务教育的不公平性，使弱势群体子女也能够接受教育；深度上则推动机会公平向结果公平的转化，强调教育质量的均衡化。2000 年，世界全民教育论坛提出"为所有人提供高质量优质教育"的理念，2004 年，召开的第 47 届国际教育会议进而从公平的角度提出要实现"高质量的全民教育"（谈松华和王健，2011）。随后发布的《全民教育全球监测报告 2005》指出，在实现教育规模扩展和教育机会均等后，必须适时推进教育质量提升，改变长期以来忽视教育质量公平的局面。在中国，《国家中长期教育改革和发展规划纲要（2010－2020 年）》也明确了"把提高质量作为教育改革发展的核心任务"这一战略性目标。

质量是义务教育内涵发展的核心要素，它在不同时期的表现也是不同的。在应试教育背景下，"分数"和"升学率"就是主要的衡量标准。但是，在新形势下，这两个指标并不能完全替代质量，要坚决摒弃"唯分数"观念，因为分数只能体现学生的认知能力。联合国教科文组织指出，在确保认知能力的基础上，还要充分保障受教育者的个性、主动性、创造力、情感、价值观和处世态度等多方面的发展能力。这就意味着，要实现"有质量的教育公平"，就必须超越单一的认知发展和狭隘的"分数主义"，向追求受教育者的全面和谐发展转变，"教育质量"既包括知识掌握、认知能力，也包括情感、学习态度、创造力、个性和公民素养等。

（二）由"外延式发展"转向"内涵式发展"

进入 21 世纪以后，城乡义务教育均衡化的发展重心逐渐转移到资源均衡配置方面，教育界普遍认为，教育均衡的基础和主要内容就是实现公共教育资源在城乡、区域、学校间的均等分配，以此实现对义务教育需求与供给间的相对均衡（翟博，2002）。在具体实践中，资源配置均衡涉及的内容主要包括教育经费投入、基础设施建设、师资力量配给等三方面，各地政府通过各种途径不断增加对农村地区中小学的投入力度，显著改善了农村地区义务教育的办学条件和办学水平。

然而，当前社会各界所追求的"过程公平"，并没有实现真正的教育公平，普遍存在的"择校"等现象表明义务教育供给和需求之间的矛盾仍然十分突出，即"优质教育资源"仍然十分短缺。从本质上说，教育资源配置均衡是一种"外延式发展"，注重教育的"硬件资源"供给，但它并不必然带来教育质量的提高。因此，在资源条件达到一定水平之后，就要尽快实现发展重心的转移，即推动学校内部改革和转型，走"内涵式发展"道路。所谓"内涵式发展"，其发展动力并非源于政府、社会等外在系统，而是来自于义务教育系统内部结构变革和要素配置。与"外延式发展"注重经费、基础设施、物质环境等外部条件相对应，"内涵式发展"必须依靠内部教师、学生、学校文化、课程、课堂以及管理机制等内部要素，只有通过加强学校管理、提高教师素质、改进课堂教学以及校园文化建设等途径，才能真正提升学校的办学水平和教学质量，最终实现办学规模、质量和效益的有机统一。

随着信息化社会的来临，传统工业化思维下的人才培养模式已经无法适应时代要求，"使人人受适合的教育，是对与机器大工业的经济特征相适应的模式化教育的根本性变革"（中央教育科学研究所调研组，2009）。而信息化时代对创造性、个性化人才的需求，与人的发展的差异性、多样性是高度一致的。因此，必须加快教育培养模式变革进程，通过推动各级各类学校的"内涵式发展"，满足当代接受教育者自主、自由和个性发展的需要。

（三）从"同质发展"转向"特色发展"

教育平等可以分为两种：一是基于人性平等和人的发展需求的实质性平等，表现为结果完全相同；二是对应于个体发展差异的比例平等，即一视同仁的形式平等。20世纪50年代以后，世界各国从公平的角度出发普遍采用了实质平等的教育发展理念，如日本实施的就近入学和"公立中小学标准化建设"、韩国推行的"平准化教育"改革，其目的都是促使教育质量在均衡化、标准化的基础上实现同质化、均等化。但进入20世纪80年代以来，在新自由主义的影响下，实质平等的教育发展理念和模式开始发生变革，在"平等"的标准上逐渐融入个性化、多样化和注重"选择"等内容，如日本的"分班教学"制、韩国的"英才学校""英才班"计划等。而西方国家则通过市场竞争机制来发展多样化的教育模式，支持学生选择适合自己的教育形式，从而推动义务教育公平从"同质性""划一性"向"多样化""特色发展"转变。

"同质发展"实质上一种"外延均衡"，旨在实现"一类人"或抽象意义上的个体同质化发展，即不考虑接受教育者的性别、种族、家庭背景和宗教信仰等差别，而追求一种绝对的平等和均衡。然而，现实中并没有完全相同的个体，差异性是个体的本质特征。"应该从人在所有能力上是平等的这一错误观念中摆脱出来，认识到在所有能力方面都具有差异（适合不适合），而且正是这种差异，才是他人难以替代的"（岸根卓郎，1999）。为此，教育均衡应该适应这一内在的规定性，尊重个体的天赋、能力以及需求和选择的差别，追求一种"切适性"的"内涵均衡"。在这种发展原则之下，义务教育应满足受教育者个性化的需求，即"得其应得"，而不是提供整齐划一的完全相同的教育内容。对个体而言，适合的就是最好的，尽管相互间的教育方式和内容有差异，但却是公平的。因此，在跨越了资源配置均衡这一阶段以后，必须树立"统一标准"和"多样选择"相结合的均衡发展观，鼓励不同的学校打造自己的特色教育，为学生提供多种形式的、适合自身发展的"特色校"而非"重点校"。也就是说，真正的"优质教育"，是办好每一个学校，教好每一个学生，使之都能够得到个性的发展。

（四）从"被动发展"转向"自主发展"

义务教育是一种公共事业，必须由政府统一提供，但这一原则并不意味着学校自身发展也要受政府管理部门的限制。实际上，政府作为外部资源的提供者，只能改变学校的外部环境和资源供给状况，而难以影响学校的内涵和本质。从某种程度上讲，当前由政府主导的资源配置均衡化，容易导致重数量轻质量、重外延轻内涵、重标准轻特色的"外延式发展"模式，这对学校自身的多元化发展是极其不利的（冯建军，2012a）。总之，在基本实现城乡义务教育资源配置均衡化以后，应尽快确立学校的发展主体地位，促使中小学校从依附于政府的"被动发展"转向自身的"自主发展"。

"自主发展"是新形势下义务教育向优质均衡目标发展的本质要求，它是"内涵式发展"的重要原则和表现。在教育生态学看来，学校本质上是一个有机体，它的"内涵发展"源于学校内部系统优化和自组织变革。在"自组织"引导下，学校要根据自身的实际情况、资源禀赋和社会需求，本着实事求是、量力而行的原则，确立适合自己的办学理念、发展愿景和实施策略，并通过内部系统调整和一系列的课程、教学和管理改革，形成独特的办学思路、内在机制和文化特色（王玲，2005）。对于传统优质学校而言，坚持"自主发展"是突破发展瓶颈、强化办学特色、谋求"自我超越"的必由之路；对薄弱学校而言，坚持"自主发展"之路则是摆脱名校阴影，提升学校内涵，增强发展内驱力，实现"后发超越"的必要选择。

第三节　城乡义务教育生态化均衡的内在机理和运行机制

一、城乡义务教育生态系统结构与功能

自 1976 年教育生态学的概念被提出后，各种学科理论和实践经验的引入使现代生态学理论体系逐渐形成，并被广泛应用于教育发展的各个领域和层次。其中，生态系统理论就是现代系统理论与生态学的深度结合，纳入了系统论、控制论和信息论等现代管理学理论。根据生态系统理论，生态系统是生物群落及其赖以生存的环境所共同构成的有机整体，而物质循环、能量流动和信息传递是维系系统生存和发展的保障机制。一般而言，生态系统由生产者、消费者、分解者和非生物成分 4 个部分构成，它们都有特定的位置和功能，相互依存、相互作用，缺一不可。义务教育生态系统就是义务教育及其生态环境（自然、地理、经济、社会、文化等）相互作用而形成的一个完整的生态学功能单位。

（一）义务教育生态系统的主体结构

义务教育生态系统的主体架构包括外部生态环境和交换系统（物质流、智能流、信息流）两个部分。所谓外部生态环境，是指对义务教育的产生、发展和演进起到影响、制约和调控作用的多维空间和多元环境系统，包括自然、社会和规范环境三种环境圈层（吴鼎福和诸文蔚，1990）。其中，自然环境包括生物环境和非生物环境；社会环境包括政治、经济、城市、村落、学校、家庭环境等；规范环境则涵盖科技、文化、传统习俗、伦理、道德、法制等要素。可见，在义务教育的外部生态环境中，自然和社会因素相交织、物质和精神因素相融合，各部分相互联系、嵌套、递归，共同构成了多维多元镶嵌复合的外部环境。

义务教育系统内部诸因子之间以及系统与外部生态环境之间存在着物质、能量、信息的交流与传递，它们之间的共生关系维系了系统的正常运转。首先，社会根据规划和投入机制给予教育以人力、物力和财力支持，创造一定的教育教学条件，使受教育者够得到良好的、系统性的训练，由此将社会投入转化为个体的知识、技能和素质。然后，合格的受教育者利用所接受的知识和技能创造物质和精神财富，这些财富的一部分将投入教育，从而形成教育生态系统内循环反复的物质流。其次，受教育者通过学校学习或其他职能载体训练，获得知识和技能积累，然后将这些知识、技能运用到实际工作中去，在实践中不断发现、创造、积

累新的知识、技能和经验。在一定的知识转化机制下，这些新的知识、技能和经验会被系统总结、梳理和验证，从而形成新的治理体系并编入学校教材。如此循环反复，就形成了教育生态系统中的智能流。再次，义务教育系统中存在多维多元生态因子，诸因子间需要维持错综复杂的关系，如义务教育与外部生态环境中气候、生物等自然因子，经济、政治等社会因子，以及文化、科技等规范因子的关系；再如，义务教育系统内部教师与学校、教师与学生、学生与教材、学校与家庭等关系。这些因子间都会保持双向的、持续的信息交流、传递和反馈，从而构成教育生态系统中的信息流。在实践中，基于信息交流、反馈与处理的教育信息调控系统和机制，是义务教育系统内部各因子相互适应、和谐发展的必不可少的机制保障（王凤产，2011）。

（二）义务教育生态系统的功能

义务教育生态系统的功能并非一般的教育功能，它建立在多层次的教育生态结构之上，因此是多元的，包括内在的"育才"功能和外在的社会功能。其中，外在的社会功能涵盖了政治服务功能、经济奠基功能、文化选择功能以及人才输出功能。此外，这些功能也会随着时代和社会的发展而不断演变和发展。

就义务教育生态系统的内部结构和功能而言，学校（教师和学生）是"生产者"，即通过教学和学习，实现知识和技能的储备；高级中学、大学和用人单位是"消费者"，它们提供的继续教育和工作岗位，使义务教育的毕业生实现知识的再积累或"能量转化"；而家庭、社会是"分解者"，一方面由知识转化而来的物质财富能够维持和改善家庭生活，另一方面因社会成员教育程度的普遍提高，社会得以进步和发展。

义务教育生态系统的"育才"功能，是以学校为中心，通过物质流、智能流和信息流的循环流动而实现的。学校是义务教育生态系统中的核心部分，本质上是一个教育生态群落。在这个群落中，尊师重教的社会意识、学习型社会理念以及学校管理、校风等，是义务教育生态的"气候因子"；社会的投入，包括教室、图书馆、餐厅、宿舍楼等基础建设，仪器设备、教材、网络等设备，为教育提供了基本的"矿物质营养"；而教师和管理人员等人力资源，则是义务教育生态系统的"能源"，即自然生态系中的"光能"，教师的日常教学与辅导就相当于光合作用的"光照"。受教育者的学习过程是一个类似于"光合作用"的"储能"过程，在教师的系统指导下，学生通过学习储备了必要的知识与技能，在走向工作岗位后能够将之转化为社会生产力。在生物生态系统的光合作用中，各种物理、化学因子的协调、有序是基本的保障，这就要求我们在教育实践中，树立一种平等、和谐、健康的教育观，通过促进各种影响因子的结构和功能优化，提升学生接受知识和技能的效率和质量。

（三）义务教育生态系统的复杂特性

1. 开放性与动态平衡性

义务教育生态系统本质上是一个开放性系统，外部生态环境不断向学校输入经费、设备、教师、生源、政策等"能源"，学校则向社会输出大量合格人才，这种与外界持续保持的物质、能量和信息交换，使义务教育系统维持了正常运转。在义务教育生态系统内部自调节和自适应机制的作用下，逐渐达到诸因子和谐共生、结构稳定、功能高效的动态平衡状态，并能够在一定限度内克服和消除外界的干扰，保持自身稳定性。但是，当某一生态因子发生巨大变化，并超过系统能够承受的极限时，就会导致系统动态平衡失衡，甚至产生一定程度上的"教育危机"。对教育失衡状态的纠正具有相当的难度，且需要一定的时间。总之，根据自然辩证法原理，义务教育生态系统是按照"平衡－不平衡－新的平衡"这一规律演进和发展的。

2. 整体关联性和松散结合性

义务教育生态系统内外部之间以及内部诸因子之间，始终存在着物质、能量和信息交换，各生态因子之间因此形成了相互依存、制约的密切关系。在这个意义上说，义务教育生态系统是一个统一的不可分割的整体，各因子间存在着关联性，任何一个因子的变化都会引起其他因子或系统的变化，所谓"牵一发而动全身"。义务教育生态系统的整体关联性，不仅表现为系统内部诸因子间的相互联系和制约，以及系统和外界生态环境因子的紧密关联，甚至包括不同教育生态系统间的管理，如义务教育和职业教育、高等教育之间的整体关联。因此，以生态学的视角审视义务教育，就要树立一种系统的、全面的、联系的、动态平衡的、多元的教育观（罗勇为，2010）。此外，义务教育生态系统也呈现出一定程度的松散性，体现为各个因子和子系统具有独特的功能和作用，彼此间保留着相对的独立性和分离性，如外部生态环境中的经济、文化、科技等因子之间，或者系统内部的教师、学生和学校之间，均存在着相对的独立性和自主性。

3. 有序性与混沌性

总体上看，义务教育生态系统是一个在"秩序"与"混沌"边界的、远离平衡态的动态演化机制。虽然义务教育生态系统具有一定的有序性、规律性和必然性，但也存在混沌性、模糊性、偶然性、随机性等特征。教学方法上，同时存在的"教学有法"和"教无定法"的原则和理念，就是规律性和混沌性的具体体现；在教育评价上，虽然有相对量化的依据和标准，但也会受评价者的立场、自身能力、情感以及人际关系的影响；在整体和个体特征方面，教育系统整体上呈现为秩序性和规律性，但个体又表现出一定的偶然性、随机性和模糊性，如教师的教学效果、学生的发展潜力等。

4. 协同性与非平衡性

义务教育生态系统的整体关联性，使系统的演化和发展呈现出"协同"的特征和趋势。义务教育生态系统的协同发展，既指生态系统内部个体之间、群体之间、因子之间以及各子系统之间的协同进化，也包括义务教育生态系统同外部生态环境中各影响因子间、不同教育形式之间，以及不同地域教育生态系统之间的协同发展。就义务教育生态系统协同进化的特征来看，一是结构上由简单到复杂，二是功能上由不完善到完善，三是发展阶段由低级到高级逐步演化（王凤产，2011）。同时，义务教育生态系统在演化过程中还存在着非平衡性，因系统中各影响因子之间存在区位、性质、功能和作用等差异，不同生态群体之间、同一生态群体内部的不同个体之间，也存在发展的不平衡性，如城乡、区域义务教育发展的差距、同一班级内不同学生在成绩、个性和发展潜力等方面的不平衡性。

二、城乡义务教育生态化均衡的内在机理

（一）义务教育系统与生态环境的生态平衡

所谓"环境"，一般指生物有机体生存条件的总和，是来自外界的所有与它相关联的事物的集合，即能够直接影响生物生命活动的物质、能量和信息的总和。生物有机体和环境之间是相互影响、相互作用的，两者之间存在某种联系，外界事物的变化必然会影响生物有机体。"'环境'意味着人类位于中心，所有非人的物质环绕在周围，从而构成我们生存的环境。相应的，'生态'意味着相互依存的共同体、整体化的系统和系统内各部分之间的密切联系"（Glotfelty and

Fromm，1996）。正是基于这种内在的、密切的联系，生物体、群落、生态系统必须维持与环境的生态平衡，后者意味着生态系统结构、功能的相对稳定。

在外界干扰力度没有超过系统承受极限即生态承载力时，通过系统的自调节机制，能够维系生态平衡；但是当外界影响力超过系统的生态承载力时，便会导致生态失衡现象。生态平衡是一种动态的、相对的平衡，"动态"指这种平衡是处于变化之中的"相对稳定"，而"相对"是指系统的自我调节能力具有一定的限度，否则就会打破旧的平衡状态而向新的平衡发展。根据这两个原理，人类可以通过人为干预来建立符合社会发展需要的生态平衡，"人类站在他所在的生态系统的最高控制点上……生态系统受人类有节奏的发展文化的脉冲所控制"（奥德姆，1993）。与自然生态系统一样，义务教育系统与环境之间以及不同教育系统之间，也存在着动态的、相对的生态平衡。由于义务教育系统本质上是一种人工生态系统，它受到的人为干扰直接决定其结构和功能的平衡状态，当人为干扰超出系统的承载极限，如教育体制僵化、教育投入长期不足以及教育资源配置显著不平衡等，就会造成生态失衡，进而形成"教育危机"。因此，当前义务教育系统的生态失衡主要源于两个方面：一是系统与生态环境的交换关系，即外界环境对系统的能源输入不足，如义务教育经费总量和比例不合理；二是系统结构与功能失衡，主要是指城乡、区域和学校间的发展不平衡。

我国政府对义务教育投入的长期不足、投入主体下移以及分配不合理等因素，严重限制了我国义务教育尤其是农村义务教育的发展，表现在教育规模、办学质量和发展速度等方面，而农村义务教育系统物质、能量和信息循环的不通畅乃至断裂，必然造成系统结构失衡和功能丧失。为重建城乡生态平衡，就要采取"倾斜发展政策"，加大对农村义务教育系统的经费、设施、人力和政策投资，协调义务教育规模、结构、质量与效益之间的关系，使之逐步达到相对的动态平衡，推动义务教育持续、稳定、健康发展。

（二）义务教育系统的生态承载力

义务教育系统与自然生态系统一样，其自身承载力是有限度的，一旦外界干扰或某个影响因子的变化超出其承受能力，其系统结构和功能就会受到破坏。义务教育系统的生态承载力是影响和制约义务教育发展规模、速度和质量的核心要素，必须予以重视、研究以准确把握。

1. 义务教育系统生态承载力的概念

所谓"生态承载力"，是指某一生态系统的自我维持和调节能力、资源与环境子系统的供应与容纳能力、系统内诸因子的活动强度以及具有一定代谢水平的生物有机体的存在数量，它具有客观性、可变性和多层次性（贺祖斌，2005）。在自然生态系统中，长期协同进化使系统建立了一种"自校稳态机制"，但这种稳态机制的承受能力是有限度的。在生态承载力范围内，外界干扰所造成的波动不会超过系统的自我调节能力，即保持生态学上的"稳态"；反之，系统生态平衡就会被破坏甚至导致系统崩溃、瓦解。因此，为保障义务教育的可持续发展，任何外界干扰必须被控制在义务教育系统生态承载力范围内。

义务教育的发展有其内在规律，只有维持其系统内部结构、功能的长期平衡与和谐，才能真正实现既定的符合社会需求的长远目标。总之，义务教育要维持一定规模和质量的持续发展，就必须提供相应的教育资源、办学条件和人文环境，这就是义务教育能够维持生态平衡的生态承载力。

2. 义务教育系统生态承载力的构成

义务教育系统生态承载力由两部分构成，即义务教育资源承载力和义务教育环境承载力。其中，前者是义务教育系统发生发展的基本条件，也是系统进行内外循环和交换的基本内容；而后者是支撑义务教育发展的外部环境。

资源是保障生态系统稳定运行，并持续、有序进化和升级的各类物质、能量和信息的总称（范国睿，1998）。从这个概念出发，义务教育资源承载力是指维系一定规模和质量的义务教育所需要投入的物力、财力、人力等资源。其中，人力资源是义务教育系统的主体资源和主要决定因素。从衡量标准看，资源的利用方式与途径决定了义务教育资源承载力的高低。据此，可将义务教育资源承载力分为最大和适度两个层次，前者是指义务教育系统可能达到的资源承载的上限，后者是不危害系统平衡条件下的资源承载能力。在实践中，一般以适度资源承载力来考察义务教育资源的投入状况以及义务教育系统的可持续发展能力。

义务教育环境承载力是义务教育生态承载力的约束条件，是指特定时期内为保障义务教育持续稳定发展所需要提供的政治、经济、文化支撑能力。其中，政治环境承载力主要体现为义务教育的宏观政策、管理体制以及运行机制，引导和决定中小学的办学方向、方式和质量；经济环境承载力为义务教育发展起到基础性作用，主要体现为经济发展水平和义务教育投入能力；文化环境承载力则指社会文化资源状况，它不但对义务教育起到直接的制约作用，还起到沟通系统内外关系的桥梁作用。

（三）城乡义务教育发展差距成因的生态系统分析

当前，学界对城乡义务教育发展差距成因的分析可谓多元，包括经济决定论、历史决定论、结构决定论、文化决定论、环境决定论等，不一而足。由于自然、历史、文化和制度等多重因素的影响，我国城乡义务教育差距成因具有复杂性、多维性和动态交互性，采用单一因素分析法，无法给出令人信服的解释。义务教育系统是社会大系统的一个子体系，它的存在与发展必须依赖于外界环境提供的各种条件，因此必须将城乡差距问题置于整个社会系统中加以考察和解决。在生态学视角下，我们可以清晰地辨别影响义务教育发展的各种要素、结构特征以及相互间的关系，从而提出"整体系统决定论"的研究思路。

在生态学研究框架下，城乡义务教育处在复杂的多维空间和多元环境系统，其成因必然也是多元的（吴鼎福和诸文蔚，1990）。广义的义务教育生态系统由系统、外部生态环境和能量交换机制三部分构成，其中系统内最主要的成分是教育生态主体，包括教师、学生、家长、学校管理人员、教育管理部门等；外部生态环境包括政治、经济、文化、科技和自然环境等；交换机制主要体现为教育投入政策和方式、资源配置机制和教育质量评估标准等。本书认为，教育生态主体是义务教育创新得以实现的内生动力，外部生态环境是外生诱因，而政策和制度变革则是教育变革的主要手段。人是人工生态系统内最为活跃的因素，但人的行为选择也受到外部生态环境的制约，因此对义务教育变革而言，教育生态主体的内部协调以及外部系统的支持就具备了极其重要的基础和前提意义。

城乡义务教育发展差距，归根结底是教学质量的差距，而后者是义务教育生态系统中内部直接作用力和外部间接作用力的协同作用结果（温小勇，2012）。根据义务教育生态系统原理，城乡中小学教学质量差距形成的动力系统结构如图4-1所示，包括外部生态环境、外围层与核心层三个圈层。在这个动力系统中，学生作为教学质量的最终承载者，接受来自于系统内外的所有影响因子的作用力，而这些因子在动态交互作用中所形成的合力就决定了学生的发展水平。自于系统内部的核心层是影响教学质量的最直接动力，外部影响因子（外部生态环境、外围层）则决定了核心层的总体水平和效率。就核心层而言，主要体现在三个方面：一是教师的业务素质，包括学历层次、知识和能力结构、专业素养等；二是学生的发展素质，如认知能力、学习态度、体质、心理素质、兴趣爱好等；三是教学中介要素，涵盖教学目标、教学内容、教学手段、教学方法、教学评价。外部影响因子（外部生态环境、外围层），包括社会对义务教育的重视程度、教育文化传统、政府投入力度，以及教育资源的配置方式、教育理念创新、学校管理水平等，都会在很大程度上影响学校的核心层，进而影响教学质量。因此，结合实际情况，解决当前城乡教育差距问题的前提和关键还在于如何纠正外部影响因子（外部生态环境、外围层）对城乡义务教育核心层的影响差异。

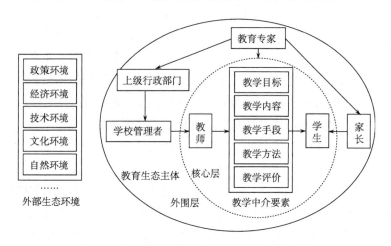

图 4-1　城乡教学质量差距形成的动力系统结构

三、城乡义务教育生态化均衡的实现机制

城乡义务教育差距的根本原因在于城乡二元分割和差别性教育服务供给政策，早在 2005 年的十六届五中全会上，中央就明确提出"公共服务均等化"的政策指向，即要加大统筹城乡发展力度，推动教育资源向农村转移，实现城乡教育资源"共享化"。在具体策略上，相对于"强制"均等化，基于共生理论的"内生"均等化能够实现城乡教育资源的双向流动与优化配置，进而推动城乡义务教育一体化协调发展。

（一）城乡义务教育共生系统的内涵

"共生"本是生物学术语，1879 年由德国生物学家德贝里提出，生物体之间构成若干相互依存和作用、共同生存、协同进化的共生关系圈，并存在三种共生现象：互利共生、偏利共生和偏害共生。作为一种认识论和分析工具，自 20 世纪 50 年代以来，共生理论开始被引入并广泛应用于教育学研究领域（杨玲丽，2010）。一方面，人类与自然、文化和他人的"非共生关系"及其表现，引发了人类从教育视角探寻人类文化生态失衡的根本原因，对学校教育存在合理性的诸多质疑和批判，构成"共生教育"的现实语境和社会基础（吴晓蓉，2011）；另一方面，共生理论与城乡、区域教育协调发展具有一致性和相似性，从而为义务教育研究提供了一种崭新的视角、思路和方法。

城乡义务教育共生系统，是指通过资源均衡配置、交互式作用以及协调发展，达到城乡之间义务教育发展的均衡状态，该体系一般包括共生单元、共生模式和共生环境三个部分，它们共同构成一个互惠、稳定、和谐的共生系统（袁纯清，1998a）。①共生单元，共生单元是指构成生物体共生关系的能量生产和交换单位，不同共生体具有不同的形态和特征。质参量和象参量是考察共生单元的主要参数，前者决定其内在性质，后者则反映其外部特征，一般而言，一个共生单元存在一个质参量和若干个象参量。②共生模式，共生模式是指共生单元相互作用的方式和手段，即物质、能量和信息的交流关系以及作用强度，对城乡义务教育共生系统而言，其共生模式就是城市和乡村义务教育系统之间的作用关系和缔结形式，具有多样性。③共生环境，共生环境由共生单元以外的所有因素所构成，包括城乡自然、地理、经济、文化、社会等要素。共生单元与共生环境的相互作用是多样化的，而两者间的双向激励更易于形成最佳的共生环境（袁纯清，1998b）。

在城乡义务教育共生系统中，3 个构成要素相互作用的媒介称作"共生界面"，是各共生单元间作用关系的媒介或载体，是共生关系形成的内在动因（曲亮，2004）。其就城乡义务教育和谐共生的机理来看，共生单元是基础，共生模式是关键，而共生环境是重要外部条件。首先，城乡义务教育共生单元间的共生度是城乡义务教育均衡发展的基础。根据共生原理，共生度和关联度是决定共生单元匹配性的主要因素，而要提高城乡义务教育之间的共生度和关联度，就必须寻找和确定两者相互兼容的变量，增进城乡间的紧密度；其次，对称互惠的一体化共生模式是城乡义务教育和谐发展的终极目标。在共生模式中，互惠共生关系在维护共生单元独立性的基础上，能够维系两者间的双向沟通和交换关系，由此逐渐形成稳定的、可持续性的一体化共生关系，最终实现双方利益的最大化（施丽红，2012）；再次，城乡统筹发展的共生环境是城乡义务教育和谐发展的前提。20 世纪 50 年代以后逐渐形成的城乡二元结构、城乡差别的教育政策以及 20 世纪 80 年代以后形成的"三农"问题等都是城乡义务教育和谐发展的反向环境，是城乡发展差异形成的环境基础。

（二）城乡义务教育共生系统的机制要素与社会效应

依据共生理论，两个共生单元间产生互惠共生关系的条件包括：①两者具有相互兼容的内在性质，以及某种稳定的时空联系；②两者间存在确定的共生界面，即组织关联、利益关系和相近的发展模式；③两者之间保持物质、能量和信息交换关系，由内在的同质度或关联度决定；④相对稳定的共生环境是共生关系持续存在和发展的基础（冷志明和张合平，2007）。就城乡义务教育共生系统而言，其关键点包括界面亲和、利益共享和环境畅通三个层面，分别是过程性共生、结果性共生和共生基础的反映。首先，共生界面的亲和度对共生关系的形成，以及稳定程度有重要影响。共生单元之间必定存在至少一组相互兼容的质参量，起到相互联系的纽带作用，它决定了共生单元间的密切程度，这些指标包括共生度、关联度以及共生密度等（刘荣增和齐建文，2009）。在现实中，城乡义务教育间的共生介质主要有教育机构和人员间的契约、协调联络机制以及人际关系等；其次，就城乡义务教育共生单元间的利益关系看，一般有寄生、偏利共生和互惠共生三种关系模式（朱俊成，2010）。传统农村对城市的寄生关系不仅降低了农村教育自身的供给水平，而且会消耗城市教育系统的能量；偏利共生是"倾斜政策"的一种体现，也是一种中间形式，对农村有利而对城市无害；互惠共生则是城乡双方的一种理想的、均衡发展的利益共享机制；再次，共生环境的作用有正向、中性和反向之分，2006年之前的城乡义务教育共生环境总体上是一种反向环境，是形成城乡差距的主要原因。城乡义务教育的共生环境主要包括两方面：一是"硬环境"，即自然资源、基础设施、交通条件、信息水平和各类服务类场所和设施；二是"软环境"，即城乡教育发展政策、教育经费投入机制、教育管理体制、教育质量评价体系等。

义务教育生态化均衡实现机制，是指城市和农村义务教育共生单元通过相互间的能源交换、交易、协调与合作等途径和手段，使整个义务教育系统产生协同发展、自组织以及功能流内部化等效应，进而使双方办学效率、收益和功能得以提升，促使城市和农村义务教育系统相互吸引，由强制性协调转化为自愿性协调，由外生发展转向内生发展，最终达到城乡义务教育资源优化配置、系统均衡发展的目标（图4-2）（高明，2012）。所谓协同效应，是指城乡义务教育共生关系的构建，能够实现城乡教育资源和要素的充分流动和互通有无，做到资金、人员、技术、信息和管理上的系统化、集约化与规模化利用，制造协同发展效应，达到提升整体功能和社会效益的目标。这种协同发展效应主要体现在空间配合优势、扩散优势、互补优势以及学习和创新效应等四个方面。自组织效应，源于城乡义务教育在空间、功能和等级结构等方面的自我调节需求，在系统共生的演化过程中，会导致原有联结方式的变革，并形成新的组织结构。自组织效应能够推动义务教育系统加快自身结构、功能和运行机制等方面的变革，以适应外部生态环境的变化。功能流内部化效应，则是指在共生系统下，城乡义务教育系统实现了物质、能量、信息等资源交换功能的调整和优化，从外部不稳定交易转化为内部化、半内部化交易，在降低内部交易和时间成本的同时，提高了系统运行效率和社会效益。

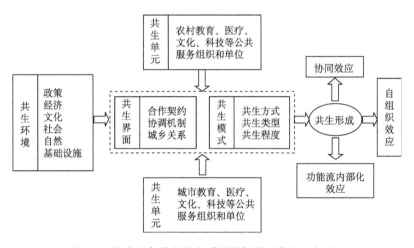

图 4-2　城乡义务教育共生系统的机制要素与社会效应

（三）构建城乡义务教育共生系统的具体对策

城乡义务教育共生系统构建，从根本上讲取决于城乡社会均衡发展的内部需求和动力，体现为城乡义务教育共生系统对"公共服务均等化"的强力推动作用。就运行机制而言，城乡教育单元间诸要素的优化配置、合理流动与互通共享是增进城乡教育系统共生度和关联度、推动城乡良性、持续互动的保障。根据分析，当前最为理想的城乡义务教育共生模式应是对称、互惠模式和一体化组织模式，图 4-3 为城乡义务教育生态系统的形成过程。为此，要采取以下措施。

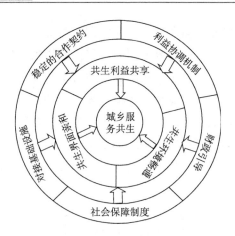

图 4-3　城乡义务教育共生系统的形成

一是建立合作契约和协作机制。由于历史因素导致的城乡二元结构和差别性教育政策，城乡义务教育在资源禀赋和配置权上存在巨大差异，且难以实现城市教育资源向农村的反向流动。因此，要在兼顾城乡教育系统利益的基础上，通过建立长期合作机制促成城乡教育系统间的合理分工与协作，以推动义务教育资源的双向、合理流动，即通过城乡间教育资源的优势互补和协同发展，实现城乡义务教育共生发展、互利共赢的目标。

二是建立利益协调和共享机制。城乡教育系统共生的根本动力和核心问题是利益分配问题。由于历史、自然和社会因素影响，农村义务教育在发展规模、系统结构、资源存量和分布密度等方面存在天然的劣势，导致城乡在共生演进过程中地位、角色和分配权等方面存在巨大差异。因此，为建立有效的共生系统，就要在平等、互利的前提下，建立利益协调和共享机制，通过合理、完善的利益分配转移机制来规范城乡间的教育资源转移，既保证整个义务教育系统的平稳发展，又能够尽快形成城乡义务教育共生系统。

三是实施积极的教育财政投入政策。当前，我国业已建立起较为完善的公共财政体系，但在义务教育财政投入方面还存在巨大差距。因此，要进一步明确和界定各级政府义务教育供给方面的职责，建立起完善的统筹城乡义务教育发展的财政投入体系，由中央和地方各级政府根据财权、事权约定合理承担农村义务教育财政投入责任。特别是要确立"倾斜发展"的政策取向，加快对农村义务教育的基础投入，缩小城乡差别，以推动城乡教育共生系统的尽快形成。

第四节 城乡义务教育生态化均衡的模式构建

一、城乡义务教育生态化均衡的理念重塑

（一）教育生态学视角的城乡义务教育失衡：背景、根源与出路

1949 年后，所有的农村教育改革都具有一个共同的价值目标，即实现基础教育公平，包括机会公平、过程公平和结果公平。然而，这种努力并没有取得预期效果，就质量均衡而言，城乡义务教育差距不但没有缩小，反而在一定程度上拉大了。对此，学界给出了多种解释，大多数结论都指向两个"主题"：城乡二元结构和教育资源"等级式流动"。

基于城乡二元结构的教育体制分割被普遍视为城乡差距形成的宏观背景和制度根源。20 世纪 50 年代，优先确立的"城乡分治"策略倡导"工业和城市优先"理念，极大延缓了农村的资源积累进程。1986 年《中华人民共和国义务教育法》以及之后的一系列财政改革实质上把农村办学责任转移乡镇和农民身上，强化了农村教育的边缘化地位。在这种制度安排下，城市适龄未成年的教育权利优先得到保障，且只需支付少量费用，而农村的状况则相反，农民承担了 70% 以上的农村义务教育经费（朱迎春，2006）。与之对应的，是教育资源配置的"等级化"，即教育资源总体上是沿着"首都——省会城市——中心城市——县城——乡镇——村"的轨迹向下流动，这种资源分配模式进一步强化了城乡教育的等级差异，导致农村基层中小学校办学资源严重匮乏（郭建如，2005）。以上解释虽然指出了导致城乡义务教育差距的制度根源和主要原因，但仍然没有站在农村的角度去思考问题，为此，人们引入生态学理论，将农村和城市置入同一个的生态系统和环境中，以寻求从根本上消除城乡义务教育差距的方式和路径。

教育生态学把教育看作是一个"与其自然、社会、经济、文化、政治等生态因素密切相关的，由时间和空间构成的、开放而实在的生态系统"，具有复杂性和系统性（范国睿，2000）。在这一生态系统中，城市与农村的教育差距不仅源于学校差距，而且与其他社会因素密切相关，包括基础设施，图书馆、博物馆、文化馆等公共文化资源，各类社会机构、家庭，生产、生活和参与公共事务的方式，以及各种信息等。因此，城乡义务教育差距会被成倍放大，这种不公平不仅源于教育资源的分配不公，也源于其他存量社会资源的巨大差距（韩红升，2007）。根据教育生态学原理，在衡量、比较和消除城乡差距时，不能仅仅从义务教育系

统内部出发，单一的教育体制改革是无法有效消除城乡差距的，必须全面、系统、联系地考虑问题。就是说，要从根本上消除城乡义务教育差距问题，就必须解决城乡教育生态间的"隔离""背离"与"断裂"问题，构建资源共享、互利共生的城乡义务教育生态大系统。"不能就农村说农村，要改变'城乡两策、重城抑乡'的思路，从城乡各自的小循环、小系统走向城乡统一的大循环、大系统，树立城乡一盘棋的总体思想，发挥城市辐射带动优势和城乡间的关联优势，使城乡资源共享、共赢共荣"（李广舜，2006）。

（二）"包容性发展"的内涵和本质

基于以上分析，为实现城乡义务教育均衡发展，就要系统研究城乡教育生态的共生单元、共生模式和共生环境，构建协同合作、互惠双赢、和谐共生的城乡义务教育大系统。在传统"以发展解决差距"的思路和策略下，城乡二元结构问题不但没能解决，反而有固化与扩大的趋势（刘祖云，2012）。因此，要在教育生态学的理论指导下，转变城乡分割、对立和排斥的理念，在制度和政策设计上充分体现"包容性"，以"包容性发展"理念解构"排斥性的政策规制"，不失为一种破解城乡义务教育发展失衡的战略性理路。

"包容性发展"源于 2007 年亚洲发展银行提出的"包容性增长"概念，但两者有本质的区别，"发展"不仅包含了增长的"量"，而且体现了结构的变化即"质"的根本。因此，"包容性发展"是推动城乡义务教育生态实现结构、模式和质量等根本性转变的一种理念和思路，它不仅强调义务教育的持续发展，而且要更加重视农村弱势群体的主体地位和权益，通过"工业反哺农业""城市支持农村"和"市民包容农民"，使农民在平等参与中充分享受经济社会发展的成果。

本质上，"包容性发展"与生态学意义上的"共生"是一致的。斯哥特认为，共生是一种"寄生、互惠共生、同住现象"，泛指生物体生命周期的永恒特征和生理上彼此平衡的状态（袁纯清，1998b）。显然，这种原理与城乡义务教育发展是高度契合的，城乡教育生态系统在共生单元、模式和环境三要素之间相互影响、作用和制约，共同促成生态系统的动态均衡，即和谐、统一和持续发展。

（三）"包容性发展"的多维度解析

从逻辑结构上看，"包容性发展"理念涵盖了公平性、全民参与性、全面协调性与全民共享性多个理论维度。

首先，维护公平性是"包容性发展"的价值取向。"公平"一直是社会各群体间秉承的根本原则，也是社会良性运行的基本理念与行为准则。我国自古即有"不患寡而患不均"之说，直至当代，如何处理效率与公平的关系仍是社会发展的难题之一。我国一度陷入片面强调发展速度的误区，所导致的一系列社会问题，严重妨碍了公平正义理念的践行。当前，不同群体和阶层在收入、资源和权利等方面的巨大差异，使强势阶层更容易获取和垄断各类教育资源，而弱势人群则难以获取基本的受教育权，由此形成教育领域的"马太效应"。"包容性发展"理论正是对这些问题的纠偏，即追求基于理性与道德基础之上的公平正义，以及这种理念映照之下的教育均衡发展。

其次，保障全民参与是"包容性发展"的逻辑起点。唯物史观认为，人民群众是历史的创造者，也是社会发展的主体力量和不竭动力。"包容性发展"理念提出，要保障全体社会成员的参与权，这既是一种权利也是一种义务，没有全民参与就无法确保全民共享的公正性与合理性。也就是说，经济社会发展人人有责，只有付出才能收获，这是社会可持续发展的基石（高传胜，2012）。根据这个逻辑，发展的代价必须由全体成员共同承担，没有人可以只享受发展成果而不承担代价。然而，现实中的大部分发展成果由一部分强势群体占有和享用，而大部分发展代价却由弱势群体承担，形成了责任和权利的严重不对等。"包容性发展"理念就是要解决这一"背离"问题，通过促进对弱势群体的关注和教育投入，增强他们参与发展的愿望、机会和能力（徐伟等，2011）。

再次，全面协调性是"包容性发展"的理论特征。马克思主义认为，人类社会是一个统一的整体，各种因素相互联系和制约，并始终处于动态变化之中（马克思和恩格斯，1975）。这就要求人们在发展的过程中，必须妥善处理好各社会因素之间的关系。"包容性发展"理论提出，要实现经济发展与社会发展的内在协调性，即发展过程与内容的协调性、一致性。这种观点认为，经济增长是推动经济社会发展的途径和手段，但并非发展的全部内容，要摒弃片面追求经济增长的理念和方式，追求经济社会全面、协调、可持续发展（向德平，2012）。城乡、区域和群体间的非平衡发展状态，以及国家对农村义务教育事业投入的严重不足，引发了公众对改革成果分配方式的广泛质疑，这与和谐社会建设理念是背道而驰的。

最后，全民共享性是"包容性发展"的主要目标。社会发展的终极目标就是人的全面发展，人的发展既是前提也是目的。我国经济社会发展过程中，必须遵循这样的原则，即保障参与发展的绝大多数人都能获取发展的实惠和利益，从而使社会的发展成为绝大多数人的发展（邱耕田，2011）。改革开放以来，一部分群体因获取社会资源的渠道和能力限制而沦为弱势群体,严重影响了"共同富裕"目标的实现。"包容性发展"理念的提出,就是强调发展成果的全民共享性,这不仅是公民对自身权利的实践诉求,更是社会公平正义的充分体现。具体来说,强调城乡义务教育发展的"包容性",就是强调改革和发展成果分配的公平性和全民共享性,即采取"倾斜性发展"政策,对长期承担发展责任的农村进行补偿性投入(高传胜,2012)。

二、城乡义务教育生态化均衡的模式构建

(一)生态化均衡发展模式构建的背景和依据

根据教育生态学原理,城乡义务教育均衡发展是教育生态系统逐步调整、优化的过程,需要从宏观、微观和虚拟生态的多种视角出发,在教育体制改革的推动下,充分利用经济、政治、科技和文化等社会因素,构建适应社会发展趋势的新型发展模式。当前,学界大多从宏观和微观生态角度进行研究,对于城市化、信息化等新因素的关注度不足,因此缺少对宏观、微观和虚拟生态的横向整合。在传统义务教育发展模式下,如若改变城乡间的教育差距问题,只能采取对农村倾斜投入的方式,但在区域内教育投入总量相对固定的情况下,这种"削峰填谷"的做法必将有损城乡义务教育的可持续发展能力。此外,传统发展模式的实施过程过长,政策效应显现周期较长,因而片面增加对农村地区的教育投入并不利于城乡义务教育均衡的目标实现。

进入 21 世纪以来,随着城市化和信息化水平的迅速提高,依托信息技术实现教育资源整合和共享的新型发展模式逐渐成形。根据国内外的实践经验,现代信息技术在教育领域的广泛应用,极大改变了教育资源建设、存储、配置和使用的理念和模式,可称之为现代教育技术的重大变革。在新媒体环境下,教育主体间的交流方式得以革新,基于网络技术、存储技术、数字化和多媒体技术的现代网络教学形态日益成熟,为传统课堂教学模式变革和城乡优质教育资源共建共享提供了契机和可行性。

(二)生态化均衡发展模式的比较

城乡义务教育生态化均衡发展模式创新,一是要遵循教育生态学的基本原理和规律,不能违背生态学的根本原则;二是既要充分借鉴既有的研究成果和成熟经验,也要注重理论和实践创新,力求在生态化均衡发展模式创新上取得突破;

三是要从城乡义务教育均衡发展的现状出发，既要强调现实指导意义，也要充分考虑发展的延续性，循序渐进地推动城乡义务教育生态系统实现均衡、协调发展（王星，2013）。基于以上三个基本原则，可对两种城乡义务教育生态化均衡发展模式进行整合和对比（图4-4），以此明晰由传统模式向新型模式转变的方向、路径和具体策略。

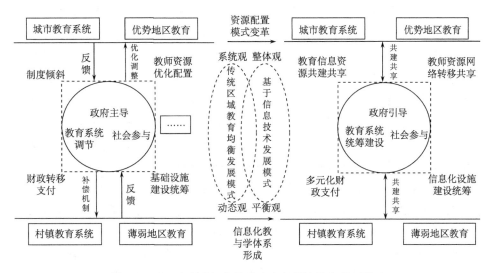

图4-4　基于生态学视角的城乡义务教育均衡发展模式

传统城乡义务教育均衡发展模式是我国目前采用的主要方式，其主体关系、结构和功能包括：①政府主导，政府承担政策、策略的制定、颁布和监督实施的主体功能，是城乡义务教育均衡发展的原动力和主要推动力；②教育系统调节，城乡教育系统根据政府的政策、策略和实施方案进行自我调整和变革，最终效果则依赖于外部推动力的大小；③社会参与，依据城乡义务教育系统的开放程度和政策规定，社会组织和团体、资本集团参与到城乡教育均衡发展过程中。在传统模式下，具体的实施策略包括：①政策倾斜，一般会根据城乡义务教育均衡发展的实际情况，通过制定系统的、倾斜的教育发展政策来统筹协调城乡义务教育均衡发展；②财政转移支付，通过科学考量和界定城乡义务教育均衡发展现状，制定有利于城乡均衡发展的义务教育财政投入政策；③基础设施建设统筹，统筹城乡中小学校的软硬件设施建设，对农村学校一般采用外部补偿机制，对城市学校则采取优化调整策略；④教师资源优化配置，大部分地区都采取了优质教师资源转移分配政策，以平衡城乡间教师资源的存量差距，采取的方式主要有轮岗、挂职、支教等。此外，各地还通过系统的教师培训、交流计划来提升区域教师资源的整体水平。

基于信息技术的教育发展模式日益成为当今世界主流趋势，对推动城乡、区域和学校均衡发展方面的优势日益显现。该模式的主体关系、结构和功能包括：①政府引导，不同于传统模式，政府仅通过制定符合本区域实际需要的政策来引导教育生态体系的自我发展，其职能由外部直接干涉转变为内部服务；②教育系统统筹建设，在新的模式下，教育系统成为推进城乡均衡发展的实施主体，利用现代科技实现教育资源的共建共享，以及城乡义务教育生态体系的动态、协同进化；③社会参与，在这一模式下，社会组织和团体参与义务教育发展的渠道大为拓展，通过信息化平台和渠道能够实现与教育系统广泛、深入的物质、能量和信息交换。在新型模式下，具体的实施策略包括：①教育信息资源共建共享，即充分利用现代信息技术优势，集中区域内优势资源创建多种形式、多种规模的教育信息资源库，实现资源建设投入与利用效果的最优化；②多元化财政支付，在传统实体化财政支付体系的基础上，积极探索和开发虚拟化财政支付和使用机制，通过财政投入机制创新提高财政利用效率，并实现财政激励功能；③信息化设施建设统筹，根据区域基于发展实际需求，逐步建立能够满足现代远程信息化教学体系的软硬件设施，提升中小学信息化水平；④教师资源网络共享，充分利用信息技术的双向同步或异步交互优势，推行异地同步或异步教学模式，实现优势教师资源在城乡中小学间的网络转移和共享。

（三）生态化均衡发展模式的演进轨迹

通过以上比较分析，基于信息技术的教育发展模式具有显在的优质，能够在不损害城市义务教育发展质量的情况下，实现城乡教育生态体系的均衡发展。总的来看，从传统发展模式到新型发展模式的演进，大致要经历以下三个阶段。

第一，基于传统模式的城乡教育均衡发展阶段。本阶段以传统均衡发展模式为主导，主要实施内容包括：以实体资源投入为主，旨在科学合理配置经费、人员、设施、管理等教育资源，通过重新规划教育资源在城乡间的投入比例和种类，实现城乡教育发展的均衡性。但是，由于外部性因素的限制，如自然、地理、人文和时空限制等，城乡间的教育资源转移并不能达到既定目标，大多处于单向维持性、补充性水平，不能在短期内从根本上解决差距问题；同时，城乡义务教育差距存在机会、过程和结果三个方面，仅仅依靠单一物质资源投入无法真正改变现状；此外，鉴于区域社会发展水平、资源转化周期长以及投入产出不对称等原因，传统模式下对均衡发展的诸多努力甚至赶不上差距扩大的速度。

第二，传统和新型发展模式共同作用阶段。本阶段两种发展模式并存，不断融合、渗透和转化，逐渐向新型发展模式过度和演化。随着第一阶段措施的效果逐步显现，城市和农村的基础设施、师资和管理水平逐渐缩小，能够基本满足各自的发展需求。但是，随着信息化社会的深入发展，城乡教育生态系统因基础设施、产业发展和信息化建设等差距，逐渐形成新的不平衡，即与信息化相关的软硬件、数字化教育资源建设的差距。而且，这种信息化资源存量和使用的差距由于外部因素影响被成倍放大，这些外部因素包括城乡信息集中度差距、家庭对信息化的掌握和利用能力差异、教师和学生对信息化的利用能力，以及教育主体拥有的信息终端数量差距等。

第三，基于信息化技术的城乡教育均衡发展阶段。由于信息技术在资源建设和共享方面的天然属性和优势，为城乡基于资源共建共享和整体式跨越提供了良好契机。这一阶段的主要任务，是要解决城乡间数字化虚拟资源建设和优质师资的不均衡问题。在资源建设上，一般以县为一个建设单元，建设以县教育主管部门为中心的数字化教育信息资源库，逐步推进区域内城乡中小学教学资源共建共享，从而实现城乡资源配置和使用上的均衡发展（熊才平和方奇敏，2007）。在师资问题上，可通过远程教学方式予以解决，即利用网络渠道实施非面对面的网络同步或异步教学，充分发挥优质教师资源的作用（熊才平和吴瑞华，2006）。

总之，本阶段主要通过教育系统信息化建设，通过教学资源共建共享和教师资源的网络共享，构建教育信息技术的城乡生态系统，实现城乡义务教育的均衡发展。

三、城乡义务教育生态化均衡的实现方式

城乡义务教育均衡发展问题，是 2006 年以来我国政府在公共事业发展方面的重要议题和任务之一，其重要性不言而喻。同时，这一阶段恰好也是构建契合新公共服务理念的服务型政府的关键时期。根据世界各国经验和中央的政府改革路线，新公共服务理念和服务型政府建设将促成政府治理模式的重大变革，并逐步建立起以公共利益与普遍共识为诉求目标的协同治理模式，其实质是推动公共权力回归，以及管制型政府向服务型政府的转型（欧文·E·休斯，2001）。因此，鉴于协同治理模式的特殊背景、独特诉求和功能，它将为解决城乡义务教育均衡发展问题提供一个崭新的思路和路径。

（一）城乡义务教育协同治理的内涵和特征

随着我国逐步进入后工业化和信息化社会，社会治理问题日益复杂化，传统的管制型管理方式已经无法适应多元化、快速多变和混沌无序的社会现实，政府、市场、公民社会必须通过"协同"这一自组织的更高形式，重塑并生成更高层次的有序性结构，合作治理社会公共事务，从而实现社会的整体跃迁（郑巧，2008）。

所谓城乡义务教育的"协同治理"，是指处于同一治理系统中的多元主体间通过协调合作，彼此啮合、相互依存、共同行动、共担风险的局面，形成合理、有序的治理结构，以促进城乡义务教育均衡发展目标的实现（李辉，2010）。

协同与治理的结合，并非意味着简单拼凑，而是要实现治理主体力量的倍增，它是工具理性和价值理性的有机统一，具有以下特征：①治理主体多样化，以政府为核心的"单中心治理"模式已无法适应信息化社会的教育发展需求，必须引入"多中心治理"理念。在这种模式下，非政府社会组织、企业和个人都可以参与教育事务治理，以争取平等的受教育权，这对每一个有教育诉求的公民特别是农村弱势群体子女来说，具有极其重要的意义。②治理权威多样性，在协同治理模式中，除了政府，其他主体如行业协会、研究机构或社会组织都可能成为某一领域或议题的治理权威。治理权威多样化，有利于各主体在利益冲突时，通过道德劝说、协商或法律途径达成一致，以便使政府决策得到最大范围内的支持并迅速实施。③子系统的协作性，传统治理模式下，城乡义务教育生态系统内各子系统间是管理与被管理、控制和被控制的关系，而协同治理从根本上改变了这一从属关系，强调城乡子系统的地位平等和机会平等，保证了不同群体的权益（肖文涛，2007）。④系统的动态性，随着经济社会发展的迅速转型，城乡义务教育系统也呈现复杂多样、持续变动的趋势和特征，在这一过程中，各治理主体必须通过全时空的信息交流、关系构建和职能分工，探索建立一种多元互动、协作推进的治理方式，在动态和权变原则之下，促使教育系统在不断演进的过程中实现向更高层次的升级和平衡。此外，城乡义务教育的协同治理还有自组织的协调性、治理秩序的稳定性以及治理的有效性等特征。

（二）城乡义务教育协同治理的基本目标

构建城乡义务教育社会协同治理机制，是指政府出于教育公共事务的治理需求，通过构建社会化参与平台和沟通渠道，积极引导社会主体参与教育事业管理，发挥它们在自主治理、参与服务、协同管理等方面的作用（郁建兴，2012）。在这一过程中，政府通过发挥主导作用，使教育协同治理始终处于充满活力、和谐有序的状态，逐步形成政府主导、社会协同、共建共享的社会治理新格局。

首先，在城乡义务教育社会协同治理模式下，政府与社会参与主体有一个共同的治理目标，就是要构建一个协同发展、和谐有序的城乡义务教育生态系统。在当代社会语境下，这一目标的实现，既不能单纯依靠政府的投入和管理，也不能依赖社会自我治理，而必须寻求两者的协作与合力。

其次，为了充分发挥社会主体的作用，政府一方面要转变传统"管制型"治理理念和模式，树立"多元治理、共建共享"新理念，综合利用道德、政策、行政、市场、法律等多种方式和手段；另一方面，要建立健全社会化参与平台和沟通渠道，既要始终尊重和保障社会主体的法律地位和参与权利，也要完善社会管理领域的各种利益协调机制、诉求表达机制、权益保障机制、矛盾调处机制等，确保教育协同管理的常态化运行。

再次，在城乡义务教育协同治理过程中，政府还应充分吸收并积极借鉴社会各界的各种反馈意见和相关建议，并构建一种集教育发展动态监控和社会信息收集于一体的动态反应机制，既保障参与平台和沟通渠道的高效运转，也使之与城乡义务教育发展的现实环境和社会情势相适应（图4-5）。

（三）城乡义务教育协同治理的实践价值

城乡义务教育协同治理机制的建立，对政府而言意味着"从统治到掌舵"的理念和身份转变，对社会参与主体而言，则是"从被动排斥到主动参与"的行为转换。显然，这是一种以提升公共利益为目标的社会合作过程，政府起到了非常关键但并非支配性的作用（托克·麦克格雷和陈家刚，2002）。总的来看，协同治理是一次重大的理念和模式转变，它为当代教育公共事业治理提供了观念、方法论指导以及可操作性技术手段。

其一，协同治理为教育公共事业治理提供观念指导。在传统一元化社会治理模式下，公共行政刻板、体制和机制僵化导致公共事务的人为分割、条块化和封闭化。之后，新公共管理下的分权化和竞争性措施又造成各自为政、利益分割的"碎片化"难题，公共管理效率低下。在"政府失灵"和"市场失灵"的双重困境下，协同治理倡导基于公共利益的政府和社会协作，多主体、多要素或子系统间非线性的相互协调和密切配合，以期形成新的、有序而高效的治理体系和运作机制（李辉，2010）。

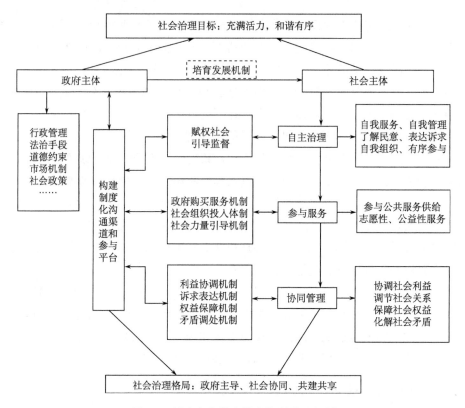

图 4-5　城乡义务教育社会协同治理机制

　　其二，协同治理为教育公共事业治理提供方法和途径。协同治理理论是一门专业科学，是为了解答如何"创造条件以保证社会秩序和集体行动"的科学。一方面，治理本身是一种集体行动，协同学恰是研究集体行动的科学，为理解合作治理的必然性和偶然性，掌握合作治理的内在规律和机制提供了基本框架和研究思路；另一方面，战略协同理论提供了一系列关于合作成本、风险以及技能、规范方面的管理方法，如成本分摊、优势互补、规模效益理论等（格里·斯托克，1999）。这些指导性理论为科学对待公共事务治理、构建参与平台和协作机制等提供了方法论指导。

　　其三，协同治理为教育公共事业治理提供有效技术手段。这些技术手段，包括把握教育公共事业协同治理的内在规律、掌握协同治理时机和节点，以及对协同治理效能进行评价的方式、方法和维度等。比如，通过运用协同学原理，可以构建多元治理主体的协同机制模型，通过建立量化的数学模型，剔除非主流影响因素，实现对复杂教育系统的简化认知。此外，还可以通过数据和信息处理，寻找恰当的协同治理临界点，并通过修改控制参数提升协同治理效率和效益。

本 章 小 结

诸多理论和实证研究都已表明，2006 年起实施的"新机制"及其后续改革并没有突破分级办学、分级管理、以县为主的经费投入与管理体制框架，仍然是一种城乡分立的机制设计，现阶段城乡义务教育发展仍存在一些亟待解决的关键问题。

本章主要内容包括：①分析了确立义务教育"生态化均衡"发展机制的背景和依据，鉴于义务教育是一个有机的、复杂的、统一的生态系统，城乡义务教育供给机制改进的必然路向就是确立基于城乡一体化的"生态化均衡"。②在剖析义务教育系统的生态特征基础之上，系统介绍了义务教育生态化均衡的内涵、价值取向和具体内容。其中，就价值取向而言，城乡义务教育生态化均衡是一种全新的教育理念和发展观。③此后，探讨了城乡义务教育生态化均衡的内在机理和运行机制，通过系统结构、功能及其特征三点分析了城乡义务教育生态系统。在论述城乡义务教育生态化均衡的内在机理中，提出了义务教育系统的生态承载力的概念，并基于共生理论的分析框架探讨了城乡义务教育生态化均衡的实现机制。④最后，重塑了城乡义务教育生态化均衡的理念，构建了城乡义务教育生态化均衡的模式，提出城乡义务教育生态化均衡的实现路径是协同治理。鉴于协同治理模式的特殊背景、独特诉求和功能，它将为解决城乡义务教育均衡发展问题提供一个崭新的思路和路径。

总之，在教育生态学看来，单一的教育体制改革是无法有效消除城乡差距的，必须全面、系统、联系地考虑问题，即解决城乡教育生态间的"隔离""背离"与"断裂"问题，构建资源共享、互利共生的城乡义务教育生态大系统。

第五章　城乡义务教育政府供给制度创新的政策建议：基于"生态化均衡"理念

第一节　生态化均衡目标下政府职能定位、责任范围与决策机制

一、明晰政府在义务教育均衡发展中的职能定位

（一）政府职能定位的现实依据

改革开放以来，由于计划经济体制、城乡二元结构、精英教育理念等因素的影响，我国政府的教育职能长期缺失，主要体现在"缺位"和"越位"两方面：前者主要是指政府对本应承担的义务教育这一公共产品的投入严重不足，缺乏义务教育财政预算的硬约束，挪用、挤占义务教育经费现象十分严重；后者是指政府管理部门承担了发展义务教育的绝大部分职能，管理权限过于集中，必然导致"长官意识"和急功近利，学校自主办学的积极性受到严重抑制（王丽慧，2008）。由此，形成了政治性、计划性、行政命令式的"管制式"管理模式，教育管理部门也因此成为机构臃肿、职能重叠、行政效率低下的"全能型""权威型"的管理者。因此，必须加快政府教育管理职能转变的方向，加大转型力度，以充分发挥政府在义务教育均衡发展中的主导作用。

一方面，发挥政府主导作用是义务教育本质内容的客观要求。义务教育本质上是一种纯公共产品，具有消费的非竞争性和受益的非排他性，政府必须"责无旁贷"地向全社会成员免费提供这种服务，公民也必须接受一定年限的教育以履行自身义务。同时，义务教育具有"正外部性"，是提高国民素质、传播科学文化和提升社会凝聚力的主要手段，直接关系一个国家和社会的创新能力和群体活力。因此，办好义务教育是政府管理职能和社会职能的双重体现。由于义务教育的公共属性和社会价值，世界各国普遍强调政府在义务教育发展过程中的主导作用和地位。

另一方面，发挥政府主导作用是义务教育均衡发展体制创新的要求。城乡义

务教育生态化均衡就是一个依靠制度创新不断消除城乡差距的过程，而政府无疑是制度创新的关键要素和天然主体。根据制度经济学原理，作为规模最大的非市场组织，政府拥有强制力和再分配能力，因而具有制度创新的独特优势。尤其是市场经济体制下，存在着生产要素流动和教育体制僵化、教育资源固化的矛盾，这就要求以政府为中心，通过建立公共治理结构和多级管理体制来协调多主体间的发展矛盾。现阶段，必须要完善"分级管理、以县为主"的管理体制，严格按照"事责与财责相统一"和"事权与财权相统一"的原则，分级共同负担义务教育供给责任（冯兴元和李晓佳，2005）。

（二）从"管理"到"治理"：政府职能定位的理念变革

1. 理论依据：新公共管理理论

新公共管理理论提出，当代政府管理危机的根源就在于"全能型"政府职能的无限制扩张，因此主张改变以政治学（权力）为基础的管理模式，向以经济学（市场）为基础的管理模式转变。这一理论的主要观点包括：①依据"经济人"假说，提出"共同治理"理论；②依据"理性人"假说，倡导"国退民进"理念；③根据"交易成本"理论，构建"公共产品理论"；④依据"顾客至上"理念，建立"企业型－服务型政府"理论；⑤倡导通过市场化手段，践行"职能外包"理论；⑥基于"共同治理"理论，倡导社会事务管理主体多元化；⑦提出政府"再造"理念，强调政府角色和职能的重新定位。

根据新公共管理理论，我国政府教育职能的重新定位，要充分考虑市场经济体制和法治化的宏观环境，管理方式上应由"管制型"向"服务型"转变，管理流程上由"注重程序"向"注重绩效"转变，政府组织结构应由"聚合"向"分化"转化、由"垂直结构"向"网络结构"演化，管理重心应由"微观和宏观并重"向"宏观管理"转变，管理手段和途径应由"人治""行政命令"向"法治""经济和法律综合调节"转化。总之，这种变革的核心就是对传统政府角色和管理职能错位的一种纠偏，表现为宏观层面的职能加强和微观层面的职能弱化。

2. 政府职能定位的理念创新

在"优质教育均衡"这一目标之下，必然要求政府实现教育管理体制和机制的转变，即实现从"管理"到"治理"的理念创新。詹姆斯·罗西瑙（2001）认为，治理是一系列活动的执行机制，虽未得到正式授权，但能够有效发挥作用。

与传统的"统治"不同，治理是指"一种由共同的目标支撑的行为或活动，这些行为或活动的主体未必是政府，且无须依靠国家强制力量来实现。"因此，治理的实质是建立一种基于公共利益诉求、市场运行原则和共识的合作。当代，"更少的统治，更多的治理"逐渐成为世界各国推进政府管理体制改革的方向和目标（姜美玲，2009）。

在我国，十八届三中全会提出的"推进国家治理体系和治理能力现代化"，标志着政府执政理念正面临重大转折。"管理"和"治理"，其意有巨大差别：一是行为主体差别，前者仅限于政府，后者则包括了社会组织；二是权力运行方向不同，管理是垂直、单向度、自上而下的，而治理是交互、多样化、多向的（上行、下行和平行）；三是运作模式区别，前者重在"管"，是强制的、刚性的，而后者重在"治"，是合作的、包容的；四是社会参与度之差别，管理主要依靠强制力，治理则注重互动和协商，鼓励多元参与（肖俊华，2014）。总之，对治理理论的倡导和推广，将对义务教育事业发展注入新的价值要素，将对教育产品供给、教育体制和教育决策机制变革产生重大影响，蕴含着当代教育公共治理的基本走向（费蔚，2014）。

从"教育管理"转向"教育治理"，充分体现了当代中国义务教育改革的价值取向和基本方向。生态学视角下的"教育公共治理"，其实质是指教育系统外部环境的多元主体如政府、市场和资本、社会结构和组织、公民个体通过协商、谈判、对话等方式参与集体选择行动，共同承担教育管理成本、责任和义务，通过引入多元竞争与合作机制来推动教育生态系统的协调、统一和和谐运转，其目的在于形成一种以"个体的全面发展"为核心，积极响应系统内外环境变化，多元主体参与的新型公共服务系统（吕淑芳，2013）。

（三）政府在义务教育均衡发展中的职能定位

随着市场经济体制改革和城乡义务教育均衡发展的深入，现行教育管理体制和机制已经无法适应新形势的需要，教育主管部门必须尽快纠正政府治理的"缺位"和"越位"问题，科学确立政府在促进义务教育发展过程中的职能定位。

1. 基础保障职能

义务教育发展会受到外部生态环境的制约和影响，政府保障制度就是要为教育发展提供一种良好的舆论和政策氛围，反之教育就可能会偏离良性发展的轨道。政府对义务教育均衡的基础保障作用，主要体现在政策保障和制度保障两个方面，调节和平衡义务教育与经济社会发展需求、公民教育需求以及非义务教育系统之间的关系。

政策保障方面，不同层级政府有不同的政策内容和作用范畴。国家层面属于顶层设计，范围涉及义务教育均衡发展的基本目标、指导思想、重要意义、经费保障机制、师资队伍建设、中小学建设标准等；省级层面政策范围，包括省级中长期发展规划和单向发展规划、义务教育经费投入及其配置机制、均衡发展的基本标准以及薄弱地区扶持政策和措施等；县级的政策重点则侧重于实施层面，即结合县级的实际情况，通过统筹和合理配置教育资源、监督中小学标准化执行情况，以及师资流动管理等措施，落实国家、省级的总体目标和阶段性目标。

在制度保障方面，为充分体现和落实政府在义务教育发展规划、资源投入和均等化、师资流动和管理等方面的责任，政府必须及时响应和满足新形势下城乡居民对教育的新需求，对限制义务教育均衡化发展的体制机制进行大胆改革和创新，建立和完善一系列科学、有效、动态的管理和监测制度，如财政投入制度、基础设施建设标准、教育补偿制度、师资管理制度、教学质量管理制度等，破除当前存在的若干制度性障碍，从而在制度层面保障城乡义务教育的均衡发展。

2. 统筹督导职能

早在 1994 年，《国务院关于<中国教育改革和发展纲要>的实施意见》就针对各级政府职能分工做过明确规定：义务教育实行国家宏观指导、地方负责、分级管理体制。中央教育管理部门主要负责制定义务教育法律法规、政策、方针以及总体发展规划，对基本学制、课程设置和有关标准进行统一规范，设立欠发达地区和师范教育专项补助基金，并对省级义务教育发展进行监督和指导。省级教育主管部门负责本省义务教育的协调和管理工作，包括制定本省义务教育发展规划、确定教学计划、实施教材编审工作，组织义务教育评估和验收，对贫困县进行专项补助等。县级教育主管部门则承担义务教育的主要实施工作，包括教育经费统筹和配置，师资引进和调配，教学计划和标准化建设的落实工作，以及中小学的具体管理工作。总之，教育督导在义务教育发展过程中起到了主要作用，各级教育主管部门应及时总结教育督导的有效方式和途径，促进基层城乡义务教育发展均衡化。

3. 协调服务职能

随着教育管理体制改革的推进，政府将逐渐从"教育管理"转向"教育治理"，即由传统时期直接的、自上而下的、行政命令式的、注重微观管理的"教育管理"模式向间接的、横向协调的、综合手段相结合的、侧重于宏观管理的"教育治理"模式。在教育治理模式下，政府主管部门应切实推进政府职能转变，强化协调和服务功能。一方面，从根本上转变思想意识和工作理念，坚持因地制宜、循序渐进原则，结合本地区实际情况逐步形成具有时代特征的新思路和新举措（荣雷，2011）；另一方面，要转变工作方式和方法，建立符合现代管理理念的教育公共服务体系，通过优化管理流程、减少管理环节和规范服务内容，提升服务义务教育发展的能力和水平。此外，各级政府在义务教育均衡发展中的职能发挥，应紧密保持与外部生态环境的一致性，通过消除政府机构系统与外界变化的"滞后性"，与外部环境保持一种动态的、和谐的"平衡"。

二、科学界定政府在义务教育均衡发展中的责任范围

造成我国城乡义务教育发展非均衡的原因错综复杂，但影响最大的主导力量还是政府的决策和行为，主要表现在政策和制度设计偏差、投入责任主体偏移、评价指标体系不健全等。在当前实行义务教育优质均衡发展的既定目标下，政府责任的偏离和缺失问题亟待解决。

（一）制定和落实城乡义务教育均衡发展的政策和制度安排

根据新制度经济学原理，某一领域的制度结构如果能够及时回应需求变化并作出相应的改革，为制度客体提供激励和保障，则会促进该领域的顺利发展；反之，如果该领域的制度长期保持不变，则趋于僵化，无法实现其制度功能，则这一制度可能成为发展的障碍（谭崇台，1999）。对义务教育而言，只有目标定位、过程设计和结果取向科学合理的制度安排才能真正实现针对需求的有效供给，才能实现均衡和公平发展。

在义务教育制度供给和创新方面，政府理应承担着绝大部分责任。在目标定位上，政府部门的制度理念和决策导致了城乡义务教育发展严重分化的格局，而在当前统筹城乡发展的背景下，又产生了目标定位和价值取向上的摇摆不定，表现为"离农"与"为农"的悖论（邬志辉和马青，2008）。这一悖论的出现是人为分割城乡义务教育整体性的惯性使然，而消除这一悖论的前提是摒弃"非此即彼"的二元对立思想，确立义务教育生态化均衡的思维方式。就具体内容而言，政府义务教育制度有效供给的职责范围包括：一是确立各级政府主体的义务教育

供给责任和义务，通过建立健全相对独立的财政转移支付制度，加大对农村和薄弱地区的支持力度，并利用法律形式明确不同级政府间的投入比例、具体职责和相关责任；二是明确出现义务教育均衡发展的目标，通过制定和完善均等化标准、救助制度以及城乡资源流动制度等，推动城乡均衡化发展；三是建立健全城乡义务教育均衡发展绩效责任制度，通过构建政府、社会和个人多元合作机制，对各级政府投入力度，义务教育办学水平和质量，均衡化实施情况等进行问责。

随着 2005 年以来一系列有利于农村义务教育发展的政策相继出台以及《中华人民共和国义务教育法》的修订，国家层面的义务教育投入和保障机制逐步健全。但是，城乡义务教育均衡化是一个长期和艰巨的历史过程，当前城乡、区域和学校间发展不平衡的矛盾仍然十分突出，推进城乡义务教育均衡发展，将伴随着城乡一体化、城乡差别逐步缩小的全过程（高洪，2012）。这就要求政府部门在法律框架的约束下，真正承担起相应的责任和义务，认真落实义务教育两个"重中之重"：一是在义务教育基础薄弱、发展不平衡、质量亟待提高的背景下，要明确义务教育的强制性、免费性和普及性，确保所有适龄未成年能够接受完整的义务教育，实现"有学上"的起点公平；二是明确"均衡发展是义务教育的战略性任务"这一重要目标，全力推进城乡义务教育均衡化，确保每一个适龄未成年都能够接受均等的义务教育，实现"上好学"的过程公平。此外，还要确立义务教育均衡从"精英教育"到"促进每一个人都发展"的价值理念转换，在加强硬件设施投入、师资建设的基础上，关注每一个学生的个性化发展和全面发展，并将其作为"优质均衡"的核心任务，从而使义务教育均衡发展真正回归到"促进学生发展"的终极目标上来。

（二）承担城乡义务教育投入的主体责任

我国义务教育投入模式经历了"政府包办"、"人民教育人民办"和"政府分级承担"三个历史阶段。1949～1985 年，"政府包办"模式，一是源于高度集中的计划经济体制，二是基层政府特别是乡镇政府难以承担投入责任，但因当时中央政府财力有限，捉襟见肘，这种模式注定难以持久。1986 年，出台的《中华人民共和国义务教育法》确立了"地方负责，分级管理"即"人民教育人民办"的发展思路，目的在于调动基层和农民的积极性以及一切资源推动教育事业发展，但造成了事实上的"乡村办学"和"农民办学"，普遍存在的"乱集资、乱摊派、乱收费"现象，给农民造成了沉重的负担而使该模式难以为继。2001 年，调整后的"地方政府负责、分级管理、以县为主"体制有一定的积极意义和实施效果，但在"分税制"下,县乡级政府财力有限,"以县为主"无法体现"财权与事权"对等的原则,反而造成了拖欠教师工资、教育负债和辍学率反弹等现象,农民负担并未从根本上得到消除。总之,一方面,中央和省级财政的长期"缺位"是一种实质性的政府责任"缺失",导致了城乡义务教育办学水平低下,城乡教育发展差距逐渐拉大;另一方面,义务教育投入责任的"转移"和"下移"不可能真正解决城乡均衡发展问题。

基于以上原因,2006年修订的《中华人民共和国义务教育法》确立了"省级统筹为主"的义务教育投入模式,在明确县级管理主体地位的基础上,不断强化省级财政的主体投入和统筹作用。这一模式强调"教育公平的主要责任在政府",是对"人民教育人民办"理念和模式的一种纠偏和修正,体现了政府应尽的公共职责。"省级统筹为主"对于省级区域内的城乡均衡具有显在的现实意义,以江苏省为例:一方面,尽管该省义务教育发展基础教好,但城乡义务教育在软件建设和师资水平方面的差距依旧比较明显,需要加强省级统筹力度;另一方面,在财政改革"省管县"这一大趋势之下,实行省级统筹的必要性和重要性更加凸显,只有保证县乡财政的支付能力,才能真正实现城乡义务教育统筹发展、优质均衡发展以及义务教育现代化目标。实际上,在全球范围内,义务教育投入主体的不断上移是一个普遍现象。美、法、德、日等国在实行义务教育制度之初,也一度将办学责任下移至基层政府,从而导致义务教育计划进展缓慢。此后,这些国家相继将义务教育投资责任上移至中央、州(省)级,使中央和省级财政成为投资主体(韩骅,2001)。

自1986年以来,我国义务教育投入主体逐渐由事实上的"乡村、农民"转移至县级政府,进而又上移至省级政府,这是政府责任回归的一种体现;此外,随着投入主体的上移,区域均衡的单位由"县"上升到"省",推动了城乡义务教育均衡化程度的不断提高。

(三)确立义务教育管理责任主体及方式

就内容构成看,除了投入责任之外,义务教育的事权还应包括具体实施过程中组织、管理与监督等工作,也即教育资源在某一具体管理部门管理下逐步转化为教育产品或服务。因此,在确立义务教育的投入主体之后,还应明确相应的管理责任主体。一般而言,确立义务教育管理主体的原则和依据是对效率的追求,包括两个方面:一方面,根据罗纳德·J·奥克森的公共产品管理理论,相对于资本密集型公共产品,劳动密集型公共产品涉及具体的产品和服务,从而产生较多的人与人（雇员与公民）之间的交流和沟通关系，因此对具体环境和条件下的信息依赖程度较高。根据这一理论，义务教育管理的主体应是较低级次的政府组织或机构。此外，政府分权理论也认为，从实施效率和监管成本角度考虑，财政支出的最终管理权应该赋予地方或基层政府，这是因为基层政府更了解基层民众的需求，以及需求的具体种类与数量。另一方面，农村适龄未成年和学校的数量、规模及分布是义务教育管理责任认定的重要影响因素。也就是说，为了追求最高管理效率，就要寻求经济学意义上的规模经济与相应成本之间的最佳结合点。布坎南的"最佳规模理论"认为，义务教育管理的最佳规模就是"能够充分发挥管理的规模效益并尽量避免和减少因管理规模过大加剧信息不对称导致成本上升的管理范围"（赵全军，2006）。由此，一定数量和规模的学生和学校决定了一个管理范围，对应着一个级别的管理组织，即某一级政府。随着教育规模的扩大，信息不对称程度会逐步加重，管理成本和管理风险也会相应增加，而导致管理效率降低。此外，管理主体的确认，还要考虑政治、历史、文化等因素的影响。

从理论上讲，义务教育投入责任和管理责任并非是重合的，两者是可以适度分离的。为了实现教育公平，筹资责任应由中央或省级政府承担，而具体的管理责任应该由地方政府承担，一般而言，以县级为主符合我国义务教育发展的实际情况和需求。从当前我国义务教育发展的实际情况来看，以省级政府或乡镇政府为管理主体并非最佳选择，而县级政府作为管理主体效率最高。义务教育管理重心过高，会带来诸多消极影响：一是诱使县乡政府放弃了其供给和管理义务；二是省级或市级政府直接进行管理，必然存在信息掌握不充分、缺乏针对性和时效性等弊端。在义务教育质量管理方面，"分权的模式能够加强教材和教学内容的地方性和适用性，能够更好地实现因地制宜、因材施教"（邵泽斌，2013）。总之，"以县为主"管理体制的提出，明确了义务教育均衡发展的责任主体身份，有利于各县区充分结合本地实际情况，制定不同的发展思路和重点，并形成具有地方特色的创新行为。

在具体实践中，要在充分发挥"省级统筹"的基础上，充分发挥县级政府在义务教育管理中的主体作用，构建和完善"低重心"的城乡一体化的义务教育管理体制。其核心就是要破除城乡二元学籍管理制度的束缚，使城乡适龄儿童少年能够享受均等的教育机会和资源，传统城乡分割的管理体制"形成了'分而教之'的城市内部义务教育二元分割现象，使传统的城乡义务教育二元结构在城市内部被复制和强化"（褚宏启，2009）。因此，要逐步消除附加在户籍制度上的社会管理、社保政策等制度安排所带来的歧视性结果，通过户籍制度改革、市民待遇均等化等措施解决城乡义务教育优质资源配置不均衡、农民工子女入学难等现实问题（马焕灵，2010）。

三、健全城乡义务教育均衡化政府供给的决策机制

（一）教育决策生态化的概念与判断标准

1. 教育决策生态化的概念

教育决策，是在一定环境和条件下，教育领导者或教育领导机构为履行教育职能而做出的抉择对策和决定的活动与行为，它是公共教育管理活动的基本环节和组成部分。教育决策的正确与否决定了教育系统的作用与成效。从生态学交的视角来看，教育决策及其环境和影响因素可以视为一个具有生态学结构功能单位意义上的生态系统。而从生态学角度来研究教育决策，可以有效地转换教育决策的传统观念和思维定式，重塑实现教育决策的理念。

在"权利本位"思维的支配下，一部分教育部门出现"个别人或小群体随机拍板""长官意志""急功近利"等现象，严重影响了教育决策的效能与质量，"以人为本"的公共服务价值取向被扭曲。这些都是教育决策主观性、随意性和排他性强的体现，缺乏协同理念、环境意识和科学的决策观念，也是"教育首长负责制"制度条件下教育权利被误用的具体体现。因此，作为教育决策者，必须充分认识到教育决策的主体、客体、目标与环境之间有着密切的"关系效应"，教育决策的任何行动都不是孤立的，任何教育决策方案都不应该违背生态发展和社会发展的规律。只有准确把握了这些生态学意义上的基本原则，依循教育决策活动，才能使决策生态系统最优化。

2. 决策生态化之评判标准

决策生态的重要性不言而喻，教育管理对决策的生态化评判需要明确的评判标准，为真正实现决策生态化提供科学依据。从当代管理学和义务教育管理的视角来看，生态化决策评判标准的科学性除了要合法之外，还要着重体现在如下几个方面。

一是具有可操作性。教育决策本身具有服务性，因而需要能够反映客观规律，解决实际问题。如果决策不能够解决实际问题，没能对现实和将来起到合理的科学规划作用，那么就失去了存在的价值，甚至这种决策都是不必要的。因此，决策的生态化首先要具有强操作性，以事实为依据，讲究客观规律、辩证统一和注

重实效。义务教育管理涉及面广、影响力大，因而可操作性是决策生态化的首要评判标准。

二是具有合理性。与行政决策同理，义务教育管理也应讲求合理性，并以此作为重要的评判标准之一。同时应注意，决策本身带有一定的主观性、预测性，想要对所有的管理事务进行科学的决策，不仅需要依据事实和相关政策，还要综合衡量各方利益；同时决策者要善于变通，事无巨细而绳之以法，只会事倍功半，甚至适得其反。以合理性作为生态化决策的评判标准，也有着相应的要求：合理性应贯穿于决策的前因后果，即决策必须有合理的动机；合理性应该建立在合法性的基础上，综合权衡各方面因素；合理性必须体现客观的逻辑性。

三是具有实践性。"系统的决策过程就是一个不断决策和实施决策的过程"（陈振明，2009）。实践是检验整理的唯一标准。要对决策正确、有效与否的最直接检验，就要在实践中来实现。而系统的决策总是用新的决策去评判已经实施的决策成效，即在实践的过程中去评判。也只有通过实践，才能及时控制决策的偏离和对决策灵活调整、变通，以此体现出决策的最终价值——解决实际问题。同样，讲究决策的实践性也应注意如下几点：首先要明确实践性与可操作性的区别与联系，其次应该关注实践的价值导向，最后应该把宏观指导思想贯穿于微观的实践中去，实现理论与实践的紧密结合。

四是具有成效性。决策的最终目的是为了实现某种成效，因而所得成效的大小是检验决策成败的最根本依据，也是考量生态化决策的重要条件之一。义务教育管理成效是衡量教育教学质量、管理状况、办学特色、文化环境和科学文人素养的标尺，因而这些元素也是衡量生态化决策必不可少的条件。将成效作为评判标准，有利于调动决策者的积极性和创造性；有利于推进体制机制改革，实现义务教育管理的可持续发展；有利于明确决策目标和价值；有利于推进决策走向民主化和科学化。

3. 决策生态化之形态依托

义务教育管理处于意识形态、社会发展及政治民主的范畴，追求决策生态化就要在社会形态上寻求依托。决策的生态化理应依托于综合形态下的社会机能，主要包括以下几个方面。

一是依托于制度规范。依法治国是保障社会各个机能能够健康运行的前提，法律面前人人平等，这是全社会应遵从的最大规范。教育管理也有特殊的制度规范来约束决策者，确保行业的正常运转。因此决策生态化首先要遵从法律约束，在法制的前提下开展各项决策活动（李训贵和张晓琴，2004）。同时，这也要求义务教育管理决策应做到有法可依，决策不仅要得到法律保障，也要符合相关规范。

二是依托于伦理规范。除了法律层面的影响，决策生态化还要考虑到伦理道德。与硬性的法律规范相比，伦理道德的机制更为柔性。"决策过程和对象也无可避免地带有伦理道德的烙印"（陈春萍，2008）。需要注意的是，伦理道德具有两面性，除了负面的束缚性，在决策生态评判合理时，伦理道德还有着许多积极的价值。伦理道德在决策的价值上具有辩证统一性，生态化的决策必须依托伦理道德，在当前社会要求和发展规律中，应积极探寻决策的生态空间。

三是依托民主健全。民主的本质在于社会与人实现自我管理，义务教育管理的重要追求之一就是民主，这也是实现人的价值与权力，通向自由、发展的必经之路。学校是践行民主与自由的前沿阵地，义务教育决策就要在以民主为前提下增强生态化。因而要推行决策生态化，就要充分发扬民主精神，使决策得到最广泛的动力和支持。

四是依托于科技信息。管理决策中科技信息的地位逐渐凸现是现代科技快速发展的重要体现，顺应科技发展潮流，管理决策就必须要充分利用科技信息带来的便利。通信、计算机网络使得数据处理更为便捷，更加高效的调研分析、信息整理收集，为决策提供了强有力的信息支撑，决策的时效性、程序性和准确性都得到了很大的提高。可以说，当前的管理决策已经离不开科技信息的支撑。

（二）教育决策生态系统结构模型

教育决策生态，是包括了基本生态环境要素的总和，具体如符号系统、社会组织、教育构架和经济结构等，这些要素都或多或少由教育决策活动直接或间接地作用和影响。这些要素之间的相互作用、平衡互生，构成了一个有机的教育决策生态系统（马文银和莫晓红，2005）。这个系统主要由决策外生态、决策内生态和决策生态核三个关系圈构成，如图5-1所示。在教育决策生态系统结构中，最外层的是教育决策生态的外部支持环境圈，包括政治、经济、文化、自然等方面；向内一圈是直接环境圈，对决策活动有直接影响，包括流程、政策、机制、种群、信息、技术和知识等生态环境要素；最内层是核心圈，是处于中心的决策者或决策机构，称之为决策生态核。

统观该生态系统，处于中枢地位的决策者具有主导和决定作用，连接着外生态圈与生态核的内生态系统在这三个圈层中处于重要地位，它不仅起到传导纽带作用，其特定的运作范围，将外生态相关影响因素提供给决策者，为教育决策者制定和执行教育决策提供了基础作用，同时，决策内生态又将决策信息作用在外生态，间接地促进了外生态的优化。

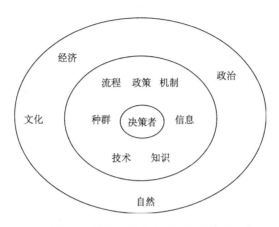

图 5-1　教育决策生态系统结构模型

（三）教育决策内生态系统的基本结构

由教育决策生态系统结构模型可以看出，教育决策内生态系统作为中枢，对教育决策　的作用和影响是直接和重大的，该中枢是信息传递的关键位置。因此，准确定位教育决策内生态结构，切实发挥它的功能作用，才能保证教育决策的正确性和有效性。教育决策内生态的具体生态系统如图 5-2 所示，是由 3 个层面、7 个要素构成。

教育决策内生态种群包括教育管理部门智囊机构、学者专家、社会独立研究咨询机构和利益表达机构，这些机构之间的关系合理与否将对教育决策者产生直接的影响。教育决策生态种群同样遵守生态种群动态发展的竞争博弈和协同共生关系（贺祖斌，2005）。教育决策的种群利益相关方之间竞争和博弈，决策生态系统的多样性、稳定性和抗干扰能力不断增强，最后达到一定的平衡状态，实现了内部要素与外部环境的相适应。教育决策活的协同共生使利益相关方在竞争博弈中达到协调、和谐，是竞争的高级形式，这种作用又表现为系统自身的调节适应和动态平衡。

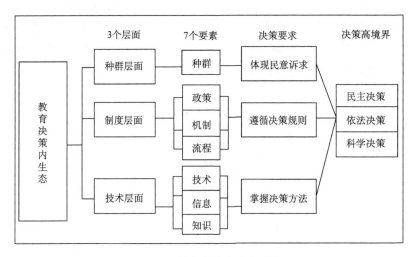

图 5-2　教育决策内生态系统

决策流程、决策机制和政策是教育决策内生态系统的制度层面内容。流程是指一个或一系列连续有规律的行动，这些行动以确定的方式发生或执行，导致特定结果的实现。教育决策活动是一个提出问题、分析问题、解决问题的运作过程，具体体现为按照"发现决策问题—确立决策目标—进行决策调研—制定决策方案—选择最优方案—组织监督实施"的教育决策流程进行决策活动。作为教育决策核心圈进行决策活动的制度基础，决策机制也是教育决策内生态系统中决策活动的规范，是内生态系统中重要的生态因素。现有的政策处于实施并发挥功效，教育决策一方面要保障现有的政策继续发挥其功效，也要避免与现有的正确政策相冲突。对于已经丧失积极作用的现有政策，教育决策要通过政策替代或废止等方式来促进教育的发展。

在技术层面，教育决策内生态系统中的技术、信息和知识属于决策方法和技术的范畴。决策的科学性、合理性和有效性需要充分的决策知识、信息和技术的支持。现代教育决策活动需要应用多方面的知识和更多的技术方法，如"决策树"法、德尔菲法等现代科学方法，再加上网络信息技术，三者结合使教育决策活动更加多样化。有效的借助这些知识、信息和方法，有助于决策者把握规律，认知系统内各要素的本质特征、内在联系和发展趋势，从而做出最佳的决策评估，为优化决策提供科学的依据。

（四）教育决策内生态系统及各要素的优化效应

教育决策内生态系统及各要素的优化效应，取决于实现内生态系统中技术层面、制度层面和种群层面三者的有机契合和优化效应，这样才能促进三个圈层之间的良性互动和整体优化，达到教育决策的科学化、民主化和法治化。

首先，教育决策内生态系统中的各个要素是相互关联、相互作用的，一个因素的改变会引起其他因素的变化。要改变某些不足因素，优化各要素之间的关系，需要控制和减少不足因素的负面效应（洪世梅，2007）。教育决策内生态系统本身就是各个要素之间的博弈系统，通过博弈优化可以达到两方面的效应：一是实现民意表达渠道的畅通优化效应，教育决策内生态系统通过监管部门、社会及网络的渠道，将民意诉求畅通的传达到决策核心圈。二是实现民意聚合的博弈优化效应，社会各群体通过管理部门、网络诉求等“公共通道”，在教育管理部门决策活动中表达各方的利益诉求，促使决策者在决策过程中注意各方的利益需求，从而达成一个各方共同接受的结果。

其次，只有依据生态学中的协同进化理论，才能解决教育决策生态系统中的诸多问题，如“生态流”资源利用率低、“生态网”要素关系不协调、“生态序”自我调节能力差等。决策核心圈需要协同生态咨询辅助种群内的专家及代表，建立基于策略生态流的群体协同决策模式，加深内生态群中各群的利益关联与活动，优化各生态因子，从而保证系统的稳定、持续运行。

最后，生态流、生态系统的良性流通和循环是生态系统正常运作的关键。构建有效的教育决策内生态系统，是通过对生态系统的仿生，优化教育决策及其流程。教育决策应以长期发展为战略出发点，重点评估客户满意度，完成价值增值流程的再设计，通过整合零碎的资源和相互割裂的各部门，形成连贯的业务流程，以此实现增值的最大化、负面内容的最小化，增强教育决策内生态系统的弹性和生命力，对教育决策产生积极效应，推动社会、经济等方面的和谐发展。

第二节 构建城乡义务教育生态化均衡评价机制

所谓评价，是通过对事物进行量化和非量化的测量，并根据评价标准判断对象的意义、价值或状态，得出一个可靠的并且符合逻辑的结论的过程。因此，从本质上讲，评价的过程就是一个价值判断的过程，而其中的价值取向不同所得到的结果当然就会不同，甚至相差迥异。从国家层面到省级政府层面正不断建立并完善教育均衡评价的指标体系。

一、义务教育均衡发展评价的基本内容

不少人认为,教育是一个将人社会化的生产过程,只关注最终生产的结果是什么。因此,对教育质量的评判,也基本是依据教育结果进行衡量,社会通常以学业成绩的评测来衡量教育质量(冯建军,2013)。现代教育学表明,教育不光是应该关注结果如何,还应该指向教育输入的质量以及教育服务过程的质量。根据这一价值判断,义务教育均衡发展的评估应注重全面性,包括输入质量、过程质量以及终端输出质量三个部分。

1. 教育输入质量

输入质量包括资源输入的质量和内涵输入的质量。资源输入的质量包括设施、设备、经费投入等,内涵输入的质量包括学校的办学理念、办学传统、校园文化、师资力量、学生来源等。其中,师资力量又可细分为行政管理队伍及专任教师队伍,专任教师队伍可进一步细分为师资结构,包括学历结构、性别比例、职称比例,教师专业发展水平,包括专业能力、师德、专业发展意愿以及接受新知识的机会。学生来源又可以分为学生的学习能力、家庭结构等。这些指标都可以通过量化进行城乡和校际的比较。其差异系数的高低可以表现一个地区城乡均衡的实现度。

2. 教育过程质量

国际 ISO9000 是质量管理的成功案例。它把对全过程控制的思想作为其基本思想,并且提出了 18 个过程要素。虽然主要是针对企业管理的,但是结合教育管理也是有其价值的。学校教育过程可以借鉴国际 ISO9000 质量管理的一些原则开展,如满足学生的需求、持续的质量改进、重视过程控制。具体到教育过程中,则包括课程教学、人格培养等方面。课程计划的执行、课程标准的实施情况、正常教学开展、教育教学改革等构成了课程教学。人格培养主要是指学校教育工作的开展,包括德育活动开展、德育制度制定、德育教师培养与配备、实际辅导行为等。对教育过程的质量评判,主要是通过定性评价实现的。通过规章制度的建立,提出评价的标准和要求,并督促在过程中执行。

3. 终端输出质量

终端输出质量主要指人才培养的情况，包括了个体呈现状态、教育系统内部状态、教育对社会适应程度。前者主要指学生的学业成绩情况（考试成绩的达标率、优秀率）、身心发展情况（身体素质、审美表现、兴趣特长、思想素质等），次者主要指一个城市或地区表现的入学率、合格率、毕业率、完成率、辍学率、巩固率等可测指标，教育对社会适应程度主要是指各种满意度，包括社会对学校认可度、家长满意度、社会对毕业生的认可度等。这些指标有定量数据也有定性调查评价。

二、义务教育均衡发展评价的基本原则

义务教育城乡均衡无论是教育输入质量、教育过程的质量还是终端输出质量，始终是以质量为核心。因此，对均衡发展的评价也应该围绕质量的价值认同而进行。

1. 底线标准与基本均衡

义务教育中"义务"一词，不只是规定了受教育年限，还包括免费教育、经费投入、强制性入学等内容。义务教育质量的高低决定了一个国家和民族的未来。义务教育是基础教育的一部分，是一种大众的普适性教育，而非精英教育，通常不与为高等教育选拔输送人才服务相关联。在发达国家中，基础教育重视的是国民基本素质的发展，为一个国家和社会的发展提供合格公民的一种教育养成。因此，作为国家，有责任为所有的适龄公民提供一定标准的义务教育，确保城乡学生身心素质和家庭环境无论是何种情况，都能够接受完整义务教育，每个学生的发展都可以并且必须达到国家对公民合格底线的要求，这也是义务教育质量公平所要实现的基本目标。为此，国家对义务教育质量的要求，就是义务教育必须要达到的底线标准。在这样底线标准中，无论是资源配置、办学条件、经费安排都应该实现基本均衡，确保人才培养能够达到底线标准。2007 年，江苏省提出了"六个一样"的均衡目标，即校园环境一样美、教学设施一样全、公用经费一样多、教师素质一样好、管理水平一样高、人民群众一样满意。其中，前三个"一样"就是一种底线均衡。

2. 硬件提升与内涵发展

一般来说，硬件提升包括学校建设、场馆设施、教学仪器、办公条件、校园环境，可以通过资金投入等外部要素进行调整，而内涵发展则主要强调办学理念、管理体制等内部要素，可以通过制度创新、针对性培训等方式激发活力、增强实力。内涵发展注重质量的提升。这二者是城乡义务教育均衡不可或缺的两个部分，相辅相成。政府既要根据底线标准提供符合要求的硬件条件，更要注重差异发展，创设制度，帮助学校培育符合学校特色的内涵品质。

3. 尊重差异与特色发展

义务教育的服务对象是"人"，教育结果必定会存在个体差异。义务教育均衡发展，不是要消除人性的差异而雷同化、一致化。而是要求在大生态环境中，提供必需的"阳光"、"水分"等基本条件。在这一基本标准的基础上，学校应当为学生提供更加符合个体发展需要的特色教育，以满足学生自我发展的需要。"没有差异的均衡不是均衡，是单一；没有均衡的差异不是差异，是差距。"优质均衡就是保留差异、尊重差异的均衡。学校应该在承认差异、尊重差异的基础上，结合学校的实际情况，自主创新，发展特色。

三、义务教育均衡发展评价的复杂性

当义务教育均衡发展成为教育公平的重要体现，成为社会公平的重要载体后，关于如何评价城乡教育均衡发展程度这一问题成了热议的焦点。许多省、市先后出台了自己的指标体系开展评价实践活动。评价方式有定量的测量也有定性的评价。众所周知，我国由于办学资源有限，早期采用了非均衡发展路线，精英学校、窗口学校等重点学校政策，并且由于学校所处环境不同，其生源及所能支配的社会资源相差迥异，因此，学校之间的发展差异较大（吕星宇，2013）。城乡义务教育均衡，究竟是哪些内容的均衡，从输入到输出，教育发展的内容涉及繁多，是不是都可以作为教育均衡发展的指标？如果不是，那么哪些可以用作衡量均衡发展的指标，为什么是这些指标？价值判断不同教育评价的指标选择和结果皆不相同。因此，教育评价因其中的价值判断以及涉及价值澄清问题而具有复杂的本质。

（一）义务教育均衡发展评价的理论复杂性

1. 均衡与发展之间的复杂关系

为什么要均衡，回答这一问题，也就是回答均衡发展的价值问题，不可避免就涉及均衡与发展的关系。均衡是手段，目的是为了更好地发展，如果不以发展作为目的，就会 "削峰填谷"，为了均衡而均衡。发展水平高，并不代表均衡水平高。均衡水平高，也不一定是发展水平高，也可能是低发展水平均衡。没有发展的均衡是低水平的均衡，没有发展也不可能减少差距，不可能实现均衡。

循此观点，当前主流的均衡评价标准是"教育机会的均衡，强调所有的适龄未成年都要'有学上'，是初级均衡；'上好学'强调的是资源、过程、结果的均衡，是中级均衡；'上好的、有特色的学'，是高级均衡"。可见，这是一种针对发展水平的判断，而非针对均衡水平的评判。出现这一状况的原因，主要还在于缺乏基于精确定量评价的衡量标准，只好将评判标准集中在发展水平上。发展与均衡本是一种互为螺旋的演进过程，绝对的均衡是不存在的，因此，应在承认差异存在的前提下，设定不同层级的"最低标准"，以此来确定均衡发展水平。随着义务教育发展水平的不断提升，这一"最低标准"也将随之提高。总之，标准的制定是衡量均衡水平的难点。

2. 差异与均衡之间的关系

什么是均衡？学校之间的差距是客观存在的，现在乃至将来也不可能消除。我们所讨论的教育均衡，不仅指经济学意义上的均衡，也包括管理学意义上的均衡。因此，它必然要强调教育生态系统内外诸要素在结构上的相对稳定，以及相互关系方面的协调、适应与和谐，即在质、量上保持适度、合理的"度"。从这个角度来看，教育均衡并非绝对的均等，而是要在横向上追求不断进步和提升，即有意识的控制差异的程度。那种在一切指标上都要求绝对平均和相等，追求绝对一致性的"平均主义"做法，是错误的。

3. 均衡发展与特色发展的关系

关于均衡发展与特色发展之间的辩证关系，发达国家已经积累了很多实践经验，如韩国的"平准化教育"改革、日本的"标准化建设"运动等。力图推行公平取向的均等化、标准化教育会导致学校、教师积极性的挫伤，既影响了学校的发展特色，也损失了整体发展效率。因此，教育均衡绝不是单纯的"削峰填谷"或"一刀切"，更不是追求绝对相等的"千校一面"。

总体上看，教育的均衡化有宏观和微观两个层面的主要目标。宏观层面上所追求的均衡发展，其主体是政府部门，指政府根据一定的规则对掌握的资源进行分配；微观层面上，学校在接受资源后，要通过自身的努力获得发展。因此，前者是后者的基础和条件，但并不意味着资源均衡能够实现发展水平的均衡，因为决定教育均衡的指标是多元的。由此看来，认为只要实现了教育资源的配置均等，就实现了教育发展均衡的看法是不科学的。教育均衡往往要受多种因素的影响和制约，既包括历史、文化、政治、经济和社会等因素，也包括了学校的办学理念、管理水平和运行机制等。由于以上诸因素的不同，教育均衡应在办学条件相对均衡的前提下，鼓励学校的特色发展和个性，即不单纯追求"缩小差距"，而是强调"可塑性"发展和"尽可能充分"发展。在倡导特色发展这个背景下，对教育均衡水平进行评判就难上加难了。

（二）义务教育均衡发展评价实践的复杂性

1. 指标选取如何体现均衡发展与特色发展

在实践中，每个教育因素都可以作为评价对象，因此能够反映教育发展水平的指标很多。那么，在指标的选取上，如何体现均衡发展与特色发展，又易于操作，这是一个难题。指标的选取既要能够体现静态的教育发展水平，也要能促进教育本身的发展，要为学校提供有价值的评价信息和参考价值，以充分了解自身的不足和缺陷。此外，还要为学校的中长期发展规划提供针对性的、建设性的改进建议。因此，教育均衡评价是一种"形成性评价"，而不是"终结性评价"。

与均衡发展与特色发展相对应的，是资源配置均衡和学校发展能力（办学质量）均衡，前者是政府主导的评价方式，后者则是学校对自身的评估，前者是后者的基础和前提，但在重要性上，质量均衡才是均衡测度的核心。教育均衡归根结底是质量（结果）的均衡，因此资源配置均衡并不代表教育发展均衡；而区域教育发展均衡也并不代表资源配置科学合理，有可能是低水平的均衡。总之，在强调资源配置均衡的基础上，还要注重学校内在动力的发掘。在评判指标上，要考虑学校的发展能力，包括办学理念、发展特色、管理水平以及学校文化建设等。

2. 指标权重的确定过程烦琐

义务教育均衡发展水平测量体系是一个变量繁多、结构复杂、受多种不确定因素影响的复杂系统。最关键的是要对各种因素的相对重要性进行初步估算，即确定各要素的权重大小。目前采用较多的是萨迪所提出的"层次分析法"，即通过制定一定的标度对专家的主观判断进行客观量化，再通过比对来确定同一层次中各个因素的相对权重。此外，还要计算专家个体判断矩阵中每一个信息元素的平均值和标准差，剔除超过算术平均数两个标准差以外的个体判断信息。之后，通过平均值对这一元素进行综合信息判断，然后计算特征向量，再计算矩阵最大特征值；最后，进行一致性检验。从这一过程看，指标权重的确定是一个非常复杂、烦琐的过程。

3. 均衡程度的计算方法难以精准

在具体实践中，均衡教育发展程度有多种计算方法。在统计学上，均衡程度是指数据间的分散程度，表现的是各个变量远离中心值的程度。衡量均衡程度既包括绝对差异，也包括相对差异，而绝对差异一般用极差、方差和标准差来实现。但是，无论是相对差异抑或是绝对差异，都只能代表两两比较的结果，无法体现三个以上要素的总体差异。在总体差异测量上，一般使用标准差、变异系数、基尼系数、熵指数和泰尔指数等指标。然而，不论哪一种计算方法，都有其优缺点，都难以做到科学和精确。

诚然，推动义务教育均衡发展本质上是一种管理手段或发展策略。在现实中，如何将义务教育的发展差异控制在一定范围内，又能够保持教育发展的活力和竞争力，既承认客观存在的"差距"又能够促使义务教育整体水平的提升，是一个复杂的、系统的工程，而对这一过程的评判也充满了不确定性。

四、构建城乡义务教育生态化均衡评价机制

中国共产党十八届三中全会提出，要把"国家治理体系和治理能力现代化"上升到总目标的高度，即转变全能型政府的职能模式。对义务教育管理来说，就是通过创新教育治理体系来实现教育治理能力现代化。袁贵仁在 2014 年全国教育工作会议上指出，推进教育治理体系改革和治理能力现代化，必须严格遵循教育发展规律，以转变政府职能为突破口，建立"系统完备、科学规范、运行有效"的制度体系和运行机制。根本途径在于转变教育管理部门的职能，引入和扩大社

会参与，建立健全客观、专业的评价及反馈机制。

由上可见，教育治理体系和治理能力的现代化应该成为构建城乡义务教育生态化均衡评价机制的必须考虑的重要问题。因此，在城乡义务教育生态化均衡评价机制所包含的一级指标中，教育治理现代化方面的指标是衡量城乡义务教育生态化均衡最值得关注的指标。之所以这样说是因为这是从政府供给方面促进城乡义务教育生态化均衡的着力点。政府供给不仅仅包括人财物的供给，充分合理运用政策工具也是政府合理供给的应有之义，因此，教育治理现代化是政府政策供给的导向，也是实现城乡义务教育生态化均衡的必由之路。

通过参考国家教育现代化指标体系，重点参考了省级评价指标，同时考虑副省级城市教育管理权和课题研究的范围，综合考虑，城乡义务教育生态化均衡评价机制应该包含 6 个方面的一级指标。教育普及发展方面的指标反映各城市终身学习和继续教育发展情况；教育公平推进方面的指标反映城市教育现代化发展的内部协调性和入学机会、资源配置上的公平性和特殊教育的发展水平；教育质量要素方面的观察指标主要从学生、教师、课程以及学生发展等角度直接和间接地反映教育质量；教育条件保障方面指标反映教师信息化应用能力与水平；教育满意度方面的指标主要反映学生、家长和教师的教育满意度；而教育治理现代化方面的指标则主要反映教育政策及其决策过程的科学性和实施的有效性，以及舆情应对的有效性。

在以上 6 个方面的一级指标中，既包括可获得、可操作的指标，也包括暂时不可获得、不易操作的指标。比如"教育公平推进指标"综合反映教育资源配置的公平性和合理性，该指标由随迁子女公办学校就读比例、家庭经济困难学生资助水平、市域内义务教育校际均衡程度、市域内义务教育县际均衡程度、市域内义务教育城乡一体化程度和特殊教育水平等 6 个二级指标构成，这些指标数据来源为教育事业统计报表和教育经费统计报表，这些数据是可获得、可操作的。而像"教育质量要素指标""教育治理现代化指标"则是目前不易操作的，但是这是城乡义务教育内涵均衡必不可少的考量要素，所以必须使得城乡义务教育生态化均衡评价指标体系具有前瞻性而将这些指标考虑进去。随着国际教育统计体系的调整完善和研究数据库的积累，这些不可获得、不易操作的指标也终将随着条件成熟而变得可获得、可操作。

因为指标体系包括暂时不可获得、不易操作的指标，不能进行信度检验，所以笔者对城乡义务教育生态化均衡评价指标体系只进行了内容效度检验。内容效度又称逻辑效度，是指项目对欲测的内容或行为范围取样的适当程度，即测量内容的适当性和相符性。内容效度检验是一种定性分析的方法，确定测验内容效度常用的方法是由专家对测验项目与所涉及的内容范围进行符合性判断。基于这一原则，本书利用 2015 年 11 月教育部"城市教育现代化发展评价研究"联合课题组于成都召开 15 个副省级城市教育现代化水平监测评价指标体系研讨会之机，向与会的来自教育部教育发展研究中心和全国 15 个副省级城市的教育科学研究院的专家发放了《城乡义务教育生态化均衡评价指标体系》，请专家们对各级指标与所涉及的内容范围进行符合性判断，与会专家认为，该指标体系具有代表性和引领性（表 5-1）。

表 5-1　城乡义务教育生态化均衡评价指标体系

一级指标	二级指标	三级指标
教育普及发展指标	学前教育普及水平	小学新生中接受学前教育比例
	义务教育巩固水平	小学五年巩固率 初中三年巩固率
	高中阶段教育普及水平	初中毕业生升学率
教育公平推进指标	随迁子女公办学校就读比例	义务教育随迁子女公办学校就读比例
	家庭经济困难学生资助水平	义务教育生均奖贷助学金支出
	市域内义务教育校际均衡指数	市域内校际生均教学及辅助用房面积均衡水平 市域内校际生均体育运动场馆面积均衡水平 市域内校际生均教学仪器设备值均衡水平 市域内校际生均图书册数均衡水平 市域内校际每百名学生拥有计算机台数均衡水平 市域内校际生师比均衡水平 市域内校际生均高于规定学历教师均衡水平 市域内校际生均中级及以上专业技术职务教师均衡水平
	市域内义务教育县际均衡指数	市域内县际生均教学及辅助用房面积均衡水平 市域内县际生均教学及辅助用房面积均衡水平 市域内县际生均体育运动场馆面积均衡水平 市域内县际生均教学仪器设备值均衡水平 市域内县际生均图书册数均衡水平 市域内县际每百名学生拥有计算机台数均衡水平 市域内县际多媒体教室所占比例均衡水平 市域内县际生师比均衡水平 市域内县际班额达标均衡水平 市域内县际高于规定学历教师比例均衡水平 市域内县际中级及以上专业技术职务均衡水平 市域内县际生均公共财政预算教育支出均衡水平 市域内县际生均公共财政预算教育公用经费支出均衡水平

续表

一级指标	二级指标	三级指标
教育公平推进指标	市域内义务教育城乡一体化指数	市域内生均教学及辅助用房面积城乡一体化水平 市域内生均体育运动场馆面积城乡一体化水平 市域内生均教学仪器设备值城乡一体化水平 市域内生均图书册数城乡一体化水平 市域内每百名学生拥有计算机台数城乡一体化水平 市域内多媒体教室所占比例城乡一体化水平 市域内生师比城乡一体化水平 市域内班额达标率城乡一体化水平 市域内高于规定学历教师比例城乡一体化水平 市域内中级及以上专业技术职务城乡一体化水平 市域内生均公共财政预算教育支出城乡一体化水平 市域内生均公共财政预算教育公用经费支出城乡一体化水平
	特殊教育水平	特殊教育水平残疾儿童义务教育阶段入学率
教育质量要素指标	学生品德发展水平	义务教育学生公民素养水平
	学生学业发展水平	初中、高中学业水平考试合格率
	学校美育工作水平	美育课程开设达标比例
教育满意度指标	师资投入指数	心理教师、心理咨询师及职业生涯指导教师比例 教师境外研修比例
	教育开放指数	学校教育资源设施向社会 开放水平
	教育满意度指数	家长、学生、教师的教育满意度
教育条件保障指标	教育信息化	教师信息技术应用能力达标比例
教育治理现代化指标	教育政策内容现代化指数	教育政策理念现代化指数
	教育政策程序现代化指数	政府职能转变与管办评分离指数 现代学校制度建设指数 教育质量综合评价改革指数 地方教育政策创新指数 地方教育政策制定中的专家参与指数 地方教育政策制定中的公众参与指数 地方教育政策法规透明度指数 依法治教指数
	教育政策实施有效性指数	教育政策举措实施进度 教育政策目标达成度
	教育舆情应对有效性指数	教育舆情应对有效性指数

第三节 城乡义务教育均衡化之政府供给的实施路径

一、构建城乡义务教育生态化均衡的补偿机制

（一）从弱势倾斜到弱势补偿：教育资源配置政策取向的反思

教育资源的分配是各类利益相关主体之间相互博弈的产物，由于教育资源的稀缺性和不同利益主体的实力差异，教育资源配置失衡不可难免。其中既有传统的体制性问题，也有新形势下产生的新问题。其中，教育政策是最主要的影响因素之一，教育资源配置在很大程度上是一种制度和政策安排，因此，要想真正追溯出我国教育资源配置失衡的根源，就必须对相关政策取向和具体内容进行深刻反省。教育资源配置的方式大致分为以下四个方面：一是平等取向，即教育中的人、财、物、信息等资源在区域间、城乡间按学校数、教师数、学生数等指标均等配置；二是强势倾斜取向，即奉行"经济效率至上"原则，以社会中的优势地区、优势群体为重点对象，在教育资源配置上优先满足条件和基础好的地区和学校；三是弱势倾斜取向，即在维持既有的教育资源配置秩序基础上，对起步低、基础差的地区和群体予以照顾，重点保障弱势群体教育发展的底线需求；四是弱势补偿取向，即教育资源配置以历史反思为前提，对社会改革和发展进程中的利益受损群体进行补偿，优先保障弱势地区和弱势群体教育发展的实际需求。这四种取向将导致四种截然不同的教育资源配置格局：第一种取向倡导公平原则下的公平分配，是教育资源配置所追求的理想目标，但是这种形式会造成因过于追求均等化而影响了教育整体发展的局面；第二种取向实际上奉行的是以一种功利主义的效率标准，这种取向能够利用有限的教育资源产生教育强势群体，但会形成强者愈强、弱者愈弱的教育资源配置格局；在第三种取向指导下，通过给予弱势群体特殊照顾，教育资源配置两极分化的趋势可以得到减缓或遏制；第四种取向是采取补偿性教育措施，弥补弱势群体的教育损害允许优先发展，是从根本上解决弱势群体的弱势状态的有效途径，可以不断缩小我国教育发展差距。

1949年后，中央政府贯彻"重点发展"的教育方针，进行了兴办重点学校制度、分步"普九"设计和经济效率优先的"市场化"尝试，均使得教育资源配置差距被不断拉大。从2001年开始，由于国家对农村义务教育管理体制实行了"以县为主"的战略转变，教育资源的配置取向也逐渐从强势向弱势倾斜，这一举措的实施，尽管放缓了教育资源配置差距拉大的速度，但是城乡教育资源分配两极

分化的格局并没有因此得到根本解决。在此背景下，2005年12月24日，国务院颁布《关于深化农村义务教育经费保障机制改革的通知》，提出了农村义务教育经费保障新机制，以此来保障农村义务教育的"底线运转"。"新机制"的出台让农村义务教育实现了从"人民办"到"政府办"的历史跨越，也使我国在城乡义务教育一体化道路上又迈出了关键性的一步。但是，由于"新机制"没有照顾农村教育发展的"畸形"历程并且缺乏"保障底线"的思维和做法，也没有冲破原有制度框架的桎梏，因而对于缩小城乡教育资源配置差距的作用仍不明显。至2007年，国家又出台了《国务院农村综合改革工作小组关于开展清理化解农村义务教育"普九"债务试点工作意见的通知》，但清理"普九"债务工作仍进展缓慢，效果仍不理想。

总体来讲，21世纪以来我国的教育资源配置政策取向还是发生了很大转变，为实现教育均衡化国家对于教育弱势群体的利益关注度日益提升。但现行的政策取向仍未将弱势教育的基础和存量纳入政策设计范畴，所以只能算是一种弱势倾斜取向，弱势群体在教育改革和发展中受到的损害尚未得到弥补。面对当下社会严重不平等的现实，仅仅给予弱势群体平等对待是无法从根本上改变现状的，而是必须建立一套针对弱势群体的补偿性机制，采取差别对待的方法，才能有效地弥补不平等的现状进而促进教育资源分配公平。

如果说"新机制"和取消学杂费制度是为争取农村义务教育与城市义务教育的"同等待遇"，以达到农村义务教育"被动维持"这一目标，那么教育补偿制度则是努力争取弱势群体教育发展的"优先待遇"，以达到弱势群体教育"积极发展"这一目标。这样，为弱势群体提供的教育资源不仅要包括维持教育运行的"底线标准"，还应该包括对弱势群体教育的"额外补偿"。因此，要从根本上转变弱势群体的不利处境，政策设计还必须做出更大调整，从弱势倾斜走向弱势补偿，这是缩小教育资源配置差距，实现教育均衡发展的必由之路。这不仅是对教育弱势群体基本人权的保障，是对社会正义的维护，同时更是促进教育立体公平与全面效率的必然取径。

（二）损害补偿与正义维护：教育补偿的两个基本要义

补偿本身具有抵消损失和弥补缺陷两方面的含义。第一种含义的"补偿"是传统意义上的概念，其实质在于对损害或损失的填补，是一种事后的弥补，其中还包括赔偿，例如损失补偿、侵权赔偿。第二种含义是现代意义上的概念，其实质在于对缺欠和差额进行补助，是一种不以损害的存在为必要的事前行为，比如社会保险、社会救助。

教育补偿是补偿的内涵在教育意义背景下的体现，是以政府和非政府组织为补偿主体，以保障弱势群体的教育公平为目标，对弱势群体在教育资源上的弥补和维护。从词义上看，它包括两个基本要义：一是"教育损害补偿"，二是"教育正义维护"。第一层含义实质上是国家和社会对弱势群体在社会改革和发展中的责任过失进行的弥补，第二层含义则更加侧重于政府为达到教育立体公平而做的额外补偿。二者在理论上虽有明显差异，但是在内涵上是具有一致性的。从根本上说，某些社会群体之所以处于社会底层、边缘和困境，是由经济、政治和社会原因造成的，是社会财富和权力的分配制度使然。这样，弱势群体现象就与一定社会的经济制度、政治制度（包括其具体实施）的伦理特征相联系，它被看成是某些在经济、政治和社会资源的分配方面缺乏机会而处于不利地位的人的群体。

责任，是弱势群体的"应得"。一方面，由于政府和社会对弱势群体的责任缺失以及对公平和正义维护的缺位，才造成了教育改革和发展中对弱势群体的利益侵害。另一方面，处于社会发展底层的弱势群体占全国人口总数的60%以上，这将直接关系我国教育和社会发展的整体进程，对弱势群体进行教育补偿是解决教育失衡的根本举措，也是构建社会主义和谐社会的重要途径。事实上，弱势群体的不利处境在教育政策制定中一直没有引起足够的重视，政府也并未对自己的责任和政策取向进行深刻反省。虽然，国家为实现"教育均衡发展"做出了一系列改革和调整，但为缓解弱势群体教育发展的尖锐矛盾所采取的举措往往是以政府的"惠民政策"身份出现，政府和弱势群体之间似乎成了"慈善家"与"受施者"的关系。这种姿态有悖于政府作为社会公共服务的主要供应者，公共利益的维护者和促进者的形象。所以，对弱势群体进行补偿和救助不是恩惠而是政府义不容辞的责任。

（三）教育补偿制度设计

1. 建立以政府为主的教育补偿责任机制

建立教育补偿制度首先必须确认教育补偿的责任主体及其承担的责任范围和内容，以责任为依托实施教育补偿方案。在我国政府是教育补偿的主要责任承担者，但是为避免权利滥用，因此需要以法治权，需要依靠法律制度的基本规约来保证教育补偿政策的顺利实施。在具体做法上，要特别注意以下几个方面：

①规范政府权力，要以法律制度形式规范明晰各级政府在教育补偿中的权力和责任。②建立监督机制，要以法律制度形式规范教育资源的分配和使用，切实保障教育资源实现效益最大化。③践行责任追究制。追究教育失职行为，首先要明确法人主体，其次要严格追究责任，同时惩戒要及时。

政府虽然是教育补偿的法律责任主体，但社会经济发展的阶段性决定了政府承担教育成本的有限性，为了给弱势群体带来更多受教育的权利和机会，还应该广泛吸引社会各界共同支持弱势群体教育，尤其是吸引非政府组织的力量对教育补偿的道义援助。只有这样建立起教育补偿的责任机制才能从根本上保障弱势群体的受教育权利。

2. 建立以权利复位为重心的教育补偿表达机制

利益格局的失衡源于社会权利的失衡。追溯中国教育差距的变化，我们不难得出区域教育资源配置总发生的严重不公，与不同群体表达和追求自己利益的能力差异是有直接关系的。农村教育问题之所以越来越突出，也是与农民在教育利益追求能力上的弱势紧密相关的。因此，帮助弱势群体摆脱弱势处境，建立制度化的利益表达机制是一个必要举措。我们可以采取以下做法：①建立弱势群体的联合社团作为弱势群体的利益诉求的表达渠道。弱势群体虽然作为一个群体特征存在，但内部结构是松散的，表达出的利益诉求构不成一个完整的利益表达，因此他们有必要依托一定的组织形式，形成一个制度化的表达机制，以拓宽弱势群体的利益联合渠道。从利益表达者的角度说，提高利益表达的理性化程度是至关重要的，这要求对弱势群体的联合社团进行积极引导，及时对弱势群体的教育利益需求做出反应和回馈。②以大众传媒为中介，建立教育弱势群体的公共舆论表达渠道。大众传媒作为政府和人民之间的"精神纽带"是表达民情，疏浚民意的重要手段。现阶段，由于我国的利益表达和利益均衡机制尚不健全，教育弱势群体尚不能在复杂的阶层利益冲突中展示自己的观点，从而引起决策者的重视，因此，必须借助大众传媒的舆论作用表达和实现自己的教育利益诉求。

3. 建立以弱势群体发展为根本的教育补偿实现机制

基于我国教育发展的现实，建立教育补偿制度，实现弱势群体优先发展，主要应从以下几个方面着手。①清偿"普九"遗留债务，解除教育羁绊。明确清查"普九"债务和偿还办法之后，采取以国家主导、各级政府视能力水平合理分担债务的模式进行偿还。②建立"教育优先区"，采取积极差别待遇。由于我国的教育弱势群体存在明显的地域性和群体性特征，因此我们可以采取英美国家的经验通过建立"教育优先区"对其进行教育补偿。各级政府首先要建立起一套衡量指标，评测各地发展水平，最终确立"教育优先区"，分类分层进行教育补偿。③以质量和生均成本为依据，实施财政充足的拨款机制。要实施这一机制，首先必须建立一套财政充足标准的测算办法。因此，建立义务教育质量标准是一个重要的前提性工作，而以教育质量标准为依据核算生均教育成本则是建立教育财政充足拨款制度的中心工作。④以师资为突破口，建立刚性教师流动制度。师资队伍素质提高是一个缓慢的过程，建立教师流动制度是均衡教师资源、缩小教育差距的最直接最快捷途径。基于我国城乡教育差距明显的现实，政府部门应该以法规形式规范义务教育阶段教师流动办法，把教师流动率作为教育督导评估的重要指标。同时还要建立相应的配套措施，为贫困地区教师职称评定、待遇等方面创造良好条件。

4. 建立以实效性为指针的教育补偿保障机制

想要切实有效落实教育补偿制度，还需要建立相应的配套机制。首先，以利益驱动为动力，建立地方政府教育补偿的激励制度。把教育补偿作为政府绩效评定的重要指标，实现政府目标从单纯追求经济绩效到社会公平与经济绩效并重的转变，对教育补偿绩效指标超过国家标准的要予以奖励。其次，以均衡和增值为导向，完善教育督导评估制度。在现行的教育督导评估制度下，教育行政机构对于办学效率的过分关注在一定程度上强化了教育资源配置的不均衡性。因此，扭转现行的教育督导评估导向，完善教育督导评估机制是均衡配置教育资源的当务之急。在具体实施上，应注意两个方面调整：一是要把区域间、校际发展的"均衡度"作为评定地方政府绩效的一项重要指标。二是要把"增值度"作为评定学校教育效能的一项重要指标。再次，以多元监控为手段，完善教育监督机制。通过建立刚性指标、规范支付制度和拓宽监督渠道来加强对官员的内部和外部监控，杜绝权力失范而导致的教育经费不能足额到位的现象发生。

另外，要保障教育补偿制度顺利实施，还要以功能发挥为目标，完善教育资源配置制度。在财力资源配置中，应加强对弱势群体科学的财政预算能力和公开、民主的财政管理能力的培训。在物力资源配置上，应以物力资源的利用效率最大化为导向，在配备教育教学仪器、设备和其他设施的同时，还要解决相关的配套物资，比如配备了电脑，就要同时解决教学软件资源和用电问题，配备了实验室就要同时配备相应的实验材料。在人力资源配置上，要坚持教师岗位不可或缺、教育质量不能马虎原则。在课程资源配置上，要坚持教材改革与师资培训配套原则。在信息资源配置上，要坚持软硬件建设齐头并进原则。

二、形成城乡义务教育均衡发展共同体

（一）均衡发展共同体的基本特征

共同体的形成以及各方合作过程，相关学科均有研究。心理学认为，共同体是"由数个个体为实现利益合作完成的活动"（朱智贤，1989）。哲学强调"主体积极主动参与活动而非被动参与"（崔允漷和郑东辉，2008）。组织行为学表示共同体"由某些条件或要素决定，如共同利益、物质基础、各方能力"（张国庆，1990）。巴纳德认为应在社会学观视角下把共同体"作为合作的社会系统来分析"。在此理论下，均衡发展共同体表现出如下特点：

首先，均衡发展共同体是精神共同体，是教育工作者的群体，此群体在思想上都有合作愿景、利益需求，基本规则和担当。它以情感为桥梁，各成员频繁互动，成为一个有机整体。正如鲍曼所言，"共同体是一个温暖的'家'，家中成员相互依存、彼此关爱"（张志旻等，2010）。

其次，均衡发展共同体是伦理共同体。义务教育是符合伦理的教育，"纵观全球义务教育发展始末，平等、效率、人本精神始终相伴"（张欣和门建璋，2012）。此精神描绘了义务教育的本真状态，强调了义务教育的平等性、正当性、合理性，这些特性也是教育者的追求目标（陈艳，2008）。同时，均衡发展共同体是"具有完备性的共同体"。一方面使各学校"沟通交流并产生统一力量一同合作"，另一方面为利益矛盾的处理"提供价值排序和实践合理性"（严开宏，2008）。

再次，均衡发展共同体是实践共同体。一个优秀的共同体应有能力满足个体需要，解决其困难（张增田和赵庆来，2012）。均衡发展共同体主要目的是攻克教育实践难题、缩小校际差距。为此，均衡发展共同体首先是构造严谨的教育团体，是"将分离零散的单元转变成密切联系的团体"；其次，每所学校融入共同体后相互影响产生促进义务教育均衡发展的优势；再次，均衡发展共同体注重各学校的"差异发展"。同时，其在解决问题过程中也能凸显共同体的伦理特性。"共同善"驱使着教育者进行实践活动，在活动中保证活力，个人才能成为独立有德性的人（严开宏，2008）。在追求共同体的过程中，实践本身就具有了实现"个体善"和"共同善"的双重价值。

（二）均衡发展共同体的主要功能

1. 获取更多的社会资本

社会资本是"一个共同体是人与组织之间长期相互交往形成的，嵌于社会之中以态度、信任、制度等多种形式存在的，被行动者所获得利用并为其提供便利的一种资源"（盛冰，2007）。它可以分为认知的社会资本、关系的社会资本、制度的社会资本等。义务教育均衡发展以各学校办学过程的投入产出比实现基本均衡为基础，而每所学校实力并不均等。均衡发展共同体为各学校增加了社会资本。

在制度社会资本方面，学校之间在沟通理解的基础上生成内生的、自发的运行规则使共同体成为一个"自组织"，其目的就是发挥各学校的共同体作用，让共同体的社会资本发挥最大作用。

关系的社会资本可划分为"关系性嵌入"和"结构性嵌入"。前者指均衡发展共同体中个体之间的关系，具体反映在志同道合的利益追求，成员之间的频繁互动等。后者主要指人与组织之间相关交织的社会关系网络。在关系的社会资本中，每所学校都可根据自己的特点，依托共同体建立"关系网"增加社会资本。比如依托共同体内的校际关系、共同体与相关机构的关系等，也可以依托有关教育共同体等。这些共同体促进个体之间的相关联系，有利于其形成核心价值观及获得各自所需的社会资本。

均衡发展共同体的团队合作意识和共同愿景是共同体成员的一种价值取向，即默会知识，是认知的社会资本。教师最重要的知识是实践知识，是"一种综合的知识形态，它内化了教师的人生经历，它能指导教师在特定情境下做什么和如何做"（李华君和龚彩云，2012）。且大部分属于"默会知识"（陈向明，2003）。作为获取实践知识的方式，教师之间的交流及教学实践，使不同学校教师之间实现知识交流，从而有效管理共同体知识，使知识储备转化为学校发展的社会资本。

2. 满足个体发展需求

均衡发展共同体打通了校际界限，实现了资源交流，满足了各学校需求，呈现出校际均衡的"共同体大学校"样态。对于认知的、关系的、制度的社会资本的拥有，师生活动方式是基于"共同体大学校"的"共同活动"，从"学校个体"变换为"共同体个体"，对教师而言，共同体构建形式的教师专业发展不仅"依靠共同体获得功利，通过参加活动满足其精神需要，如获得社会认同感等"（张广利，2007）。而且，由于不同学校教师的交流互动，使教师提升其"群体化"和"均衡化"专业水平。而学生的发展是基于共同体构建的愿景与拥有社会资本的发展，从而得到教育机会基础上结果的均等。

3. 转变均衡发展的方式

首先，均衡发展共同体以"自下而上"的方式推进义务教育"自上而下"的均衡发展，义务教育均衡发展是正式制度的外在控制，这种非正式制度凸显了学校发展的自主性。

其次，均衡发展共同体是组成义务教育均衡发展的一个元素，各元素有其特定的环境条件，也有其特定的价值观念系统、体制制度系统，形成了不同的内部结构。按照巴纳德"系统内容的变化导致功能的变化"和"自我参照"，系统"总是依据本身的需要去适应其环境的复杂性"的理论观点，均衡发展共同体避免了框架限制，凸显出发展过程的独特性。

再次，均衡发展共同体作为社会大系统的一部分，必须通过自我协调内部结构，以提高对外部因素变化的适应性。均衡发展共同体的自主性、独特性和适应性等特性决定着义务教育均衡发展方式的转变，并始终保持其良好的"发展生态"。

（三）均衡发展共同体的形成

1. 形成公民与政府间的对话共同体

政府部门所提供的公共产品产生的积极外部性，取决于产品被使用过程的合作互动程度，而非仅取决于产品质量。即使一种公共产品质量好、服务佳，但因公民的被动接受而非主动参与导致顾客少，其提供也会有损大众的人性价值而失败（韩慧玲，2006）。公民与公共产品服务关系密切，形成深刻认识，掌握宽泛信息。公民参与决策包括对义务教育相关事宜的决策应成为政府工作的重心。官方专家无法获得相关信息，因此，公众的决策参与至关重要。目前我国推进义务教育的决策，官僚化限制了协调能力的发挥，也约束了制定多元政策的空间。

2. 引入"政府绩效评估"机制

在中央和地方的关系"博弈"中，地方政府常处于垄断公共服务信息的地位，导致地方集团利用垄断优势谋取私权阻碍地方经济发展。因此必须建立信息反馈机制，让地方公共产品收益情况公布于众（彼得斯，2001）。公民想要表达义务教育的具体情况，需建立公民评价和监督机制。绩效评估机制的建立即"根据管理水平、公民满意度等，对各阶段绩效进行评定和划分等级。它以服务质量和公民满意度为首要评价标准，蕴含了公共责任和顾客至上的管理理念"（蔡立辉，2002）。各地区成立评估委员会，结合各地区条件，制定出全面客观的绩效评估机制。再次是收集有效信息，真实反映义务教育均衡发展绩效。最后是向中央政府上报评估结果，总结经验教训，并提出相关改进建议。

3. 构建以"外部权利"制约"内部权力"的监督机制

"一切有权力的人都容易滥用权力；要防止滥用权力，就必须以权力制约权力"（孟德斯鸠，1982）。但是，利用体制内部的一部分权利来制约另一部分权利，就会产生"局内人"效应和两者间的"攻守同盟"，难以实现制约和监督的真正目的。当前，我国的教育管理监督机制流于形式，效果难以令人满意，因此要尽快改革以政府内为主的监督体制，为民众提供"说话"的渠道（马青，2009）。通过邀请富有责任心、正义感的各界人士，如专家学者、媒体从业人员、教师和农民代表等，组成体制外的义务教育监督委员会（监事会），不受制于当地政府或相关利益部门，而由上级主管部门直接负责。构建以"外部权力"制约"内部权力"的监督机制，一方面有利于增强监督的专业性和权威性，另一方面也有利于教育参与主体意愿和诉求的充分表达，以及相关信息的及时披露和违规行为的及时处理。

三、构建基于生态系统的城乡教育资源公共服务体系

（一）构建教育信息资源共享平台和机制的必要性

教育资源尤其是师资、管理等资源配置不均衡作为一种长期存在的客观存在，是推动城乡义务教育均衡发展绕不开的现实问题。因此，合理配置教育资源是实现生态化均衡目标的首要路径。但是，义务教育的优质均衡发展绝不是"削峰填谷"式的"平均主义"，而是要在正视现实中存在的城乡、区域和校际差异，并将这种差异性视为一种资源，通过搭建基于信息化的教育资源共建、共享、实时互动平台和机制，在多维多层、多向互动中形成具有一定差异的、动态的优质均衡。

通过构建教育信息资源共享平台和机制，能够将发达地区、城市学校、重点

或示范性学校的优质教育资源导入欠发达地区、农村学校和薄弱学校，如教学设施共享、教改成果共享、教学名师共享等方式。这种城乡间、区域内的"分享式"教育资源共享，既能够节约教育经费投入，又可以充分利用现有教育资源，是促进义务教育均衡发展最有效的途径之一（周岩和余长营，2009）。根据发达国家的实践经验，开放、丰富、健全的教育教学资源共享体系，是促进义务教育信息化应用的重要保障。《国家中长期教育改革和发展规划纲要（2010—2020年）》提出，要通过建立开放、灵活的义务教育资源公共服务平台，促进优质教育资源的普及和共享。各地在这个领域做了很多探索，并积累了一系列成果和经验，如广东"千校扶千校"行动计划，以及重庆、上海、徐州、佛山等地构建的数字化教育资源公共服务平台（系统），为农村学校、薄弱学校植入了崭新的教学理念、管理理念和管理模式，提升了师资队伍的总体水平，充分发挥了共享式资源平台的示范辐射作用，实现了强弱资源的良性互动（郑兰桢等，2010）。

进入21世纪以来，提供教育信息化公共服务逐渐成为公共服务型政府的核心任务，引起各国政府的规范重视，并成为衡量一国教育现代化水平的重要指标。当前，我国教育信息化已经跨越"粗放型"发展阶段，开始进入"精细化"发展阶段，成为教育强国战略的基础支撑、重要保障和创新动力。但是，在义务教育领域，仍存在平台建设技术水平低、整体规模小、共享机制不完善、支撑作用不明显等缺陷，这些问题如果不能及时得到解决，就会继续加大城乡教育信息化差距，成为制约城乡义务教育资源配置均衡化的瓶颈。

（二）义务教育信息资源共享系统的目标与重心

20世纪90年代以来，我国教育信息化建设一直将重心放在硬件和技术层面，由于忽视了信息化系统与教学和管理活动的内在联系，导致技术与教育实践相脱节，两者之间并未形成有效连接与和谐关系。从本质上看，构建义务教育信息资源共享系统的目的并不仅仅在于形成一个信息资源库，而是要构建更高层次上的义务教育资源生态环境（张静然和王陆，2012）。因此，要使教育信息资源共享系统真正迈入深层次应用层面，就必须变革和创新目前教育信息化建设的理念、思路和路径，从系统优化角度进行思考，构建基于生态观的、系统化的、和谐的教育信息生态。

从技术角度看，构建义务教育资源生态环境与建设信息资源库的差异，主要集中在4个方面。

1. 构建资源信息链

资源信息链是通过信息流动连接域内的信息场，从而形成人与人之间、有机体之间，以及人与有机体之间某种方式的信息链索。在信息链中，信息的流动方式、方向决定了信息组合的多样性以及与之对应的能量结构、系统结构，如信息链是否开放或封闭。开环信息链会通过各种教育资源服务转化为闭环信息链，以使资源系统具有生态自适应与自优化等性能。在这一链条中，起始端是常态化课程教学，终端则是集学校、社会、家庭教育于一体的协同式教育，这种结构使资源建设与资源应用两个过程合为一体，彼此无须分离。

2. 构建资源信息网

无论是开环还是闭环信息链，所有信息链的纵横交错构成了相互关联、错综复杂的信息网。因此，资源信息网是多条信息链的集合体。义务教育资源信息网由物理网和人际网构成，其中物理网由硬件设备、互联网或移动网络所组成，而人际网则包括教师、学生和家长，以及三者所构成的异质组群的混合人际网络。连接和激活物理网和人际网的是教育资源，教育资源一旦离开教育活动，就不能真正服务于人际网的主体。而人际网既是教育活动的主体，也是教育资源的享用者和创造者。由此，教育资源的创建者与应用者也合为一体，彼此无须分离。

3. 构建资源信息域

相应的，资源信息域构筑在资源信息网之上，是资源信息－人－环境相互作用的智慧性产物。因此，信息域既具有所在环境、信息的客观性，又具有人的思维主观性。信息域具有时空性，它既是教育活动的空间，也是教育行为发生的过程。在形态上，信息域体现为基于网络的知识建构活动，即一种"资源→信息→知识→智慧"不断传递的活动场域。在这一场域中，资源的产生与发展、再生与升值都与学习、教育活动连为一体，消融了原有的间隙和隔阂。

4. 构建资源信息圈

资源信息圈是以物质循环和能量流动为主要特征的生态系统之总和，能够从根本上解决使用受限、系统缺陷、封锁自闭，以及资源与教材之间"错位"等资源共享问题。资源信息圈是支撑教师与学生发展的资源生态环境，它促成了系统内部教师、学生、家长与物质资源之间的循环，从而构成了一个和谐、协同发展平台。"初级资源→再生资源→知识资源→智慧资源"这一过程就是典型的物质循环与流动，身处其中的新教师逐步成长为成熟型、骨干型乃至专家型教师的过程，本质上是一种能量循环与流动的过程。

（三）构建义务教育资源公共服务系统的具体策略

首先，建立多级、多元化义务教育资源公共服务系统。一方面，要建立"国家－省级－县级"三级教育资源公共服务系统，除了依靠政府直接供给，还可以通过其他间接手段获取，如政府与社会机构、企业联合提供，包括民间资助、民间提供、市场化供给等。多种供给方式能够满足城乡义务教育对多元化优质资源不断增长的需求。另一方面，要建立多元化的教育资源公共服务系统，通过引入市场竞争机制和自由选择机制，改变政府部门长期垄断教育信息化局面，实现义务教育资源的多元主体供给，以从整体上推动教育资源和服务供给的效率和效益。

其次，成立维护义务教育资源公共服务系统的半官方机构。为消除当前存在的政府"缺位""错位"和"越位"问题，建议成立由政府、市场共同资助的半官方管理和服务机构，如教育资源建设咨询服务中心、绩效评估中心、学习与培训中心等。通过建立健全机构职责和运行机制，使之成为服务于义务教育信息化的第三方机构，提供义务教育均衡发展所需要的教育资源，如咨询服务、评估服务、技术支持、开发服务、教师培训、出版服务、知识产权保护、定制规划以及各种增值服务。

再次，引入第三方绩效评估制度，优化义务教育资源公共服务系统建设。在现有教育管理体制下，我国中小学教育信息化建设的规划、实施和质量验收均由教育行政部门负责，政府既是投资者、管理者，也是监管者，扮演着"三位一体"的角色。由于缺乏有效监督机制，往往导致教育信息化建设和评估的形式化。根据国外经验，应在教育行政部门统一的教育信息化规划之下，建立以第三方中介评估为主导的多元化绩效评价体系。

本 章 小 结

在理论分析和模式构建的基础上，还需要政府充分发挥主体作用，构建和完善"低重心"的城乡一体化的义务教育管理体制，通过改革城乡义务教育供给机制以及户籍制度改革、市民待遇均等化等配套措施来解决城乡义务教育优质资源配置问题。

本章主要内容包括：①论证了城乡义务教育生态化均衡目标下政府的职能定位、责任范围与决策机制，防止"失责"和过度干涉等现象。在义务教育生态化均衡目标下，要进一步明晰政府在义务教育均衡发展中的职能定位，科学界定政府在义务教育均衡发展中的责任范围，健全城乡义务教育均衡化政府供给的决策机制。②探讨如何构建城乡义务教育生态化均衡评价机制，这关乎城乡义务教育能够在多大程度上实现生态化均衡。就内容而言，义务教育均衡发展的评估应注重全面性，包括输入质量、过程质量以及终端输出质量三个部分；就执行原则来说，义务教育均衡发展评价应包括底线标准与基本均衡、硬件提升与内涵发展、尊重差异与特色发展三个原则；鉴于义务教育均衡发展评估的复杂性，通过参考国家教育现代化指标体系，同时充分考虑副省级城市高等教育管理权较小和课题研究的范围，最终确立了包含6个一级指标的城乡义务教育生态化均衡评价机制。③最后，阐述了城乡义务教育生态化均衡之政府供给的实施路径。包括构建城乡义务教育生态化均衡的补偿机制，形成城乡义务教育均衡发展共同体，构建基于生态系统的城乡教育资源公共服务体系等。

总之，在全国所有地区实现义务教育均衡发展才是真正的"人民满意教育"。为此，要树立"一盘棋"意识，有效落实义务教育均衡发展的规划路线、治理方针和综合改革，努力实现区域、城乡、校际、群体的义务教育均衡发展。其中的要点包括：一是牢固树立创新、协调、绿色、开放、共享的发展理念，不断推进发展方式转型，深化义务教育综合改革，坚持顶层设计和统筹规划；二是要明确"治理主体"，落实具体责任，建构主体间义务教育均衡发展协同治理的联动机制；三是提供强有力的保障机制，通过建立健全立法、评估、问责等保障系统，逐步探寻顶层规划、系统治理和综合改革齐头并进的义务教育均衡发展立体化路径。

第六章　结　　论

本书以"城乡义务教育均衡发展"立论，以政府供给为研究视角，以规范研究和实证研究相结合的方法，分析与解释全面建成小康社会的背景下如何实现"城乡义务教育均衡化"的相关理论与实践问题。根据目前的学术文献，无论从研究方法、研究内容抑或是研究结论来看，本书都具有一定的创新性。

本书是基于中国城乡义务教育非均衡发展事实而开展的，所得出的宏观性结论包括：

第一，从学术文献角度看，本书力图通过对学术文献与实践发展的二维考察，把城乡义务教育均衡化和政府供给这两个概念与现象联系起来，这样做的目的是旨在说明义务教育理应由政府供给，城乡义务教育均衡发展的主要责任在于政府，而城乡义务教育供给机制革新应以"均衡发展"伦理价值为基础，以城乡一体化为突破口。

第二，在义务教育非均衡发展机理方面进行了三个方面的理论阐释：首先，从理论上讲，义务教育非均衡发展模式具有内在的逻辑、动能以及稳固的社会根基，并在演进过程中不断强化这一"非均衡性"，短时间内难以削弱和消除；其次，就历史逻辑而言，清末至民国时期虽然确立了较为完善的"三级负责"教育管理体制，但因财力窘迫、乡村治理、文化传统等诸多原因，中央政府不得不继续实施供给责任转嫁策略，乡村义务教育呈现出责任主体基层化、组织体系科学化、资源流动等级化等特征；再次，就现实而言，"今天的选择受历史因素的影响"。1949～1979年，义务教育供给呈现高度统一和"中央包办"的特征，但20世纪80年代后又回归与近代类似的、甚至是相同的制度轨道，这主要取决于国家意志、行政体制和非制度因素等。

第三，以南京为城乡义务教育均衡化样本进行实证研究，通过对教育发达城市南京的经验分析，探索如何推进城乡义务教育政府供给机制改进，包括要素供给、制度供给等范畴。通过将"南京模式"与同类城市的典型指标进行对比检验以及大样本量的基层问卷调查验证，论证南京城乡义务教育实现基本均衡的形式、表现和特征。此外，围绕"南京模式"的推广价值，从多个层面进行了实践经验的总结，为其他欠发达地区提供了有益的参考。

第四，本书引入了"生态化均衡"的理念和构想。均衡是一个随着时代的发展不断变化的概念，未来城乡义务教育均衡发展理念应该从"资源均衡"转向"质量均衡转换"，由"外延式发展"转向"内涵式发展"转换，从"同质发展"转向"特色发展"转换，从"被动发展"转向"自主发展"。本书探讨了构建城乡义务教育生态化均衡评价机制，通过评价衡量城乡义务教育是否以及在多大程度上实现了生态化均衡。此外，还提出了城乡义务教育生态化均衡之政府供给的实施路径，包括构建城乡义务教育生态化均衡的补偿机制、形成城乡义务教育均衡发展共同体，以及构建基于生态系统的城乡教育资源公共服务体系等。

总之，本书表明，城乡义务教育非均衡演进历程充分体现了中国在现代化建构上的独特性，迫于多重压力，中国试图把专制主义、民主化和福利三个时代缩短为一个时代，就必然出现经济发展与权利分享的矛盾，这也使非均衡发展策略成为一种符合理论、历史和现实逻辑的必然选择。虽然这一战略创造了"中国的奇迹"，但它也使城乡义务教育不平衡在 20 世纪 90 年代达到了极致，导致义务教育系统的外部环境、内部结构以及价值规范濒于"崩溃边缘"。"非均衡发展只是均衡发展的一个不得已的中介而已"，实现发展均衡化才是最终目的，这关乎社会公平正义问题。因此，中央政府必须以城乡一体化为契机，尽快建立健全符合现代公共理念的"向农村倾斜"的义务教育经费供给体制。

当然，本书在很大程度上属于偏重理论建构的规范研究，对基层实践及其效果的关照不够。因此，作者未来将从以下 3 个方面予以弥补：①关于"生态化均衡"发展思路，本书旨在构建以"生态化均衡"为内核的城乡义务教育均衡供给理念和模式，但是理论阐释与实践论证之间的关联还略显生硬，这需要通过结合基层实践进行深入研究，以进一步论证该理论的合理性和契合度；②在评价体系方面，目前本书并没有细化指标的分值，也没有以实证来验证指标体系的科学性和前瞻性，未来需要进一步开展评价体系的实证性验证，并更多考虑一些中小城市的独特性；③关于实现"城乡义务教育均衡发展"的具体路径，有待于在两个方面展开：一是结合各地的不同需求，努力探寻其他可能的实施路径，二是提出更具可操作性的具体措施。

以史为鉴，能窥久远之未来。城乡义务教育生态化均衡是一个"知易行难"的系统性工程，牵扯到政策理念、社会结构和文化习俗等诸多因素。因此，要充分考虑义务教育非均衡供给制度演化的历史渊源以及各影响因素之间的内在联系和影响机制，才能形成"对症下药"的改革思路和方案。

参 考 文 献

阿尔蒙德, 等. 1987. 比较政治学: 体系、过程和政策[M]. 曹沛霖, 译. 上海: 上海译文出版社: 39.

埃莉诺·奥斯特洛姆. 2000. 公共事务的治理之道[M]. 上海: 上海三联书店.

艾伯特·赫西曼. 1997. 经济发展战略. 北京: 经济科学出版社.

安德森. 2008. 学习、教学和评估的分类学[M]. 上海: 华东师范大学出版社.

安东尼·B·阿特金森, 约瑟夫·E·斯蒂格利茨. 1994. 公共经济学[M]. 张翰译. 上海: 上海三联书店、上海人民出版社.

岸根卓郎. 1999. 我的教育论[M]. 何鉴译. 南京: 南京大学出版社.

奥德姆. 1981. 生态学基础[M]. 孙儒泳译. 北京: 人民教育出版社.

奥德姆. 1993. 系统生态学[M]. 北京: 科学出版社.

鲍传友. 2005. 中国城乡义务教育差距的政策审视[J]. 北京师范大学学报(社会科学版), (3).

鲍传友. 2007. 义务教育均衡发展内涵和原则[J]. 国家教育行政学院学报, (1)

贝塔朗菲. 1987. 一般系统论[M]. 林康义等译. 北京: 清华大学出版社.

彼得斯. 2001. 政府未来的治理模式(中译本)[M]. 北京: 中国人民大学出版社.

布莱恩·巴利. 2007. 社会正义论[M]. 南京: 江苏人民出版社.

财政部. 2002. 2001 年全国地市县财政统计资料[M]. 北京: 中国财政经济出版社.

蔡立辉. 2002. 政府绩效评估的理念与方法分析[J]. 中国人民大学学报, (5).

曹海琴. 2013. 对我国城乡义务教育公共服务均等化的思考: 以城乡二元户籍制度为视角[J]. 理论与改革, (6).

陈春萍. 2008. 高等教育管理的伦理审视[J]. 湖南科技大学学报, (4).

陈回花. 2004. 刍议城乡义务教育的差距及其对策[J]. 教学与管理, 33.

陈敬仆. 2003. 为教育共同发展作证[M]. 北京: 人民教育出版社.

陈静漪. 2012a. 从城乡分立到城乡一体化[J]. 西南大学学报(社会科学版), (5).

陈静漪. 2012b. 中国农村义务教育供给机制变革及其效应分析: 基于"悬浮型"有益品的视角[J]. 江海学刊, (4).

陈向明. 2003. 实践性知识: 教师专业发展的知识基础[J]. 北京大学教育评论, (1).

陈艳. 2008. 义务教育均衡化的伦理辩护[J]. 江南大学学报(教育科学版), (4).

陈振明. 2009. 公共管理学[M]. 北京中国人民大学出版社.

成成. 2010. 论农村义务教育补偿的现实意义[J]. 当代教育理论与实践, (1).

褚宏启. 2009. 城乡教育一体化: 体系重构与制度创新——中国教育二元结构及其破解[J]. 教育研究, (11).

褚宏启. 2010. 教育制度改革与城乡教育一体化-打破城乡教育一元结构的制度瓶颈[J]. 教育研究, (11).

褚宏启, 高莉. 2010. 义务教育均衡发展评估指标与标准的制订[J]. 教育发展研究, (6).

崔允漷, 郑东辉. 2008. 论指向专业发展的教师合作[J]. 教育研究, (6).

大卫·雷·格里芬. 1998. 后现代科学——科学魅力的再现[M]. 北京: 中央编译出版社, 145

戴维·波普诺. 1999. 社会学[M]. 北京: 中国人民大学出版.

戴维·米勒. 2008. 社会正义原则[M]. 南京: 江苏人民出版社.

道格拉斯·C·诺斯. 1995. 制度变迁理论纲要[A]//经济学与中国经济改革[C]. 上海: 上海人民
    出版社.

丁元竹. 2007. 科学把握我国现阶段的基本服务均等化[J]. 中国经贸导刊, (13).

董世华, 范先佐. 2011. 我国县域义务教育均衡发展监测指标体系的构建——基于教育学理论
    的视角[J]. 教育发展研究, (9).

董长芝, 马东玉. 1997. 民国财政经济史[M]. 大连: 辽宁师范大学出版社.

凡勇昆、邬志辉. 2014. 我国城乡义务教育资源均衡发展研究报告——基于东、中、西部 8 省
    17 个区(市、县)的实地调查分析[J]. 教育研究, (11).

范国睿. 1998. 试论教育资源短缺及其对教育生态系统发展的影响[J]. 河北师范大学学报(教科
    版), (1).

范国睿. 2000. 教育生态学[M]. 北京: 人民教育出版社.

范丽萍. 2010. 我国义务教育经费保障"新机制"分析[J]. 中南财经政法大学学报, (5)

菲利普·库姆斯. 1990. 世界教育危机[M]. 赵宝恒译. 北京: 人民教育出版社.

费蔚. 2014. 从管理到治理: 区域推进义务教育优质均衡发展的体制机制创新[J]. 教育发展研究,
    (15).

费孝通. 1937. 乡土重建[M]. 上海: 观察社.

费孝通. 1986. 江村经济[M]. 南京: 江苏人民出版社.

冯建军. 2012a. 内涵发展: 推进义务教育优质均衡的路向选择[J]. 南京社会科学, (1).

冯建军. 2012b. 义务教育均衡发展方式的转变[J]. 中国教育学刊, (3).

冯建军. 2013. 义务教育优质均衡发展的理论研究[J]. 全球教育展望, (1).

冯兴元, 李晓佳. 2005. 论基础教育的事权划分[J]. 社会学研究, (2).

弗·迪卡斯雷特. 1981. 生态学——一门关于人和自然的科学是怎样产生的[J]. 信使(中文版),
    (2).

盖尔·约翰逊. 2004. 经济发展中的农业、农村、农民问题[M]. 北京: 商务印书馆.

高传胜. 2012. 论包容性发展的理论内核[J]. 南京大学学报(社科版), (1).

高洪. 2012. 推进教育公平要落实义务教育的两个"重中之重"[J]. 人民教育, (18).

高明. 2012. 共生理论: 区域城乡公共服务一体化的新思路[J]. 西南农业大学学报(社会科学版),
    (4)

高如峰. 2004. 中国农村义务教育财政体制的实证分析[J]. 教育研究, (5).

高彦彦, 郑江淮, 孙军. 2010. 从城市偏向到城乡协调发展的政治经济逻辑[J]. 当代经济科学,
    (5).

格里·斯托克. 1999. 作为理论的治理: 五个论点[J]. 国际社会科学杂志, (1)

郭建如. 2003. 基础教育财政体制变革与农村义务教育发展——制度分析的视角[J]. 社会科学

战线, (5).

郭建如. 2005. 国家－社会视角下的农村基础教育发展:教育政治学分析[J]. 北京大学教育评论, (3).

郭凯. 2009. 公共性与义务教育公共性述评[J]. 广东教育学院学报, (2).

郭平. 2007. 构建农村义务教育经费政府分担机制的思路与对策[J]. 当代财经, (7).

国家统计局. 2013. 2013 年中国农业统计年鉴[M]. 中国统计出版社.

韩红升. 2007. 农村教育不公平的教育生态学分析[J]. 教育理论与实践, (12).

韩骅. 2001. 试析发达国家教育拨款模式与机制[J]. 比较教育研究, (7).

韩慧玲. 2006. 对我国农村基础教育资源稀缺问题的思考[J]. 体制改革, (8).

汉斯·萨克塞. 1991. 生态哲学[M]. 北京: 东方出版社.

郝锦花, 王先明. 2005. 论 20 世纪初叶中国乡间私塾的文化地位[J]. 浙江大学学报(人文社会科学版), (1).

何东昌. 1998a. 中华人民共和国重要教育文献：1949－1975[M]. 海口：海南出版社.

何东昌. 1998b. 中华人民共和国重要教育文献：1976－1990[M]. 海口：海南出版社.

何东昌. 1998c. 中华人民共和国重要教育文献：1991－1997[M]. 海口：海南出版社.

何怀宏. 2002. 生态伦理—精神资源与哲学基础[M]. 石家庄: 河北大学出版社.

贺沁源. 2006. 农村义务教育经费投入体制改革研究综述[J]. 辽宁教育行政学院学报, (9).

贺祖斌. 2004. 中国高等教育系统的生态学分析[M]. 武汉: 华中科技大学出版社.

贺祖斌. 2005. 高等教育生态研究述评[J]. 广西师范大学学报(哲学社会科学版), (1).

洪世梅. 2007. 建设生态大学的思考[J]. 教育发展研究, (3).

胡发贵. 2004. "非法生存"的道德之维[J]. 学海, (3).

胡位钧. 2005. 均衡发展的逻辑[M]. 重庆: 重庆出版社.

扈中平, 陈东升. 1995. 中国教育两难问题[M]. 长沙: 湖南教育出版社.

华桂宏, 朱恩涛. 2003. 论教育的双重外部性效应[J]. 甘肃社会科学, (5).

黄斌. 2010. 现实与政策意图之间的偏差:中国义务教育财政制度变革的历史与展望[J]. 教育与经济, (4).

黄培森. 2012. 义务教育阶段教师资源合理化配置探析[J]. 教育探索, (4).

黄佩华. 2002. 中国义务教育与公共财政[J]. 比较, (4).

黄佩华. 2003. 中国：国家发展与地方财政[M]. 北京：中信出版社.

黄志成. 2002. 发展中国家教育改革与发展的四大模式[J]. 全球教育展望, (8).

基谢列夫. 1986. 生态问题及对现代自然科学思维方式的影响[J]. 自然科学哲学问题, (4)

姜美玲. 2009. 教育公共治理: 内涵、特征与模式[J]. 全球教育展望, (5).

江宁县地方志编纂委员会. 1989. 江宁县志[M]. 北京: 档案出版社.

蒋维乔. 1925. 江苏教育行政概况[M]. 上海：商务印书馆: 20-21.

教育部财政司, 国家统计局社会科技统计司. 2010. 中国教育经费统计年鉴(2009)[M]. 北京：中国统计出版社.

教育部发展规划司. 1984. 中国教育统计年鉴(1949－1981)[M]. 北京：中国大百科全书出版社.

教育部发展规划司. 2003. 中国教育统计年鉴(2003)[M]. 北京：人民教育出版社.

教育部发展规划司. 2011. 中国教育统计年鉴(2010)[M]. 北京：人民教育出版社.

金生铉. 2007. 保卫教育的公共性[J]. 教育研究与实验, (3).

靳希斌. 1995. 从滞后到超前——20 世纪人力资本学说·教育经济学[M]. 济南：山东教育出版社.

景长州. 1996. 教育投资经济分析[M]. 北京：中国人民大学出版社.

康芒斯. 1997. 制度经济学(上)[M]. 北京：商务印书馆.

克里夫·R·贝尔菲尔德. 2007. 教育经济学[M]. 曹淑江译. 北京：中国人民大学出版社.

拉兹洛. 1985. 用系统论的观点看世界[M]. 北京：中国社会科学出版社.

拉兹洛. 1997. 决定命运的选择[M]. 上海：上海三联书店.

赖德胜. 1997. 中国教育收益率估算：文献综述[J]. 经济研究资料, (9).

劳凯声. 2006. 教育立法的回顾与反思[J]. 上海教育, (7B).

雷晓云. 2013. 政府的责任及其实现：关于义务教育阶段教育资源合理配置的探讨[J]. 教育研究与实验, (1).

冷志明, 张合平. 2007. 基于共生理论的区域经济合作机理研究[J]. 未来与发展, (6).

李彬. 2004. 乡镇公共物品制度外供给分析[M]. 北京：中国社会科学出版社.

李春成. 2003. 公共利益的概念建构评析－行政伦理学的视角[J]. 复旦学报：社会科学版, (1).

李广舜. 2006. 国内外城乡经济协调发展研究成果综述[J]. 地方财政研究, (2).

李国均, 王炳照. 2000. 中国教育制度通史(第四卷)[M]. 济南：山东教育出版社.

李华君, 龚彩云. 2012. 农村教师专业发展的学校责任和教师责任——基于合作研究的伦理责任视域[J]. 当代教育论坛, (2).

李辉. 2010. 善治视野下的协同治理研究[J]. 科学与管理, (6).

李玲. 2012. 城乡教育一体化：理论、指标与测算[J]. 教育研究, (2).

李凌育. 2003. 你为我们带来什么—断裂社会的教育考察[J]. 教育参考, (12).

李伦. 2003. "平民教育"是新时期教育的一个重要理念[J]. 人民教育, (13).

李涛, 余世琳. 2007. 均衡城乡资源凸显统筹特色——对重庆基础教育统筹发展的思考[J]. 教育发展研究, (10).

李训贵, 张晓琴. 2004. 教育生态化与高等教育发展[J]. 中国高等教育, (10).

李燕燕. 2011. 教育督导促进义务教育均衡发展的范式分析[J]. 当代教育科学, (2).

李贞. 2009. 公平义务教育与中国财政体制改革[M]. 北京：经济科学出版社.

李振国. 2006. 缩小城乡教育差距构建城乡和谐社会探析[J]. 教育与职业, (29).

厉以宁. 1999. 关于教育产品的性质和对教育的经营[J]. 教育发展研究, (10).

连玉明. 2004. 学习型社会[M]. 北京：中国时代经济出版社.

联合国教科文组织. 1996. 教育——财富蕴藏其中[M]. 北京：教育科学出版社.

联合国教科文组织国际教育发展委员会. 1996. 学会生存－教育世界的今天和明天[M]. 北京：教育科学出版社.

廖泰初. 1988. 中国教育学研究的新途径——乡村社区的教育研究[J]. 教育学报, (3).

列宁. 1990. 列宁全集(第 55 卷)[M]. 北京：人民出版社.

刘复兴. 2003. 教育政策的价值分析[M]. 北京：教育科学出版社.

刘桂莉. 2012. 我国农村义务教育公共政策与公平问题研究[J]. 江西师范大学学报(哲学社会科学版), (1).

刘桂莉. 2012. 我国农村义务教育公共政策与公平问题研究[J]. 江西师范大学学报(哲学社会科学版), (1).

刘锦藻. 1936. 清朝续文献通考(卷97·学校4)[M]. 上海：商务印书馆.

刘乐山. 2004. 中央和省级财政分摊农村义务教育经费的经济学思考[J]. 教育与经济, (4).

刘荣增, 齐建文. 2009. 豫鲁苏城乡统筹度比较研究——基于共生理论的视角[J]. 城市问题, (8).

刘书明. 2001. 统一城乡税制与调整分配政策：减轻农民负担新论[J]. 经济研究, (2).

刘颂. 2007. 城乡义务教育发展差异的政策原因探析[J]. 江西教育科研, (4).

刘玮. 2015. 县域义务教育均衡发展的不同向度与路径选择[J]. 中国教育学刊, (1).

刘新成. 2010. 义务教育均衡发展的三重意蕴及其超越性[J]. 教育研究, (5).

刘云忠, 徐映梅. 2007. 我国城乡教育差距与城乡居民教育投入差距的协整研究：基于1990－2005年的数据分析[J]. 教育与经济, (4).

刘志军. 2012. 走向高位均衡：基础教育改革与发展的应该追求[J]. 教育研究, (3).

刘祖云. 2012. 我国城乡二元结构破解之道：基于包容性发展的视角[J]. 南京工业大学学报(社科版), (1).

柳海民, 林丹. 2005. 本体论域的义务教育均衡发展[J]. 东北师范大学学报：哲学社会科学版, (5).

卢现详. 2003. 西方新制度经济学[M]. 北京：中国发展出版社.

陆学艺. 2002. 当代中国社会阶层研究报告[M]. 北京：社会科学文献出版社.

罗湖平. 2010. 中国农村义务教育经费投入体制的理性回归之路——基于公共产品理论的视角分析[J]. 武汉科技大学学报(社会科学版), (2).

罗勇为. 2010. 基于生态学视角的基础教育信息化可持续发展研究[J]. 中国电化教育, (6)

吕普生. 2013. 中国义务教育发展的不均衡性及其决定因素——基于2000－2008年数据的实证分析[J]. 中国软科学, (9).

吕寿伟. 2011. 从均衡到优质均衡：义务教育均衡发展目标的转换[J]. 教育导刊, (12).

吕淑芳. 2013. 县域义务教育均衡发展的若干途径——基于多中心治理理论的视角[J]. 教育与教学研究, (3).

吕星宇. 2013. 论义务教育均衡发展评价的复杂性[J]. 教育科学研究, (8).

马艾云, 李保江. 2007. 县域教师流动机制实施框架——城乡义务教育均衡发展的一种构想[J]. 当代教育科学, (9).

马焕灵. 2010. 城乡基础教育一体化之制度障碍及其克服[J]. 当代教育科学, (11).

马佳宏, 彭慧. 2006. 偏差与平衡：城乡义务教育财力资源配置问题研究[J]. 教育与经济, (4).

马克思, 恩格斯. 1971. 马克思恩格斯全集(第20卷)[M]. 北京：人民出版社.

马克思, 恩格斯. 1975. 马克思恩格斯全集(第23卷)[M]. 北京：人民出版社.

马里斯·特雷莎·西尼斯卡尔科. 2007. 世界教师队伍统计概览[M]. 上海：华东师范大学出版社.

马青. 2009. 农村义务教育投入的主体再认与保障制度变革[J]. 教育发展研究, (21).

马戎等. 2000. 中国农村教育问题研究[M]. 福州：福建教育出版社.

马文银，莫晓红. 2005. 生态大学构建模式研究[J]. 生态经济, (5).

马自毅. 2002. 辛亥前十年的学堂、学生与学潮[J]. 史林, (1).

梅棹忠夫. 1988. 文明的生态史观[M]. 上海：上海三联书店.

孟德斯鸠. 1982. 论法的精神(上)[M]. 北京：商务印书馆.

米尔顿·弗里德曼，罗斯·弗里德曼. 1998. 自由选择：个人声明[M]. 北京：商务印书馆.

南京市地方志编纂委员会. 1998. 南京教育志(上册) [M], 北京: 方志出版社, 184.

倪红日、张亮. 2012. 基本公共服务均等化与财政管理体制改革研究[J]. 管理世界, (9).

欧文·E·休斯. 2001. 公共管理导论[M]. 彭和平等译. 北京：中国人民大学出版社, 2001: 1.

彭拥军. 2007. 高等教育与农村社会流动[M]. 北京：中国人民大学出版.

彭泽平. 2014. "分割"与"统筹"：城乡义务教育失衡的制度与政策根源及其重构[J]. 西南大
    学学报(社会科学版), (3).

祁芳. 2011. 我国义务教育公平研究综述[J]. 西安邮电学院学报, (2).

乔治·弗雷德里克森. 2003. 公共行政的精神[M]. 北京：中国人民大学出版社.

秦惠民. 1998. 走入教育法制的深处——论教育权的演变 [M]. 北京：中国人民公安大学出版社.

邱耕田. 2011. 论包容性发展[J]. 学习与探索, (1).

瞿瑛. 2010. 义务教育发展政策问题研究:教育公平视角[M]. 杭州:浙江大学出版社.

曲亮. 2004. 基于共生理论的城乡统筹机理研究[J]. 农业现代化研究, (5).

曲铁华，马艳芬. 2005. 义务教育师资均衡发展的对策研究[J]. 东北师范大学学报, (5).

曲正伟. 2004. 我国义务教育公益性的概念建构及其政府责任[J]. 教育理论与实践, (4).

任仕君. 2006. 县域义务教育资源配置现状分析与对策研究[J]. 江西教育科研, (1).

荣雷. 2011. 推进义务教育均衡发展促进公共教育服务均等化[J]. 学校党建与思想教育, (9).

萨伊. 1982. 政治经济学概论[M]. 北京：商务印书馆.

塞缪尔·亨廷顿. 1989. 变化社会中的政治秩序[M]. 北京：三联书店.

邵泽斌. 2013. 我国义务教育管理体制的理论逻辑与政策思考[J]. 教育研究与实验, (3).

佘正荣. 1996. 生态智慧论[M]. 北京：中国社会科学出版社.

申仁洪. 2002. 基础教育均衡发展的问题和对策[J]. 教育导刊, (12).

沈有禄，谯欣怡. 2009. 基础教育均衡发展：我们真的需要一个均衡发展指数吗[J]. 教育科学,
    (6).

盛冰. 2007. 学校变革的一般理论及其反思[J]. 教育学报, (8).

盛连喜. 2008. 提高农村教育质量凸显内涵发展主题[J]. 教育研究, (3).

盛明科、朱玉梅. 2014. 我国教育统筹发展的政策变迁: 问题及改进思路——基于 1979－2013
    年国家教育政策文本的分析[J]. 理论探索, (4).

施丽红. 2012. 和谐共生-职业教育城乡统筹发展体制与机制研究[J]. 高等教育研究, (1)

石中英. 2002. 促进基础教育均衡发展的基本原则[J]. 人民教育, (12).

石中英. 2007. 教育机会均等的内涵及其政策意义[J]. 北京大学教育评论, (10).

世界银行增长与发展委员会. 2008. 增长报告——可持续增长和包容性发展的战略[M]. 北京：
    中国金融出版社.

舒新城. 1961. 中国近代教育史资料[M]. 北京：人民教育出版社.

舒新城. 2004. 小学教育问题杂谈[A]//舒新城教育论著选[C]. 北京：人民教育出版社.

斯蒂格利茨. 2000. 经济学(第二版)[M]. 北京：中国人民大学出版社

宋恩荣，章咸. 1990. 中华民国教育法规选编(1912—1949)[M]. 南京：江苏教育出版社.

孙立平. 2003. 断裂——20世纪90年代以来的中国社会[M]. 北京：社会科学文献出版社.

孙启林. 孔锴编. 2009. 世界主要发达国家义务教育均衡发展比较研究[M]，长春：东北师范大学出版社.

孙霄兵，孟庆瑜. 2005. 教育的公正与利益[M]. 上海：华东师范大学出版社.

孙霄兵，黄兴胜. 2006. 关于《义务教育法》修订背景及主要问题的思考[J]. 人民教育, (8).

孙艳霞. 2006a. 从政策道德性看义务教育城乡差距[J]. 教育发展研究, (6).

孙艳霞. 2006b. 教育政策道德性研究[D]. 哈尔滨：东北师范大学.

谈松华. 王健. 2011. 追求有质量的教育公平[J]. 人民教育, (18).

谭崇台. 1999. 发展经济学的新发展[M]. 武汉：武汉大学出版社.

唐纳德. L. 哈迪斯蒂. 2002. 生态人类学[M]. 郭凡、邹和译，北京：文物出版社.

唐松林. 2003. 中国农村教师发展研究[M]. 杭州：浙江大学出版社.

陶行知. 1991.中国乡村教育之根本改造[A]//陶行知教育论著选[C]. 北京：人民教育出版社.

腾飞. 2010. 教育均衡发展大观察[M]. 长春：东北师范大学出版社.

田芬，朱永新. 2004. 关于基础教育均衡发展的哲学思考[J]. 苏州大学学报(哲社版), (2).

田汉族. 2016. 政府在义务教育均衡发展中的责任及其限度[J]. 湖南师范大学教育科学学报, (5).

田慧生，吴霓等. 2008. 优化教育机构：促进教育公平的制度保障[A]//袁振国. 中国教育政策评论[C]. 北京：教育科学出版社.

田正平，肖朗. 2000. 世纪之理想：中国近代义务教育研究[M]. 杭州：浙江教育出版社.

托尔斯顿·胡森. 1990. 国际教育百科全书[M]. 贵州：贵州教育出版社.

托克·麦克格雷、陈家刚. 2002. 走向真正的全球治理[J]. 马克思主义与现实, (1)

完善农村义务教育财政保障机制课题组. 2005. 客观评价农村义务教育财政保障机制发展的历史过程[J]. 财政研究, (7).

万启蒙. 2013. 论政府在义务教育均衡发展中的主体地位[J]. 社科纵横, (3).

汪锦军. 2012. 构建公共服务的协同机制：一个界定性框架[J]. 中国行政管理, (1).

汪明. 2005. 义务教育均衡发展与若干保障机制——部分地区的政策与实践分析[J]. 教育发展研究, (10).

汪霞. 2003. 课程研究：现代与后现代[M]. 上海：上海科技教育出版社.

王保树，邱本. 2000. 经济法与社会公共性论纲[J]. 法律科学：西北政法学院学报, (3).

王本陆. 2011. 关于我国现代教育发展阶段问题的探讨[J]. 北京师范大学学报(社科版), (3).

王大树. 2006. 农村教育培训市场商机诱人[J]. 环球工商, (7)

王凤产. 2011. 试探教育生态规律[J]. 河南师范大学学报：哲学社会科学版, (4)

王加强. 2008. 教育生态分析—教育生态研究方式初探[J]. 教育理论与实践, (7).

王建. 2016. 城乡一体化义务教育发展战略和机制——基于苏州和成都的实践模式研究[J]. 教

育研究, (6).

王建容, 夏志强. 2010. 我国义务教育均衡发展的内涵及其指标体系构建[J]. 理论与改革, (4).

王景英. 2008. 当前我国农村义务教育投入体制局限性分析：以制度经济学为视角[J]. 教育理论
与实践, (4).

王丽慧. 2008. 政府在义务教育均衡发展的职能定位[J]. 才智, (11).

王玲. 2005. 学校愿景与执行力文化[N]. 中国教育报, 03-22.

王铭铭. 1996. 教育空间的现代性与民间观念——闽台三村初等教育的历史轨迹[J]. 社会学研
究, (5).

王蓉. 2008. 加大教育财政投入需完善相关体制与机制[J]. 人民教育, (9).

王善迈, 袁连生. 2002. 2001 年中国教育发展报告——90 年代后半期的教育财政与教育财政体
制[M]. 北京师范大学出版社.

王善迈. 1996. 教育投入与产出研究[M]. 石家庄：河北教育出版社.

王绍光. 1999. 多元与统一：第三部门国际比较研究[M]. 杭州：浙江人民出版社.

王为民. 2007. 透视与反思：义务教育均衡问题二十年之研究[J]. 现代教育论丛, (4).

王伟. 2002. 教育机构的营利问题[J]. 教育评论, (3).

王星. 2013. 基于生态学视角的区域教育均衡发展理念与模式研究[J]. 现代教育技术, (9)

王一军. 2012. 优质均衡发展：义务教育现代化的质量范型[J]. 教育发展研究, (22).

王勇. 2008. 生态学视野下基础教育均衡发展的策略[J]. 教育探索, (11).

王元京. 2009. 我国城乡义务教育差别的制度障碍分析[J]. 财经问题研究, (9).

温娇秀. 2007. 我国城乡教育不平等与收入差距扩大的动态研究[J]. 当代经济科学, (5).

温小勇. 2012. 生态系统视阈下城乡教育发展差距成因分析及对策研究[J]. 基础教育, (6)

邬志辉, 马青. 2008. 中国农村教育现代化的价值取向与道路选择[J]. 中国地质大学学报(社会
科学版), (11).

邬志辉. 2004. 发展性评估与普通高中的转型性变革[[J]. 教育研究, (10).

邬志辉. 2008a. 农村义务教育经费保障新机制[M]. 北京：北京大学出版社.

邬志辉. 2008b. 农村基础教育"由弱变强"的战略选择[N]. 光明日报(理论版), 09-20.

邬志辉. 2009. 关于农村教育三个理论问题的探讨[J]. 理论月刊, (9).

邬志辉. 2011. 农村义务教育基本价值追求的政策表达[J]. 湖南师范大学教育科学学报, (5)

邬志辉. 2012. 城乡教育一体化：问题形态与制度突破[J]. 教育研究, (8)

吴鼎福, 诸文蔚. 1990. 教育生态学[M]. 南京：江苏教育出版社.

吴根平. 2014. 我国城乡一体化发展中基本公共服务均等化的困境与出路[J]. 农业现代研究,
(1).

吴晗, 费孝通. 1988. 皇权与绅权[M]. 天津：天津人民出版社.

吴宏超. 2007. 我国义务教育有效供给研究[D]. 武汉：华中师范大学.

吴晓蓉. 2011. 共生理论观照下的教育范式[J]. 教育研究, (1).

吴业苗. 2013. 城乡公共服务一体化的理论与实践[M]. 北京：社会科学文献出版社：4.

武秀霞. 2011. 公平视野下义务教育均衡发展的理论与实践探寻[J]. 教育发展研究, (6).

向德平. 2012. 包容性发展理念对中国社会政策建构的启示[J]. 社会科学, (1).

肖俊华. 2014. 从管理到治理: 领导者如何引领单位建设[J]. 领导科学, (3).

肖文涛. 2007. 社会治理创新: 面临挑战与政策选择[J]. 中国行政管理, (10).

熊才平, 吴瑞华. 2006. 基础教育信息化城乡均衡发展: 问题与对策——浙江省台州市的实证研究[J]. 教育研究, (3).

熊才平, 方奇敏. 2007. 信息化环境下的教师资源配置城乡一体化——理论与构想[J]. 电化教育研究, (4).

熊川武, 江玲. 2010. 论义务教育内涵性均衡发展的三大战略[J]. 教育研究, (8).

休·史享顿, 莱昂内尔·奥查德. 2000. 公共物品、公共企业和公共选择——对政府功能的批评与反批评的理论纷争[M]. 北京: 经济科学出版社.

徐传德. 2006. 南京教育史[M]. 北京: 商务印书馆.

徐嵩龄. 1999. 环境论理学新进展评论与阐释[M]. 北京: 社会科学文献出版社.

徐伟, 章元, 万广华. 2011. 社会网络与贫困脆弱性[J]. 学海, (4).

徐文. 2003. 义务教育资源配置的产权分析[J]. 教育与经济, (2).

许庆豫. 2001. 教育发展论: 理论评介与个案分析[M]. 福州: 福建教育出版社.

轩颖. 2012. 论义务教育的阶段性特征[J]. 辽宁教育行政学院学报, (3).

薛海平, 李岩. 2013. 中国城乡义务教育均衡发展预警机制研究[J]. 首都师范大学学报(社会科学版), (2).

雅克·哈拉克. 1993. 投资于未来—确定发展中国家教育重点[M]. 北京: 教育科学出版社.

亚当·斯密. 1994. 国民财富的性质和原因的研究[M]. 北京: 商务印书馆.

亚当·斯密. 2001. 国富论(下)[M]. 郭大力, 王亚南译. 西安: 陕西人民出版社.

严开宏. 2008. 论学校共同体及其理想型[J]. 当代教育科学, (1).

严开胜, 王德清. 2002. 建立教师资源配置有效机制的几点思考[J]. 教学与管理, (1).

杨承丽. 2010. 我国义务教育均衡发展及其地方政策选择[D]. 济南: 山东大学硕士学位论文.

杨东平. 2000. 对我国教育公平问题的认识和思考[J]. 教育发展研究, (8).

杨东平. 2006. 从权利平等到机会均等——新中国教育公平的轨迹[J]. 北京大学教育评论, (4).

杨海松. 2009. 关于"教育均衡发展"的思考[J]. 教育研究与实验. (5).

杨会良. 2012. 改革开放以来我国农村义务教育财政体制: 演变、特征与政策建议[J]. 河北大学学报(哲学社会科学版), (4).

杨娟, 刘亚荣, 王善迈. 2009. "以县为主"政策中县级政府责任探析[J]. 教育发展研究, (12).

杨军. 2005. 英国促进基础教育均衡发展政策综述[J]. 外国教育研究, (12).

杨俊, 李雪松. 2007. 教育不平等、人力资本积累与经济增长: 基于中国的实证研究[J]. 数量经济技术经济研究, (2).

杨玲丽. 2010. 共生理论在社会科学领域的应用[J]. 社会科学论坛, (16).

杨启亮. 2010. 底线均衡: 义务教育优质均衡发展的解释[J]. 教育理论与实践, (1).

杨卫安. 2014. 清末民国中国乡村义务教育供给的制度分析与启示[J]. 湖南师范大学教育科学学报, (2).

杨卫安, 邬志辉. 2014. 移植与创新——城乡教育一体化与城乡经济一体化的差别研究[J].教育理论与实践, (10).

杨远来. 2007. 近二十年来我国农村义务教育政策的缺陷分析与改革创新[J]. 河北师范大学学报(教育科学版), (6).

姚永强. 2013. 义务教育均衡发展科学意蕴之解读[J]. 现代中小学教育, (1).

叶进. 2006. 和谐社会的义务教育均衡发展观[J]. 求索, (11).

俞可平, 徐秀丽. 2004. 中国农村治理的历史与现状(续)——以定县、邹平和江宁为例的比较分析[J]. 经济社会体制比较, (3).

郁建兴. 2012. 当代中国社会建设中的协同治理: 一个分析框架[J]. 学术月刊, (8).

袁纯清. 1998a. 共生理论及其对小型经济的应用研究(上)[J]. 改革, (2).

袁纯清. 1998b. 共生理论—兼论小型经济[M]. 北京: 经济科学出版社.

袁连生. 2003. 论教的的产品属性、学校的市场化运作及教育市场化[J]. 教育与经济, (1).

袁振国. 1999. 论中国教育政策的转变[M]. 广州: 广东教育出版社.

袁振国. 2004. 中国教育政策评论[M]. 北京: 教育科学出版社.

袁振国. 2005. 缩小差距——中国教育政策的重大命题[J]. 北京师范大学学报(社会科学版), (3).

约翰·E·丘伯等. 2003. 政治、市场和学校[M]. 蒋稀等译. 北京: 教育科学出版社.

约翰·肯尼斯·加尔布雷恩. 2000. 好社会——人道的记事本[M]. 北京: 中国社会科学出版社.

约翰·罗尔斯. 2001. 正义论[M]. 何怀宏等译. 北京: 中国社会科学出版社.

约翰·穆勒. 1997. 政治经济学原理[M]. 北京: 商务印书馆.

曾满超, 丁延庆. 2003. 中国义务教育财政面临的挑战与教育转移支付[J]. 北京大学教育评论, (1).

曾天山. 2007. 义务教育均衡发展是实现教育公平的基石[J]. 当代教育论坛, (1).

曾天山, 邓友超, 杨润勇, 等. 2007. 义务教育均衡发展是实现教育公平的基石[J]. 当代教育论坛, (1).

翟博. 2002. 教育均衡发展: 现代教育发展的新境界[J]. 教育研究, (2).

翟博. 2006a. 教育均衡发展: 理论、指标及测算方法[J]. 教育研究, (3).

翟博. 2006b. 教育均衡发展需要明确哪些理论问题[N]. 中国教育报, 07-29.

翟博. 2009. 人类教育发展史上的奇迹—改革开放30年中国推进全民教育的奋进历程[J]. 教育研究, (1).

翟博. 2010a. 均衡发展: 我国义务教育发展的战略选择[J]. 教育研究, (1).

翟博. 2010b. 均衡发展: 义务教育的重中之重[J]. 求是, (2).

詹姆斯·科尔曼. 1989. 教育机会均等的观念[M]. 何瑾译. 上海: 华东师范大学出版社.

詹姆斯·罗西瑙. 2001. 没有政府的治理[M]. 南昌: 江西人民出版社.

张放平. 2011. 区域内义务教育均衡发展的制度瓶颈及其破解[J]. 中国教育学刊, (6).

张广利. 2007. 社会生活共同体就是社区组织吗[N]. 解放日报, 11-01.

张国庆. 1990. 行政管理中的组织、人事与决策[M]. 北京: 北京大学出版社.

张海峰. 2006. 城乡教育不平等与收入差距扩大——基于省级混合截面数据的实证分析[J]. 山西财经大学学报, (4).

张静然, 王陆. 2012. 基于生态系统的教育资源公共服务体系建设研究[J]. 教育技术(8).

张军, 蒋琳琦. 1997. 中国农村公共品供给制度的变迁: 理论视角[J]. 世界经济文汇, (5).

张俊平. 2015. 江苏义务教育: 县域均衡的经验与方向[J]. 人民教育, (17).

张乐天. 2004. 城乡教育差别的制度归因与缩小差别的政策建议[J]. 南京师大学报(社会科学版), (3).

张乐天. 2011. 城乡教育一体化: 目标分解与路径选择[J]. 复旦教育论坛, (6).

张良才, 李润洲. 2002. 关于教育公平问题的理论思考[J]. 教育研究, (12).

张路雄. 2006. 困境与出路:现代化市场化进程中的中国教育体制[J]. 社会科学论坛, (8).

张人杰. 2009. 国外教育社会学基本文选[M]. 上海: 华东师范大学出版社.

张小红. 2008. 我国义务教育投资政策的价值取向分析[J]. 内蒙古社会科学(汉文版), (4)

张筱峰, 刘剑. 2004. 内生增长理论及其对我国的启示[J]. 理论月刊, (4).

张欣, 门建璋. 2012. 义务教育制度伦理精神探寻[J]. 上海师范大学学报(基础教育版), (6).

张业圳. 2007. 统筹城乡与我国农村基础教育产品供给[J]. 福建师范大学学报(哲学社会科学版), (1).

张玉林, 刘保军. 2005. 中国的职业阶层与高等教育机会[J]. 北京师范大学学报(社会科学版), (3).

张玉林. 2005. 经济大省的教育贫困[J]. 中国改革, (7).

张源源. 2011. 城乡义务教育教师分层化问题研究[D]. 长春: 东北师范大学博士学位论文.

张增田, 赵庆来. 2012. 教师教育共同体: 内涵, 意蕴与策略[J]. 首都师范大学学报(社会科学版), (6).

张震. 2011. 生态型教育决策系统模型的构建[J]. 继续教育, (9).

张志旻, 赵世奎, 任之光, 等. 2010. 共同体的界定、内涵及其生成—共同体研究综述[J]. 科学学与科学技术管理, (10).

张仲礼. 1991. 中国绅士—关于其在19世纪中国社会中作用的研究[M]. 上海:上海社会科学出版社.

赵全军. 2006. 中国农村义务教育供给制度研究(1978－2005)[D]. 上海：复旦大学博士学位论文.

赵全军. 2007. 清末民国时期中国农村义务教育供给责任机制研究[J]. 云南社会科学, (3).

赵全军. 2008. 压力型动员：改革后中国农村义务教育的供给之道[J]. 云南社会科学, (4).

郑兰桢, 黎卓茹, 钟洪蕊. 2010. 区域数字化教育服务体系构建研究[J]. 中国电化教育, (11).

郑巧. 2008. 协同治理: 服务型政府的治道逻辑[J]. 中国行政管理, (7).

郑师章. 1994. 普通生态学——原理、方法和应用[M]. 上海: 复旦大学出版社.

《中国教育年鉴》编辑部. 1989. 中国教育年鉴(1949- 1981)[M]. 北京：人民教育出版社

中共中央文献编辑委员会. 1994. 邓小平文选(第一卷)[M]. 北京：人民出版社.

中国教育发展研究中心. 2002. 2002年中国教育绿皮书[Z]. 北京: 教育科学出版社.

中央教育科学研究所调研组. 2009. 学有所教——为制定《国家中长期教育改革和发展规划纲要》提供的六十条建议[J]. 教育研究, (3).

钟云华. 2013. 教育公平视角下城乡义务教育非均衡性分析[J]. 中国农业教育, (4).

周洪宇. 2005. 教育公平: 和谐社会的重要内容、基础和实现途径[J]. 人民教育, (7).

周鸿. 2001. 人类生态学[M]. 北京: 高等教育出版社.

周培植. 2012. "好的教育"的实现路径探索——杭州市下城区以教育生态理论促进区域教育现代化发展的实践反思[J]. 教育研究, (3).

周守军. 2009. 制度与实践：我国义务教育的产品属性分析逻辑[J]. 黄冈师范学院学报, (5).

周岩, 余长营. 2009. 区域网络教育资源共建共享的实践探究[J]. 中国电化教育, (12).

周晔. 2014. 城乡义务教育一体化治理及其路径探析[J]. 当代教育科学, (4).

朱家存. 2003. 教育均衡发展政策研究[M]. 北京：中国社会科学出版社.

朱俊成. 2010. 长三角地区多中心及其共生与协同发展研究[J]. 公共管理学报, (4).

朱迎春. 2006. 从教育公平原则看中国城乡教育差距[J]. 河北师范大学学报, 2006(5).

朱有献等. 1993. 中国近代教育史资料汇编·教育行政机构及教育团体[M]. 上海：上海教育出版社.

朱智贤. 1989. 心理学大辞典[Z]. 北京: 北京师范大学出版社.

祝志芬. 2011. 公共产品理论视角下的义务教育福利制度研究[J]. 湖北社会科学, (6).

Benson Charles. 2000. Educational finance[J]. The International Encyclopedia of Education Economy, (1).

Canegie Task Force of Teaching. 1986. A Nation Prepared: Teachers for the 21st Century[M]. NewYork: Canegie Corporation of NewYork.

Fleisher B, Chen J. 1997. The coast-noncoast income cap, productivity and region economic policy in china [J]. Journal of Comparative Economics, (25).

Frideman. M. 1995. Public school：Make Them Private[J]. Network：News and views. (4).

Glotfelty C, Fromm H. 1996. The Eco-criticism Reader; Landmarks in Literary Ecology[M]. Georgia: The University of Georgia Press.

Keller D R, Golley F B. 2000. The Philosophy of Ecology, from Science to Synthesis[M]. Georgia: The University of Georgia Press.

Stern D. 2006. 从经济学角度重新审视美国教育的公共目的[J]. 教育与经济, (1).

Tarr J. 2012. Justice and Equality in Education：A capability perspective on disability and special educational needs[J]. International Journal of Lifelong Education, (4).